dtv

Inhalt

Einleitung

Nachtfahrt ins Grauen

»Du kannst kommen. Sie werden mit dir sprechen.« Lange habe ich auf diesen Anruf gewartet. »Den genauen Treffpunkt wirst du im Auto erfahren«, teilen mir meine Ansprechpartner am Telefon mit. Die beiden Männer sind Mitglieder der syrisch-orthodoxen Kirche Deutschlands. Einer von ihnen ist Simon Jacob. Wir kennen uns seit Jahren. Gemeinsam sind wir seit 2012 immer wieder an den Terrorfronten im Nahen Osten unterwegs. Wir haben viel Leid und Gewalt gesehen.

Auch diesmal geht es um brisante Aussagen. Die Rede ist von körperlicher Gewalt, Drohungen und ständigem Mobbing. Der Ort des Geschehens liegt nicht in Syrien oder im Irak, sondern mitten in Deutschland: Die Opfer sind ausnahmslos Flüchtlinge, die Täter auch. Ich kann dies zunächst nur schwer glauben. Warum sollten Flüchtlinge anderen Leidensgenossen so etwas antun?

Es dämmert bereits, als wir nach drei Stunden Fahrt am Rand eines kleinen Ortes im Osten der Universitätsstadt Bayreuth den Motor abstellen. Unser Auto mit dem Münchner Kennzeichen steht unauffällig unter hohen Fichten am Rande eines Waldpfades. Ein Weg führt zu einer Ansammlung einfacher Holzbungalows. Es nieselt. Wir sind erleichtert: Kein Mensch ist weit und breit zu sehen. Wir beeilen uns. Niemand soll von unserem Besuch erfahren.

Ich ahne noch nicht, dass dieser Juniabend im verregneten Sommer 2014 meinen Blick auf den Umgang der Bundesrepublik mit Flüchtlingen für immer verändern wird. Bald werden sich für mich Türen öffnen und Menschen werden mir vertrauensvoll Einblicke in geheime Dokumente und Informationen verschaffen. Die vielen Gespräche, die ich führe, und tausende Seiten an Unterlagen, die ich sehe, zeigen ein mitunter verstörendes Bild der deutschen Asyl- und Sicherheitspolitik.

Mir wird immer mehr klar: Alles hängt mit allem zusammen. Die Flüchtlingspolitik mit der Integration von Migranten, die Integration mit der Sicherheit. Die Stabilität der bundesdeutschen Demokratie hängt wiederum von der öffentlichen Sicherheit dieses Landes ab. Die Flüchtlingspolitik kann nicht losgelöst betrachtet werden von Herausforderungen, die den Zusammenhalt in der Gesellschaft gefährden und die dazu führen, dass sich so viele Menschen von der ersten funktionierenden Demokratie in Deutschland abwenden oder sich nur mehr voller Hass auf öffentlichen Plätzen wie in Kandel, Chemnitz, Freiburg und anderswo gegenüberstehen.

Ausgangspunkt dieser Recherchen, die mich kreuz und quer durch Europa und den Nahen Osten führten, war jene in die Jahre gekommene Ferienanlage in Nordbayern. Früher verbrachten hier vor allem West-Berliner Familien ihren Sommerurlaub. Doch das ist lange her. Im Juni 2014 sind einige Dutzend Asylbewerber notdürftig in den Holzhäusern untergebracht.

Wir werden bereits erwartet. Ein Flüchtling aus dem umkämpften Aleppo in Syrien steht am Eingang der Anlage. Der Mann ist Christ. Er floh mit seiner Familie nach Deutschland. Hier hoffen sie, endlich in Frieden leben zu können. Wir schütteln uns kurz die Hand. Dann bringt er uns schnell und ohne viel zu sagen in ein Holzhaus. Auswärtige Gäste müssen sich eigentlich beim Hausmeister anmelden. Wir schleichen uns unbemerkt an seinem Büro vorbei.

Unser Gastgeber erwartet höchste Verschwiegenheit. Auf keinen Fall möchte er, dass irgendjemand hier erfährt, wer ihn besucht. Der Mann hat keine Angst, gegen die Hausordnung zu verstoßen. Er macht sich aber große Sorgen um seine Familie und seine Nachbarn.

Zwei Stunden lang berichten er und andere christliche Flüchtlinge aus Syrien in ihrem Bungalow mit den billigen, abgewetzten Holzmöbeln aus den 1970er-Jahren über ihre Probleme mit muslimischen Asylbewerbern. Sie sollen aus Tschetschenien stammen. Nie haben die Christen damit gerechnet, dass sie wie in Syrien von radikalen Muslimen bedroht und beleidigt werden. Sie sind bereit, ihre Aussagen vor einer Kamera zu wiederholen.

Ihre einzige Bedingung lautet: Keine Namen, keine Gesichter, nicht einmal die Region dürfen wir nennen, geschweige denn die Anschrift der einstigen Ferienanlage. »Es begann mit den Kindern. Ihnen wird gesagt: ›Ihr seid Christen, ihr seid ungläubig, ihr esst Schwein, mit euch spielen wir nicht‹«, sagt ein Vater. Er spricht Russisch und versteht die Tschetschenen. Ein anderer ergänzt: »Wir passen von morgens bis abends auf die Kinder auf. Mehrmals ist es geschehen, dass sie die Kinder geschlagen haben, wenn sie alleine sind.« Zunächst versuchen die christlichen Flüchtlingsfamilien, die ständigen Attacken zu ignorieren. Lange können sie den Druck nicht mehr aushalten: »Wir haben Angst, irgendwann die Fassung zu verlieren und dann auf ihre Provokationen zu reagieren. Und dann habe ich Angst, dass noch mehr Probleme entstehen.«

Spät in der Nacht verlassen wir das einstige Feriendorf. Überprüfen kann ich die Aussagen vor Ort nicht. Denn ich muss die Identität der Zeugen schützen. Doch die Angaben passen zu anderen kleinen, bereits recherchierten Mosaiksteinchen, die sich allmählich zu einem erschreckenden, aber stimmigen Gesamtbild in meinem Notizbuch zusammensetzen.

Nicht alle Migranten sind verfolgte Menschen, die einfach nur Ruhe, Frieden und Freiheit suchen. Unter den vielen Männern und Frauen befinden sich auch Personen, die Hass und Gewalt verbreiten. Die Ersten, die diese neue Bedrohung zu spüren bekommen, sind Flüchtlinge, die ethnischen oder religiösen Minderheiten angehören. Für diese Menschen, die manchmal in letzter Minute vor islamistischen Banden flohen, ist klar, dass sich unter den vielen Flüchtlingen auch Terroristen befinden können. Zunächst will ich das nicht glauben.

Doch dann erinnere ich mich an das Treffen im Haus einer ehrenamtlich engagierten Flüchtlingshelferin im Oktober 2013. Hier treffe ich eine junge christliche Flüchtlingsfamilie aus Mossul im Nordirak: Frau, Mann und ein kleines Kind. Wir sitzen zusammen, trinken Tee, essen Kekse und blicken auf den Garten einer Münchner Vorortidylle. Nur nach langem Zuspruch der Asylhelferin, die perfekt Arabisch spricht, sind die jungen Leute bereit, über ihre Probleme zu sprechen. Die Familie ist in einem einfachen Mehrparteienhaus im Hinterland der oberbayerischen Kleinstadt Freising im Norden von München untergebracht. Der Wohnblock liegt weitab von anderen Dörfern inmitten von Feldern. Hier warten sie auf die Entscheidung des Bundesamtes für Migration und Flüchtlinge, abgekürzt BAMF, ob ihr Asylantrag genehmigt wird.

Auf ihren Glauben nehmen die zuständigen Behörden keine Rücksicht. In dem Wohnblock leben neben der christlichen Familie aus Mossul auch Muslime, die keinerlei Toleranz oder gar Einfühlungsvermögen erkennen lassen. Extremistische Muslime verabscheuen Christen als »Ungläubige« und verfolgen sie in ihren Heimatländern mit Hass und Gewalt. Wochenlang ist die christliche Familie dem Terror und den Anfeindungen ihrer Mitbewohner ausgesetzt. Die zuständigen Stellen reagieren nicht, trotz aller Bitten um Hilfe. Ein Syrer stellt sich als besonders schlimm heraus, berichtet der Familienvater: »Er hat gesagt, eines Tages werde ich dich töten und dein Blut trinken. Er hat meine Frau angeschrien, hat unser Kind geschlagen. Wir sind im Zimmer wie Gefangene geblieben, damit es keinen Ärger gibt.«

Als die deutschen Behörden trotz der inständigen Bitten eines Vertrauten der Familie nicht einschreiten, entscheidet sich die Familie zur Rückkehr in den Irak. Im beschaulichen Umland von Freising haben sie mehr Angst als in ihrer von Islamisten bedrohten Heimatstadt Mossul. Ein letztes Foto zeigt sie auf dem Münchner Flughafen. Dann geht es zurück in den Irak.

Auch dort finden sie keinen Frieden. Sie fliehen vor den Terrormilizen des sogenannten Islamischen Staates. Der Mann, der sie in der Unterkunft bedrohte und das kleine Kind schlug, bleibt in Deutschland. Er musste sich nie rechtfertigen, sagt eine Flüchtlingshelferin.

Bei gemeinsamen Recherchen für das ARD-Politmagazin *report München* stoßen mein Kollege Yassin Musharbash von der Wochenzeitung *Die Zeit* und ich schnell auf weitere Fälle von Christen, die in Asylbewerberunterkünften von radikalisierten Muslimen gemobbt, bedroht oder beleidigt werden.

Nach der Veröffentlichung werden Vorwürfe laut: Es handele sich lediglich um Einzelfälle. Es gebe keine strukturellen Probleme in Asylunterkünften. Alle Flüchtlinge sind schutzbedürftige Menschen in Not. Islamistische Gewalttäter gebe es unter den Asylbewerbern nicht. Auch die Aussagen von Vertretern orientalischer Kirchen, die unsere Recherchen bestätigen, will in Deutschland niemand hören. In weiten Teilen von Politik, Gesellschaft und Medien sind Probleme in den Asylunterkünften und mit Flüchtlingen kein Thema. Der damalige Vizepräsident des Bundestags, Johannes Singhammer, wie auch der Integrationsbeauftragte der Bayerischen Staatsregierung, Martin Neumeyer, scheitern mit ihrer Forderung, christliche und muslimische Flüchtlinge getrennt unterzubringen.

Stattdessen ist in der Politik und in den Medien ab 2015 immer öfter die Rede vom »Generalverdacht«. Insbesondere Bundesinnenminister Thomas de Maizière benutzt diesen Ausdruck häufig und gerne. Dabei steht jeder Mensch, der in ein fremdes Land einreist oder beispielsweise ein Flugzeug betritt, immer und ausnahmslos unter Generalverdacht. Nur so sind Sicherheitskontrollen überhaupt zu rechtfertigen. Genauso selbstverständlich ist, dass sich unter den vielen Hunderttausend Migranten auch Straftäter, Vergewaltiger und Islamisten befinden. Doch alle diese Selbstverständlichkeiten gelten in Deutschland nicht mehr.

Diese unfassbare Blauäugigkeit im Umgang mit der wohl

größten Herausforderung Deutschlands seit der Wiedervereinigung löst keine Probleme, sondern trägt maßgeblich zur Spaltung der Gesellschaft bei. Erst nach den furchtbaren Terroranschlägen in Paris, Brüssel oder Berlin wie auch den widerlichen Übergriffen in der Kölner Silvesternacht wird das Unwort vom »Generalverdacht« still und heimlich aus dem politischen Vokabular gelöscht.

Die Aussagen der Opfer gewalttätiger Flüchtlinge werden zunächst einfach ignoriert oder als unglaubwürdige Erzählungen aus Tausendundeiner Nacht abgetan. Auch die beängstigenden Aussagen der syrisch-christlichen Flüchtlingsfamilien finden in Medien und Politik lange nur einen verhaltenen Widerhall.

Wer es dennoch wagt, darauf hinzuweisen, sieht sich damals schnell mit dem Vorwurf konfrontiert, selbst ein Extremist oder gar Hetzer zu sein. Auch Kirchenleute winken ab. Dies sei kein drängendes Thema. Durch die Berichterstattung »über einige wenige Einzelfälle« sei ein Bild entstanden, das der Realität nicht entspreche. Wirklich?

Ein überraschender Anruf von Mr X

Wenige Tage nach der Sendung von *report München* und der Veröffentlichung des *Zeit*-Artikels klingelt an einem Spätnachmittag mein Telefon. Eine männliche Stimme meldet sich. Seinen Namen nennt der Anrufer nicht. Ich solle ihn einfach Mr X nennen. Der Mann hat Humor. Er kommt schnell zur Sache. Mr X bestätigt unsere Informationen. Ja, es gebe Probleme mit Asylbewerbern. Das Ganze sei nichts Neues. Schon seit einigen Jahren stellen deutsche Behörden immer wieder fest: Unter Asylantragstellern befinden sich Kriminelle und auch Islamisten. Die Anerkennung als Flüchtling oder zumindest die Duldung und somit der Schutz vor Abschiebung in ihre Herkunftsländer sind in Sicherheitskreisen ein sattsam bekanntes Phänomen.

Bereits im Mai 2006 während eines Strafverfahrens vor dem Oberlandesgericht Düsseldorf legte die Bundesanwaltschaft hierzu Erkenntnisse vor. Einer der Angeklagten wurde in einem afghanischen Trainingslager der terroristischen Al-Qaida-Organisation Osama Bin Ladens ausgebildet. Noch heute ist der Name des Mannes auf der Al-Qaida-Sanktionsliste des Sicherheitsrates der Vereinten Nationen zu finden. Als Anschrift des Mannes findet sich die alte Adresse einer Mainzer Flüchtlingsunterkunft.

Auch in anderen Verfahren gab und gibt es Hinweise auf radikalisierte Flüchtlinge und Schlepper. Vernehmungen wurden damals sogar in Flüchtlingsunterkünften geführt. Insgesamt dürfte es sich seit der Wiedervereinigung Deutschlands um zehntausende Fälle von Asylbewerbern handeln, die den Behörden aus den unterschiedlichsten Gründen bekannt sind, berichtet die Kontaktperson.

Es kommt zu vielen Treffen. Mr X ist ein penibel genauer Staatsdiener der alten Schule. Alle Aussagen kann er belegen. Mir werden Einblicke in Unterlagen ermöglicht, die kein Außenstehender jemals zu Gesicht bekommen sollte. Es handelt sich um unfassbare Aussagen von Asylbewerbern, um behördeninterne Diskussionen, Unterlagen aus Ermittlungsbehörden und Ministerien, geheime Berichte, Gerichtsurteile und erschütternde Protokolle.

Der Name des Ansprechpartners soll nie genannt werden. Er unterstützt die Recherchen selbstlos und aus Überzeugung. Er will, dass die Menschen »draußen« erfahren, was wirklich passiert. Er will nicht mehr länger schweigen. Vielen seiner Kollegen gehe es so wie ihm. Aber sie ziehen es vor, zu schweigen und nach Dienstschluss ins Privatleben abzutauchen. Er sei hingegen mit dem Staat »verheiratet«. Sich zu Hause Luft zu verschaffen bei der Frau und den Kindern, das kann er nicht. Er lebt alleine.

Berlin ist seine Stadt. Hier behält er den Überblick über das große Ganze. Er amüsiert sich, wenn er die vielen Politiker und Journalisten im Café Einstein Unter den Linden bei ihren Treffen beobachtet oder den streitbaren Publizisten in seinem geliebten vietnamesischen Stammrestaurant sieht. Keiner kennt ihn. Er kennt sie alle. Immer wieder wundert er sich, wie schnell Spitzenbeamte bei einem Ministerwechsel kehrt marsch machen und die neuen Richtlinien mit ebenso großer Energie wie die alten umsetzen. Beamte haben zu folgen und Weisungen auszuführen. Auch er folgt seinem obersten Dienstherrn in Berlin. Alle müssen der Zentrale an der Spree zuliefern; egal ob Bundeskriminalamt, Verfassungsschutz oder Bundesamt für Migration und Flüchtlinge. Er steht mit allen in Kontakt, entweder am Telefon oder bei persönlichen Treffen in Berlin wie auch anderswo. Mr X sitzt an der Quelle.

Gemeinsame Restaurantbesuche mit ihm sind unvorstellbar. Eines oder mehrere Biere trinken zu gehen in einer Nachbarschaftskneipe, ist ebenso unmöglich. Irgendein zufällig auftauchender Kollege kann unangenehme Fragen stellen: »Wer ist dieser Mann?« Am Ende drohe ein Disziplinarverfahren oder noch Schlimmeres. So dauert der Gedankenaustausch in seiner Wohnung oft viele Stunden. Die Gespräche finden stets nach Dienstschluss oder an Wochenenden statt. E-Mails sind aus Sicherheitsgründen tabu. Die Angst vor dem großen amerikanischen »Datenstaubsauger« ist groß. Deshalb lautet die Devise »Briefe schreiben und sauber bleiben!«.

Nicht einmal die vertrauenswürdigsten seiner Kollegen erfahren von diesen Gesprächen, selbst wenn diese unter dem Siegel der Verschwiegenheit über ihre eigenen Kontakte mit Journalisten reden. Jahrelang kommt ihm niemand auf die Spur. Sichtlich aufgeregt berichtet er, wie andere Kollegen unter Verdacht geraten. Er selbst verbringt dann ebenfalls schlaflose Nächte. Im Frühjahr 2018 verschafft mir der Staatsdiener aus Überzeugung zum letzten Mal Einblicke in hochsensible Unterlagen. Der Grund soll hier nicht genannt werden. Dann ist Schluss. Der Vorhang fällt. Ohne die selbstlose Unterstützung dieses hochehrenwerten Mannes wäre dieses Buch nie entstanden.

Die Sorgen und Ängste neuer deutscher Patrioten

Weitere Männer und Frauen reden mit mir und unterstützen so meine Recherchen. Ich sehe Unterlagen. Ansprechpartner im Ausland räumen Termine ein. Ihre Einschätzungen sind wichtig. Zusammengenommen entsprechen diese Informationen so gar nicht dem bekannten positiven Bild der deutschen Asyl- und Sicherheitspolitik. Einige dieser Kontakte haben selbst einen Migrationshintergrund. Sie engagieren sich in der Flüchtlingshilfe. Sie sind die wahren Verfassungspatrioten: Im Gegensatz zu den Deutschen ohne Migrationshintergrund wissen sie sehr wohl, dass Freiheit kein Geschenk des Himmels ist, sondern verteidigt werden muss.

Diese Menschen machen sich große Sorgen um *ihr* Deutschland, das Schutz und ein freies Leben in Wohlstand garantiert. Auch sie sehen den Dreiklang von Flüchtlingspolitik, Integration und Sicherheit. Sie halten die »Deutschen« oft für naiv. Wie soll die Integration von mehr als einer Million Flüchtlingen gelingen, wenn es bei Einwanderern der zweiten und dritten Generation häufig nicht klappt? Wird ein Mensch, der nichts anderes als Gewalt und religiöse Intoleranz kennt, mit dem Grenzübertritt nach Deutschland zum Verfassungspatrioten? Viele meiner Ansprechpartner wollen daran nicht glauben.

Als Menschen, die in islamisch geprägten Ländern aufgewachsen sind oder dort noch Familie haben, sind sie ganz besonders sensibilisiert für die Probleme, die islamische Parallelgesellschaften hervorbringen. Den Einfluss konservativer islamischer Verbände nehmen sie mit Sorgen zur Kenntnis. Vor allem den Frauen ist bewusst, wie befreiend es ist, kein Kopftuch tragen zu müssen und einfach mal so alleine mit Männern in ein Restaurant oder Café zu gehen. Eine Ansprechpartnerin sagt mir in einem Restaurant, es sei schön, mit fremden Männern zu reden, ohne vorher den Gatten zu Hause um Erlaubnis zu fragen. »Deutsche« Frauen könnten so etwas nicht nachvollziehen.

Insbesondere die Angehörigen ethnischer und religiöser Minderheiten wie Christen, Eziden[1], Drusen und Aleviten, die von jahrhundertelangen Verfolgungen und Massakern berichten, schätzen die Freiheiten der Bundesrepublik Deutschland über alle Maßen. Diese Menschen erkennen aber auch früh die Gefahren, die ihnen als Zuwanderer in einer polarisierten deutschen Gesellschaft drohen. Die deutsch-ezidische Journalistin und Menschenrechtsaktivistin Düzen Tekkal stellte bereits 2016 fest: »Wenn es um die innere Sicherheit geht, ist Ignoranz lebensgefährlich.«[2]

Die Flüchtlingskrise bringt das deutsche Parteiensystem in Bewegung. Union, Linke und SPD verlieren Stimmen an die neue rechtspopulistische AfD. Als echte Patrioten nehmen Zuwanderer diese Kontinentalverschiebungen der Parteienlandschaft zuerst wahr. Sie hoffen, dass *ihre* Bundesrepublik nicht nach rechtsaußen abdriftet. Genauso groß sind aber auch die Sorgen, dass konservative islamische Verbände immer mehr an Einfluss gewinnen. Am Ende säßen die nichtmuslimischen Minderheiten wie auch die demokratischen, liberalen Muslime schutzlos zwischen allen Stühlen. Diese Befürchtung höre ich sehr oft in meinen Gesprächen.

Dabei stelle ich fest: Alle Probleme der Migrations- und Flüchtlingskrise waren vorhersehbar und auch bekannt; egal ob es sich dabei um die Bedrohung durch islamistische Terroristen, die Übergriffe in Flüchtlingsunterkünften, die Überlastung der Behörden oder die Selbstbezichtigungen von Asylbewerbern handelt, die behaupten, Mörder oder Massenvergewaltiger zu sein, oder um allein reisende minderjährige Flüchtlinge.

All diese Herausforderungen gibt es seit Jahren. Auch die Folgen der Flüchtlingskrise waren spätestens seit dem Herbst 2014 absehbar. Doch die Bundesregierung sah zu und wartete auf bessere Zeiten. Die Folgen dieser verhängnisvollen Fehleinschätzungen sind bis heute nicht abschätzbar.

Den Ursprung dieser tiefgreifenden Krise in Deutschland und Europa, die weit mehr als nur eine Diskussion über das

Asylrecht darstellt, lassen sich in den Nahen Osten zurückverfolgen. Dort endet der hoffnungsvoll, oft fröhlich beginnende Arabische Frühling in einem Meer von Blut. Alleine in Syrien sterben hunderttausende Menschen.

Im Frühsommer 2014 spitzt sich dann die Lage auch im Irak dramatisch zu. Islamistische Terrormilizen gehen in die Offensive. Die Anführer dieser Organisation verfolgen klar formulierte Ziele: Sie fordern die Auslöschung aller vermeintlichen Gegner und die Errichtung eines staatlichen Gebildes auf der Grundlage der islamischen Religion. In Deutschland werden die enormen innenpolitischen Auswirkungen dieser neuen Welle islamistischer Gewalt auf Europa in völliger Verkennung der Lage unterschätzt. Warnende Stimmen werden überhört, ernst zu nehmende Kritiker kaltgestellt.

Entscheidung gegen die Sicherheit

Schwarze Zeichen an der Wand

Im Juni 2014 erobert der sogenannte »Islamische Staat«, abgekürzt IS, die Millionenmetropole Mossul. Einige Wochen später überrennen die islamistischen Terrormilizen im brütend heißen Hochsommer weite Teile der Ninive-Ebene und des Sindjar-Gebirges im Nordirak. Als neue Herren unter der Oberhoheit des selbsternannten Kalifen Al-Bagdadi lassen sie ihrem Hass freien Lauf. Wer als schiitischer Muslim oder Ezide in ihre Hände fällt, wird wie Vieh abgeschlachtet. Frauen und Kinder werden auf den entstehenden Sklavenmärkten im nordirakischen Mossul oder anderen Städten verkauft. Auf die Wände christlicher Häuser und Kirchen schmieren die neuen Herren in schwarzer Farbe das Emblem des IS.

Im August 2014 laufen die Bewohner des Sindjar-Gebirges und der Ninive-Ebene in Panik vor den anrückenden Killerkommandos des IS um ihr Leben. Ihr Ziel ist oft der kurdische Norden des Iraks. Zehntausende christlicher Flüchtlinge retten sich in die kurdisch dominierte Millionenmetropole Erbil, während zigtausende Eziden in den sonnenverbrannten kahlen Bergen des Sindjar auf Rettung hoffen. Die Überlebenden dieses Völkermordes werden die nächsten Wochen und Monate nicht selten in elenden Unterkünften, in Bauruinen oder Zelten aus Plastikplanen dahinvegetieren.

Die internationale Gemeinschaft braucht lange, um das ganze Ausmaß dieser humanitären Katastrophe zu begreifen. Im Oktober 2014 besuche ich eine notdürftige Flüchtlingsunterkunft in einer orientalisch-christlichen Pfarrgemeinde im nordirakischen Erbil. In den guten Zeiten stand die Kirche inmitten eines kleinen Parks. Im Herbst 2014 stehen auf dem Gelände Seit' an Seit' Zelte, Wohncontainer und Toilettenwagen. Nicht weit entfernt liegt ein Flachdachbau aus Stahlbeton. Im Obergeschoss des weitläufigen Gebäudes feierten früher hunderte Menschen Hochzeiten und große Familienfeste.

Seit dem Vormarsch des IS leben hier in der schwülen Hitze auf engstem Raum Flüchtlinge, die alles verloren haben. Einige flohen Hals über Kopf. Ich sehe Menschen in Pyjamas. Eine Frau wirkt stark traumatisiert. Sie läuft stammelnd durch den Saal. Keiner kümmert sich um die alleinstehende, eigentlich sehr elegant wirkende Dame. Eine Mutter erzählt mir, wie ihr in Mossul ein bärtiger Mann die kleine Tochter vom Arm riss. Ohne die Hilfe der Kirche sind sie verloren.

Ein Priester verteilt Kleidung an die Menschen. Eine internationale Hilfsorganisation habe sich noch nicht gemeldet, erzählt er mir. Anderen Flüchtlingen aus Mossul und der Ninive-Ebene geht es noch viel schlechter. Sie hausen in großer Zahl in den Stahlbetongerippen der Bauruinen von Erbil. Aus zusammengeklaubten Pappkartons und Plastiksäcken haben sie Notunterkünfte errichtet. Im Sommer ist es dort brütend heiß; im heranziehenden Winter bitterkalt.

Eine Rückkehr in ihre zerstörte Heimat ist für viele dieser Menschen nicht mehr vorstellbar. Zu groß ist die Angst vor dem IS. Ihre Sehnsucht heißt Europa und insbesondere Deutschland. Wie Millionen syrischer Flüchtlinge im Libanon oder der Türkei hoffen sie auf einen Neubeginn in dem fernen reichen Land, wo bereits viele ihrer Freunde und Verwandten leben. Deutschland richtet sich nicht auf eine große Flüchtlingswelle ein.

Noch sichert die Türkei ihre Außengrenzen Richtung Europa. Die Reise über die nordafrikanische Seeroute ist weit und gefährlich. Dennoch wagen immer mehr Menschen den Weg übers Mittelmeer. Die Korruption blüht. Echte und gefälschte Pässe sind auf dem Schwarzmarkt leicht zu kaufen. Die Flucht kostet Geld, sehr viel Geld. Kriminelle Schlepper lassen sich für ihre Dienste gut bezahlen. Mehrere zehntausend Euro kann die

Reise für eine Familie kosten. Nur Vermögende können diese Dienste in Anspruch nehmen, um dann in Deutschland einen Asylantrag zu stellen. Oder aber Großfamilien legen Geld zusammen, um wenigstens ein Familienmitglied nach Deutschland zu schleusen; in der Hoffnung, dass es die anderen dann nachholen kann. So steigt der Druck und die Flüchtlingszahlen nehmen im Laufe des Jahres 2014 immer weiter zu.

Gewalt, Hass und Propaganda: Der IS macht mobil

Der Irak und Syrien drohen auseinanderzubrechen. Nach dem Ende des Ersten Weltkrieges versuchen die Kolonialmächte Großbritannien und Frankreich mit Zustimmung des Völkerbundes eine Neuordnung des Nahen Osten. 2014 gelten in weiten Teilen Syriens und des Iraks diese Grenzen nicht mehr. Stattdessen kontrolliert die IS-Terrororganisation ein geschlossenes Territorium, das von den Vororten der syrischen Hauptstadt Damaskus bis gefährlich nahe an Bagdad, den Regierungssitz des in zahlreichen Streitigkeiten und Konflikten zersplitterten Iraks, heranreicht. Der IS entwickelt sich zu einem Pseudostaat mit festen bürokratischen Strukturen.[3]

Dazu zählt auch das große Medienzentrum *Al-Hayat*. Hier werden ebenso entsetzliche wie hochprofessionell produzierte Videos und Nachrichtenmagazine publiziert. Bei *Al-Hayat* arbeiten IS-Anhänger aus den unterschiedlichsten Ländern. Sie bilden die Speerspitze im Kampf gegen die Gegner des IS in den virtuellen Welten des Internets. Gleichzeitig sollen auf diesem Weg Anhänger gewonnen oder bestärkt werden, die kein Arabisch verstehen.[4]

Die Mitarbeiter von *Al-Hayat* schreiben und sprechen ihre Texte in diversen Sprachen, darunter auch auf Deutsch, Englisch, Französisch, Türkisch und Russisch. Zudem überschwemmt der IS die sozialen Medien mit seinen Botschaften des Hasses. Die IS-Nachrichten rufen zu Gewalt und Krieg auf. Terroranschläge werden mit zynischen Texten und menschenverachtenden Bildern verherrlicht. Gleichzeitig wertet der IS westliche Medien aus und nimmt sogar Stellung zu Äußerungen von Experten und Politikern.

Im IS-Geheimdienst versammelt sich eine ganze Reihe von Irakern, die als Parteianhänger, Agenten und Folterknechte des 2003 von der US-Armee gestürzten und später hingerichteten irakischen Diktators Saddam Hussein dienten.[5] In Foltergefängnissen haben diese Männer die echten oder vermeintlichen Feinde ihres Herrn Saddam gequält und nicht selten hingerichtet. Dazu zählen auch viele schiitische Muslime. Saddam Hussein bekämpfte diese Menschen. Er betrachtete sie als eine Gefahr für sein Regime. Im Mai 2017 berichtet mir ein hochrangiger schiitischer Geistlicher, wie Familienangehörige und er jahrelang auf engstem Raum in modrigen, dunklen Zellen wie Vieh zusammengepfercht wurden.

Nach dem Ende der Saddam-Diktatur schließen sich diese Henkersknechte voller Hass auf die neuen Herren im Irak sunnitisch-islamistischen Terrorgruppen an. Was diese Saddam-Veteranen mit ihren neuen islamistischen Verbündeten gemein haben, ist weniger die religiöse Inbrunst als vielmehr eine unfassbare Gewaltbereitschaft, die nicht selten pathologische Züge annimmt. Religiösen Minderheiten wie den Eziden und Christen, aber auch den Schiiten, die im Irak die Mehrheit der Bevölkerung stellen, drohen sie die Vernichtung an.

Im Unterschied zu den Islamisten aus Europa haben die alten Saddam-Schergen ihr mörderisches Handwerk gelernt. Dies gilt ganz besonders für den IS-Geheimdienst. Die Keimzelle dieses Unterdrückungsapparates besteht aus auffallend vielen Angehörigen des früheren irakischen Geheimdienstes und Militärs. Diese Männer sind kaltblütige Profis. Viele haben eine sowjetische Ausbildung hinter sich gebracht: Saddam Hussein zählte zu den engsten Verbündeten der Sowjetunion in der arabischen Welt. Im Gegenzug leistete die UdSSR Waffenhilfe und schulte das Personal des irakischen Diktators.

Zu den jahrzehntelang erprobten Methoden des KGB zählte auch der Umgang mit Desinformationen. Damit gemeint ist die gezielte Verbreitung von Meldungen, die den Feind beeinflussen und womöglich zu falschen Entscheidungen verleiten sollen. Der KGB verwendete für seine Desinformationskampagnen im Kalten Krieg den Begriff »aktive Maßnahmen«. Mit diesen Aktionen sollte der Westen vor den Augen der Weltöffentlichkeit in Misskredit gebracht und damit langfristig destabilisiert werden. Auch andere Staaten und Nachrichtendienste verwendeten und verwenden bis heute die Desinformation als Mittel ihrer Politik. Beispiele gibt es viele.

Der IS setzt die Desinformation ebenfalls gezielt als Waffe ein. In einer Propagandaschrift der Terrororganisation findet sich ein ausführlicher Artikel aus dem Jahr 2007, der die Bedeutung dieser Vorgehensweise religiös begründet hervorhebt: Im Krieg müsse getäuscht werden. Das bringe mehr als die Heranführung von Verstärkungen.[6] Zudem sollen Spione eingesetzt werden. Verfasser dieser auch in englischer Sprache verbreiteten Handlungsanweisung war einer der bekanntesten islamistischen Terroristen mit Namen Abu Omar Al-Baghdadi.

Der Islamist wurde am 18. April 2010 während einer gemeinsamen Operation amerikanischer und irakischer Kommandos in Tikrit getötet. Die Stadt ist Heimatort des irakischen Diktators Saddam Hussein. Nach seinem Sturz entwickelte sich Tikrit zu einer Islamistenhochburg. Sie galt als Zentrum des Widerstands gegen die US-Armee. Auch so offenbaren sich Zusammenhänge, die weit über die Tagespolitik hinausreichen. Ohne den Blick auf diese Strukturen, die weit in die Jahre des Kalten Krieges zurückreichen, ist es unmöglich, die Terrorpolitik des IS in Europa zu verstehen.

Veteranen der deutschen Sicherheitsbehörden erinnern sich an diese Ereignisse im Spätsommer 2014 noch sehr gut. Helga Müller, die in Wirklichkeit ganz anders heißt, gehört zu diesem kleinen Personenkreis von Insidern. Jedes einzelne Zitat, jede Information zu ihrer Person in diesem Buch sind mit ihr abgesprochen. Viele ihrer Aussagen, die in diesem Buch zitiert werden, tätigte sie vor dem Krisenherbst 2015.

Helga Müllers Berufsleben steht ganz im Zeichen der deutschen Sicherheit. Sie hat viele Höhen und Tiefen erlebt. Sie hat Kameradschaft erfahren dürfen und Treulosigkeit erdulden müssen. In den Medien verfolgt sie den Fall des Spitzenbeamten im Verfassungsschutz, Hansjoachim Tiedge, der sich selbst einen »Verräter« oder »Überläufer« schimpft. Tiedge floh im August 1985 in die DDR. Der Fall Tiedge stellte für die Bundesrepublik eine Riesenblamage dar: Der Verfassungsschutz hatte den Stasi-Bock zum Gärtner gemacht. In seinem autobiografischen Buch veröffentlichte Tiedge Namen von hochrangigen Mitarbeitern im Bundesamt für Verfassungsschutz. Die Affäre Tiedge schärfte den Blick von Helga Müller auf ihre Umwelt: Der Feind lauert manchmal ganz in deiner Nähe und Desinformation ist ein scharfes Schwert. In ihrem Privatleben beschäftigt sich Helga Müller mit der Geschichte der Nachrichtendienste. Die Lektüre macht sie skeptischer, vorsichtiger, misstrauischer; auch gegenüber den Kollegen. Nach außen aber lässt sie sich nichts anmerken.

Dank jahrzehntelanger Erfahrung und vieler Dienstreisen kennt sie die bundesdeutsche Sicherheitsarchitektur von innen, aus der Perspektive der Arbeitsebene. Gleichzeitig hat sie die Gabe entwickelt, Entwicklungen und Gefahren im Vorfeld zu erkennen. Sie nimmt nicht nur die behördeninternen Papiere und Berichte zur Kenntnis, sondern verfolgt am Feierabend zu Hause die deutschen und internationalen Medien. Sie surft viel im Internet, liest Zeitungen und sieht Korrespondentenberichte im Fernsehen. Im Spätsommer 2014 beschleicht sie am Abend in ihrer Wohnung immer stärker das Gefühl: Da draußen braut sich etwas zusammen.

Alarm im BAMF: Terroristen unter der Flüchtlings-Tarnkappe?

Am 5. Oktober 2014 fragt die *Bild am Sonntag* in großen Buchstaben: Tarnen sich IS-Terroristen als Flüchtlinge? Verbergen sie sich ausgerechnet unter Menschen, die versuchen, dem IS-Terror zu entkommen? Laut den Recherchen der auflagenstärksten deutschen Sonntagszeitung sollen Geheimkommandos aus jeweils vier Terroristen mit gefälschten Pässen über die Türkei nach Westeuropa und auch Deutschland reisen, um dort Anschläge zu verüben. In ihrem Artikel berufen sich die Journalisten auf Informationen von US-Nachrichtendiensten. »Aus abgehörten Gesprächen erfuhren« die USA aber auch, dass die IS-Terrorkommandos »auf ihrem Weg nach Westeuropa keine Flugzeuge benutzen sollen – wegen der strengeren Kontrollen an den Flughäfen«.

Deutschen Behörden sei »dieses Szenario grundsätzlich bekannt«, erfahren die Journalisten aus Regierungskreisen. Ein Dementi hört sich anders an. Allerdings sei es wegen der chaotischen Zustände an der syrisch-türkischen Grenze beinahe unmöglich, Terroristen des IS im Flüchtlingsstrom zu enttarnen. »Auch deshalb gibt es bislang noch keinen Beweis dafür, dass Terroristen schon auf dem Weg nach Deutschland oder in andere westeuropäischen Staaten sind«, stellt der Artikel abschließend fest.

Große Nachrichtenagenturen und Zeitungen übernehmen die Recherchen der *Bild am Sonntag*. Das Bundesinnenministerium will die Aussagen des Artikels weder bestätigen noch dementieren: Ein Sprecher des Bundesinnenministeriums teilt der Nachrichtenagentur *dpa* lediglich mit: »Deutschland steht nach wie vor im Fokus des dschihadistischen Terrorismus.« Daraus resultiere eine abstrakt hohe Gefährdung für die innere Sicherheit. Derzeit gebe es jedoch keine Hinweise auf konkrete Anschlagsplanungen.[7] Also alles halb so schlimm?

In einem Nürnberger Monumentalbau aus der NS-Zeit schlägt der Zeitungsartikel ein wie eine Bombe. Gebaut als SS-Kaserne, dient der gewaltige Komplex seit 1996 als Zentrale des Bundesamtes für Migration und Flüchtlinge, abgekürzt BAMF. Etwa 30 000 Quadratmeter Nutzfläche stehen in dem mehrstöckigen Gebäude zur Verfügung. Das entspricht in etwa der Größe von vier Fußballfeldern.[8]

Viele hundert Menschen arbeiten hier. Zusätzlich werden in der Nürnberger BAMF-Zentrale dutzende Außenstellen koordiniert und kontrolliert, die sich wie ein fein gesponnenes Netz über das ganze Bundesgebiet verteilen. Gemeinsam sind sie dafür verantwortlich, Asylanträge von Menschen aus der ganzen Welt zu bearbeiten und nach rechtsstaatlichen Kriterien zu entscheiden. Der Anspruch auf Asyl ist ein hohes und im Grundgesetz verbürgtes, universal geltendes Menschenrecht.

Gleichzeitig ist die Nürnberger Mammutbehörde eine unverzichtbare Säule der deutschen Sicherheitsarchitektur. Das BAMF hat den gesetzlichen Auftrag, das Bundesamt für Verfassungsschutz, das Bundeskriminalamt, die Bundespolizei und den Bundesnachrichtendienst zu unterstützen. Doch eine Sicherheitsbehörde im ursprünglichen Sinn ist das BAMF nicht.

Insider charakterisieren das BAMF gerne als Zwitterwesen: Danach ist die Nürnberger Behörde ein bürokratischer Apparat mit einem Doppelkopf. Auf der einen Seite werden hier – wie in allen bundesdeutschen Behörden – stur nach Recht und Gesetz Anträge abgearbeitet; auf der anderen Seite aber auch hochsensible Informationen gesammelt, ausgewertet und weitergeleitet. Diese vertrauliche Zulieferung ist für Polizei- und Verfassungsschutzbehörden von höchster Bedeutung. Die Sicherheit der Bürger der Bundesrepublik Deutschland hängt auch von einer funktionierenden Arbeit im BAMF ab.

Von diesen Zusammenhängen weiß die Bevölkerung nichts. Doch entgegen allen vollmundigen Erklärungen und Sonntagsreden stellt Migration auch eine sicherheitspolitische Herausforderung dar. In Deutschland wird Zuwanderung spätestens seit den Al-Qaida-Anschlägen von Washington und New York am 11. September 2001 als potenzielle Terrorgefahr betrachtet. »Beim BAMF schlägt zuerst auf, was reinmarschiert«, meint ein Insider.

Hochsensible Fälle, die diplomatische Verwicklungen auslösen können, gibt es immer wieder. Dazu zählen hochrangige türkische Offiziere oder auch prominente Anhänger der religiösen Gülen-Bewegung, die nach dem gescheiterten Putschversuch gegen Staatspräsident Erdoğan nach Deutschland kommen. Mit spitzen Fingern wird auch der Asylantrag eines Doppelagenten angefasst, der behauptet, er habe sowohl für den Nachrichtendienst eines engen Verbündeten der Bundesrepublik wie auch für dessen größten Feind gearbeitet.

Verantwortlich für die heikelsten Asylfälle ist eine kleine Truppe im BAMF. Diese Männer und Frauen geben keine Interviews. Diskretion geht über alles. Sie alle verstehen ihr Handwerk und leisten einen wichtigen Beitrag für die Sicherheit der Bundesrepublik. Ihre Büros hat die Einheit in der BAMF-Zentrale. Im ganzen Land verteilt in den Außenstellen sitzen Sonderbeauftragte für Sicherheit.

Bei dringenden Anliegen erhalten sie beim Präsidenten sofort einen Termin oder müssen zum Rapport antreten. In Krisenfällen gilt eine 24-Stunden-Rufbereitschaft. Handys werden dann nicht abgeschaltet. Andere Spezialisten arbeiten in hochsensiblen Verbindungsstäben. Diese Männer und Frauen stellen das entscheidende Bindeglied des nach außen so bürokratisch wirkenden Flüchtlingsamtes zu den Sicherheitsbehörden auf Landes- wie auch auf Bundesebene dar.

So unterstützen die Mitarbeiter vom Sicherheitsreferat mit ihrem Wissen, ihren Daten und ihrer mitunter langjährigen Erfahrung auch das »Gemeinsame Terrorismusabwehrzentrum« der Bundesrepublik Deutschland, abgekürzt GTAZ. Die Stelle erleichtert die Kooperation der deutschen Sicherheitsbehörden. Mitbeteiligt ist von Anfang an auch das BAMF.

Kein Wunder, dass sich diese Sicherheitsexperten im BAMF

für den Artikel in der *Bild am Sonntag* mit der warnenden Überschrift besonders interessieren. Tarnen sich IS-Terroristen wirklich als Flüchtlinge? Kommen diese Leute wie die meisten anderen Flüchtlinge auch über den Landweg nach Deutschland? Das Thema brennt den Mitarbeitern im BAMF auf den Nägeln. Die Überprüfung von Asylbewerbern ist ihr Kerngeschäft.

Terroristen, die unerkannt durch das Asylverfahren schlüpfen, ihre Anerkennung erhalten und anschließend einen mörderischen Anschlag begehen: Dieses Szenario stellt für die BAMF-Mitarbeiter die größtmögliche Katastrophe dar und lässt viele in der Nacht nicht mehr ruhig schlafen. Die Informationen der Zeitungsleute werden deshalb in Nürnberg ernst genommen. Außenstellen im Bereich großer internationaler Flughäfen haben bereits nachgefragt. Es soll eine Krisensitzung einberufen werden. Wie ist der Wahrheitsgehalt der Meldung einzuschätzen?

Die internen Gefahreneinschätzungen deutscher Sicherheitsdienste

Am 9. Oktober 2014 wendet sich ein Mitarbeiter des BAMF mit einer Bitte an die Kollegen von Bundespolizei, Bundeskriminalamt, Bundesamt für Verfassungsschutz und BND. Es geht um den Zeitungsartikel in der *Bild am Sonntag*. Aufgrund der Bedeutung dieser Thematik für das BAMF möchte der Verfasser des Briefes wissen, ob denn bei den anderen Ämtern »Erkenntnisse vorliegen, die diese Berichterstattung stützen«.

Wenige Tage später gehen in Nürnberg die höchst unterschiedlichen Antworten der angefragten Behörden ein. Nichts soll nach außen dringen. Rückblickend sind die Antworten von großer Bedeutung. Die Briefe zeigen, welche Informationen den deutschen Behörden im Herbst 2014 zu diesem brandheißen Thema vorlagen und wie sie das Problem einschätzten.

Von größter Bedeutung in diesem Zusammenhang: Keine

einzige Sicherheitsbehörde dementiert die Recherchen der Journalisten. Kein einziges der angefragten Ämter schließt im Herbst 2014 aus, dass Islamisten als Flüchtlinge getarnt nach Europa kommen. Einige Behörden wollen dem BAMF helfen. Andere hüllen sich in Schweigen.

Im Bundesamt für Verfassungsschutz liegen »keine Erkenntnisse vor«, heißt es in einem dürren Zweizeiler. Auch das Bundespolizeipräsidium ist nicht mitteilsam. Die Behörde verfüge über »keine behördeneigenen Erkenntnisse«. »Keine Erkenntnisse« ist ein behördeninterner Ausdruck und bedeutet im dortigen Sprachgebrauch, dass keine eigenen oder überprüften Informationen von Partnerdiensten vorliegen. Sehr wohl können aber Hinweise archiviert sein. Hinweise sind nicht überprüfte oder überprüfbare Informationen.

Dem Bundesnachrichtendienst »liegen derzeit keine Hinweise vor«, dass IS-Angehörige als Asylbewerber nach Westeuropa kommen wollen, »um dort Anschläge zu verüben«. Eine illegale Einreise nach Europa sei in der Regel nur mithilfe von falschen Dokumenten und Schleusern möglich, teilt der BND mit. Vermutlich sei allenfalls nur eine sehr begrenzte Anzahl von professionellen Schleusern zu entsprechend hohen Preisen bereit, »ihre Dienste wissentlich Terroristen zur Verfügung zu stellen«. Aufgrund des großen Angebotes derartiger Dienstleistungen, vermutet der BND, dürfte es aber islamistischen Terroristen grundsätzlich kein Problem bereiten, »unerkannt als illegale Migranten in den Schengen-Raum zu gelangen«.

Hinter dem Ausdruck »Schengen-Raum« verbirgt sich ein Zusammenschluss europäischer Staaten, die sich unter anderem auf den freien und unbeschränkten Verkehr von Personen geeinigt haben. Die Schaffung des sogenannten Schengen-Raums, benannt nach dem Ort Schengen in Luxemburg, in dem die Vereinbarung getroffen wurde, lässt sich in das Jahr 1985 zurückverfolgen. Damals vereinbarten die Bundesrepublik, Frankreich und die Beneluxstaaten, Kontrollen an ihren Binnengrenzen abzuschaffen.

Heute gehören alle deutschen Nachbarländer zu den Schengen-Staaten. In der Praxis bedeutet dies, dass im Normalfall an keiner deutschen Landgrenze mehr Kontrollen stattfinden.[9] Im Umkehrschluss heißt dies aber auch, dass sich Deutschland auf die Staaten an den Schengen-Außengrenzen verlassen muss. Wenn dort nicht ordentlich kontrolliert wird, nimmt die Sicherheit Deutschlands Schaden.

Denn jeder, der es wie auch immer schafft, den Schengen-Raum zu betreten, kann im Regelfall ungehindert nach Deutschland weiterreisen. Deutschland muss davon ausgehen, dass die Staaten am Rand des Schengen-Raums wie beispielsweise Italien oder Griechenland alle einreisenden Personen ausnahmslos kontrollieren und auch registrieren. Doch genau dies ist 2014 schon längst mehr der Fall.

Dennoch hält es der BND für wahrscheinlicher, dass sich der IS eher auf gewaltbereite Sympathisanten vor Ort stützt; so wie in Australien. Weit entfernt von Europa findet dort am 18. September 2014 der bislang größte Anti-Terror-Einsatz der australischen Polizei statt. Gleichzeitig durchsuchen in Sydney und Brisbane rund 800 Beamte Häuser von Verdächtigen. Der Hauptverdächtige ist kein Flüchtling. Ihm wird vorgeworfen, er verfolge den Plan, mitten im Zentrum der australischen Millionenstadt nach dem Zufallsprinzip Menschen zu entführen und dann zu enthaupten. Videos des Verbrechens sollen anschließend über soziale Netzwerke verbreitet werden.

Zudem sei, meint der BND, wenn überhaupt, mit Aktionen von aus dem Irak oder Syrien zurückkehrenden, mit ganz legalen europäischen Reisepapieren ausgestatteten Terroristen zu rechnen. Auch zu diesem Szenario findet 2014 ein mörderischer Anschlag statt. Am 24. Mai 2014 stürmt ein Mann mit einer AK-47, einem auch Kalaschnikow genannten Sturmgewehr, das Jüdische Museum in Brüssel. Ein Ehepaar aus Israel sowie eine Praktikantin sterben am Tatort. Ein Museumsmitarbeiter erliegt tags darauf seinen schweren Verletzungen.

Ein 29-jähriger Franzose wird verhaftet. Wegen eines Einbruchs in einem Lebensmittelgeschäft wird der Sohn algerischer Einwanderer 2009 zu zwei Jahren Haft verurteilt. Im Gefängnis radikalisiert er sich. 2013 ist der Mann mit dem Namen Mehdi Nemmouche in Syrien. Dort hält er sich mehrere Monate auf. Über Umwege fliegt der Terrorist via Frankfurt zurück nach Europa. Ein Haftbefehl gegen ihn liegt aber nicht vor. So kann er weiterreisen. Von Frankfurt geht es laut den Recherchen der *New York Times* mit einem Auto weiter nach Brüssel.[10]

Die entscheidende Frage im Angesicht der Asylkrise aber lautet: Können auch als Flüchtlinge getarnte IS-Terroristen auf diesem Weg nach Europa kommen? Das Bundeskriminalamt, abgekürzt BKA, gibt in seinem Schreiben an die Nürnberger Asylbehörde im Oktober 2014 keine Entwarnung. Die in den Medien beschriebene Verfahrensweise müsse nicht nur für den IS, sondern auch für alle international handelnden Terrororganisationen in Betracht gezogen werden, meint das BKA. Die Einschleusung von Tätern sei keine neue Strategie zur Ermöglichung terroristischer Anschläge. Auch der kollegiale Hinweis, dem BKA liegen keine Informationen auf konkrete Planungen oder gar Aktivitäten des IS zur Ausnutzung des Flüchtlingsstroms aus Syrien in die Türkei vor, um unerkannt über die Grenze zu gelangen, klingt wenig beruhigend.

Entscheidend ist der Nachsatz: Diese seien denkbar. Wie der BND vertritt das BKA die Ansicht, dass der IS in Europa auf ein Unterstützer- und Sympathisantenpotenzial zurückgreifen kann und daher nicht zwingend auf die Schleusung von außereuropäischen »Kämpfern« angewiesen sei.

Auch das Bundesinnenministerium vertritt allem Anschein nach Anfang Oktober 2014 die Ansicht, dass Flüchtlingsbewegungen ein Risiko beinhalten können. Das BKA habe die Thematik bereits mit Staatssekretärin Emily Haber besprochen. Die promovierte Historikerin und Karrierediplomatin ist seit dem Januar 2014 im Bundesinnenministerium verantwortlich für Sicherheit, Migration und Integration. Als beamtete Staatssekretärin im Bundesinnenministerium gilt Emily Haber laut der

Zeitung *Die Welt* »quasi als rechte Hand von Thomas de Maizière«.[11]

Unter Federführung des BKA soll eine Arbeitsgruppe mit den Vertretern der Sicherheitsbehörden und des BAMF entstehen, um die Asylverfahren zu analysieren und dabei auch »unter Berücksichtigung von Sicherheitsaspekten optimierende Lösungsansätze aufzuzeigen«. Die internen Reaktionen der wichtigsten deutschen Sicherheitsbehörden auf die Recherchen der Journalisten zeigen: Anfang Oktober 2014 ist die Bedrohung Deutschlands durch einsickernde IS-Terroristen auf den Flüchtlingsrouten kein abwegiges Thema. Nicht eine einzige der angeschriebenen Behörden redet die Herausforderung klein.

Rückblickend können BND und BKA auf ihre Einschätzungen stolz sein. Denn letztlich beschreiben der Auslandsnachrichtendienst und das Bundeskriminalamt im Oktober 2014 Szenarien, die ein gutes Jahr später schreckliche Realität werden. Gestützt auf lokale islamistische Netzwerke, verüben nach Europa eingeschleuste IS-Terroristen in Paris am 13. November 2015 und in Brüssel am 22. März 2016 Attentate, die mehr als 150 Menschen das Leben kosten und viele hundert mehr verletzen. Doch nur wenige Wochen später reißt das Bundesinnenministerium unter dem CDU-Politiker Thomas de Maizière das Ruder herum. Die Demontage der deutschen Sicherheitsarchitektur beginnt.

Das BAMF als Reparaturbetrieb gescheiterter europäischer Asylpolitik

Der promovierte Jurist Manfred Schmidt leitet seit 2010 die Flüchtlingsbehörde. Damals, vor der Eskalation des syrischen Bürgerkriegs, ist die Leitung des BAMF noch ein vergleichsweise ruhiger Posten in der deutschen Behördenwelt. Krisenzeiten wie Anfang der 90er-Jahre, als hunderttausende

Bürgerkriegsflüchtlinge aus dem ehemaligen Jugoslawien nach Deutschland kommen, liegen lange zurück. Lehren aus diesen Erfahrungen zieht die Politik nicht. Dies wird sich 2015 bitter rächen.

Schmidt gilt als loyaler und jovialer Chef, der lange Arbeitstage stemmt und seine Mitarbeiterinnen und Mitarbeiter freundlich grüßt, einige auch duzt. Das Frühstück und das Mittagessen verzehrt er nicht selten abgeschirmt in seinem großen Präsidentenbüro mit den vielen hohen Fenstern, sondern in der Kantine beim Fußvolk. Unauffällig setzt er sich dann an einen freien Platz zu seinen Untergebenen.

Der Hesse kann auf eine steile Beamtenkarriere in den verschiedensten Referaten des Bundesinnenministeriums zurückblicken. Ein harter Managertyp ist Schmidt nicht. Medienauftritte sind nicht seine Sache. Schmidt gilt als vorsichtig taktierender Verwaltungsjurist und loyaler Ministerialbeamter, der die Konfrontation mit dem zuständigen Innenministerium scheut.

Schmidts Vorgänger auf dem Präsidentenstuhl, der bayerische SPD-Vollblutpolitiker Dr. Albert Schmid, verfolgt eine andere Linie. Bereits mit 33 Jahren dient der Oberpfälzer Jurist als verbeamteter Staatssekretär im Kabinett von Helmut Schmidt. Als BAMF-Präsident verzahnt der Bayer Schmid nach den Anschlägen des 11. September 2001 in enger Abstimmung mit einem aufstrebenden Beamten und Asylrechtsexperten im Berliner Innenministerium die Asylbehörde mit der bundesdeutschen Sicherheitsarchitektur. Sein Name lautet: Hans-Georg Maaßen.

Gleichzeitig achtet Albert Schmid, der alle Finessen des politischen Geschäftes kennt, sehr auf die Unabhängigkeit seines Amtes. Dank seiner vielfältigen Verbindungen in die Politik sucht er ganz bewusst die Nähe des Innenausschusses im Bundestag und vermeidet so eine allzu große Abhängigkeit vom Ministerium. Auf diesem Weg kann er seine Ansichten ungefiltert den Abgeordneten vortragen. Gleichzeitig pflegt er diskrete Kontakte zum damaligen bayerischen CSU-Innenminister, Günther Beckstein. Das BAMF hat zudem einen direkten Draht zu den bayerischen Sicherheitsbehörden.

Albert Schmids Vision, das BAMF als zentrale Behörde in ein neu zu schaffendes Integrationsministerium einzufügen, wird nicht umgesetzt. Nach seiner Pensionierung gerät das BAMF ans Gängelband widerstrebender Interessen des Innenministeriums. Auch in Personalfragen wird Schmid nicht gefolgt. Der Bayer schätzt Hans-Georg Maaßen, der ihm gerne als BAMF-Präsident nachfolgen will. Doch Maaßens Interesse an dem Posten stößt im Berliner Innenministerium unter der Führung von Thomas de Maizière auf keine Resonanz.

Nach der Verabschiedung von Albert Schmid in den Ruhestand 2010 kommt das Amt wieder stärker unter die Kontrolle des Ministeriums. Das Bundesamt wird entpolitisiert und weitestgehend zu einer Durchführungsbehörde degradiert. Mit dem Scheitern des Arabischen Frühlings gerät der neue Präsident Manfred Schmidt immer stärker unter Druck. In den fünf Jahren seiner Amtszeit nehmen die Asylanträge um mehr als das Vierfache zu. Schmidt berichtet an das Ministerium. Er bittet um mehr Personal. Auf politische Seilschaften kann sich der Verwaltungsjurist nicht stützen.

2014 stellen Menschen aus Syrien erstmals die größte Gruppe von Flüchtlingen.[12] Der Bundestag, die Bundesländer und das zuständige Bundesinnenministerium werden ungeduldig. Die Medien berichten über eine immer schwierigere Lage: »Deutschland ist das Flüchtlingsheim Europas«, lautet die Schlagzeile in einem Zeitungsartikel der *Welt* am 15. Oktober 2014. Bundesinnenminister Thomas de Maizière greift zu starken Worten: »Seit dem Ende des Zweiten Weltkrieges hat Europa nicht mehr solche Flüchtlingszahlen erlebt.«[13]

Zwei weitere Fachbegriffe, die damals immer wieder in den Medien und in internen Papieren auftauchen, sind in diesem Zusammenhang von herausragender Bedeutung. Das »Dublin-Verfahren« und die »EURODAC-Treffer«. Wer diese Begriffe nicht versteht, kann die fortdauernde deutsche Asylkrise nicht verstehen. Letztlich geht es um die entscheidende Frage: Welches Land ist für welche Flüchtlinge zuständig?

Im Regelfall hat jeder Flüchtling in dem Land der Europäischen Union seinen Antrag zu stellen, wo er oder sie zuerst registriert wird. Um dies zu kontrollieren, müssen sich Flüchtlinge mittels eines vernetzten Fingerabdrucksystems und anderer Daten erfassen lassen. Die Daten werden anschließend im European Dactyloscopy-System, abgekürzt EURODAC, gespeichert.

Stellt der Mann oder die Frau anschließend in einem anderen Land der EU einen weiteren Asylantrag, wird erneut ein Fingerabdruck genommen. Routinemäßig folgt der Abgleich mit der EURODAC-Datei. Alle Staaten der EU haben Zugriff auf diese Datenbank und können somit mit ein paar Mausklicks verhindern, dass dieselbe Person in mehreren Ländern einen Asylantrag stellen kann. Voraussetzung aber ist, dass sich alle Asylbewerber auch registrieren lassen. Ebenso entscheidend ist, dass die sogenannten EU-Erstaufnahmeländer gewissenhaft einen Fingerabdruck nehmen. Genau dies stellt sich 2014 als immer größeres Problem heraus.

Wird beispielsweise ein Bootsflüchtling in Italien nicht registriert und reist unerkannt nach Deutschland weiter, um hier einen Asylantrag zu stellen, dann ist das deutsche BAMF für ihn zuständig. Italien ist dann außen vor und spart sich Geld für Unterkunft, Verpflegung und medizinische Versorgung.

Im sogenannten Dublin-Verfahren wird nach dem Abgleich der EURODAC-Datei festgestellt, welches europäische Land für die Prüfung des Antrags zuständig ist. Im Normalfall ist dies das Land der registrierten Ersteinreise im Verbund der sogenannten Dublin-Staaten. Für Deutschland ist das Dublin-System im Prinzip eine prima Lösung: Die übergroße Mehrheit der Asylbewerber kommt auf dem Landweg in die Bundesrepublik. Wenn alles funktioniert, dann sind diese Menschen längst in einem anderen Dublin-Land registriert. Deutschland kann diese

Menschen innerhalb einer gewissen Frist in dieses Land zurückschicken. Dort wird dann über den Asylantrag entschieden.

Im Herbst 2014 mehren sich die Zweifel an der Funktionstüchtigkeit dieses Systems. Während in Deutschland die Zahlen der Asylanträge explodieren, werden in EU-Staaten wie Italien oder Griechenland vergleichsweise wenige Anträge gestellt. Die Appelle des deutschen Innenministers an seine europäischen Amtskollegen zeigen keine Wirkung. Den deutschen Vorschlag einer Quotenregelung zur Verteilung der Asylsuchenden unterstützen auf dem Treffen der EU-Innenminister in Luxemburg Anfang Oktober nur wenige Staaten. Deutschland muss mit weiter steigenden Flüchtlingszahlen rechnen.

Vom ersten Tag an unterschied sich die europäische Rhetorik von der europäischen Realität. »Die überwältigende Bereitschaft Deutschlands, die Flüchtlinge aufzunehmen, führte eher dazu, dass sich die anderen europäischen Länder zurückzogen«, erinnert sich der frühere Bundestagsabgeordnete Wolfgang Bosbach. Der prominente CDU-Politiker war von November 2009 bis September 2015 Vorsitzender des Innenausschusses des Deutschen Bundestages.

Die Bundesregierung trifft die Entscheidung, das Problem still und heimlich auf dem Verwaltungsweg zu lösen. Treibende Kraft ist der Bundesinnenminister. Der Jurist de Maizière liebe die Welt der Paragrafen und Verordnungen. Funktioniere die Bürokratie, mache ihn das glücklich, so charakterisiert ein Autorenteam um Stefan Aust den Chef im Berliner Innenministerium: »Verwaltungen hätten für ihn die Aufgabe, den politischen Willen umzusetzen, hat er mal in einem Interview gesagt.«[14]

Genau das geschieht im Herbst 2014. Die Bevölkerung wird über die bürokratischen Winkelzüge, die nun anlaufen, nicht informiert. Zentraler Schauplatz ist die Nürnberger Asylbehörde. Das BAMF ist für die Zunahme der Anträge in keiner Weise verantwortlich. Die immer inständigeren Bitten des Personalrates und des Präsidenten Schmidt an das zuständige Bundesinnenministerium, den BAMF-Etat und die Mitarbeiterzahl zu erhöhen, waren nur teilweise von Erfolg gekrönt. Stattdessen verfällt die Asylbehörde immer mehr in den Ausnahmemodus. Der Präsident des BAMF wird zum Krisenmanager. Er muss für seinen obersten Dienstherrn Thomas de Maizière eine Entscheidung mit enormen Folgen vorbereiten: die Zahlen bereinigen und dabei automatisch die Sicherheitsstandards zurückfahren.

Intern ist im BAMF längst durchgesickert, dass die vertraglich vereinbarten EURODAC- und Dublin-Regeln europäischer Asylpolitik kaum mehr als Beruhigungstropfen für buchstabengläubige Politiker oder Verwaltungsjuristen darstellen. EURODAC-Anfragen dauern oder scheitern schlichtweg, weil die Flüchtlinge nirgendwo mehr registriert werden. Hinzu kommen hohe Zugänge oder überfüllte Aufnahmeeinrichtungen. Die Nürnberger Flüchtlingsbehörde ist überlastet. Fristen zur Rückführung verstreichen. Das wohlgeordnete System von »Registrierung«, anschließend »Datenabgleich« und erst dann »Asylantrag« funktioniert bereits im Herbst 2014 nicht mehr. Das Scheitern des europäischen Asylsystems nimmt seinen Anfang.

Ein Sprechzettel mit explosiven Inhalten

Im Herbst 2014 wird für den Präsidenten des BAMF, Manfred Schmidt, ein Sprechzettel vorbereitet. Am 21. Oktober soll es zu einem Gespräch mit dem zuständigen Abteilungsleiter des Innenministeriums kommen. Die Lage wird immer dramatischer. Das zeigt eine interne Auflistung des BAMF. Im Januar 2014 beantragen 1 734 Personen Asyl, die angeben, Syrer zu sein. Im September sind es dann schon 4 305. Bis zum 10. Oktober 2014 werden bei insgesamt 26 448 Zugängen aus Syrien lediglich 16 070 Entscheidungen getroffen. Mit anderen Worten: Die Verfahrensdauer zieht sich immer länger hin. Der Antragsstau wird größer.

Der Spitzenbeamte Schmidt muss die Anzahl der Entscheidungen wieder in Gleichklang mit den Anträgen bringen; sonst scheitert er. In diesem Sinne ist auch der Sprechzettel für das Grundsatzgespräch Manfred Schmidts mit dem zuständigen Abteilungsleiter aus dem Ministerium zu verstehen. In dem Papier findet sich der blumig klingende Vorschlag für ein »idealtypisches Asylerstverfahren«.

Im Regelfall werde das Verfahren dann nicht mehr wie bisher »durchschnittlich 4,6 Monate«, sondern nur mehr verschwindend wenige elf Tage dauern. Der Antragsstau würde sich in Luft auflösen. Das Asylproblem wäre unter bürokratischen Gesichtspunkten gelöst. Medien würden die guten Nachrichten aus Nürnberg verbreiten. Der Minister ist zufrieden. Der Präsident sitzt wieder fest im Sattel.

Insidern im Amt ist sofort klar: Der Plan wird das deutsche Asylsystem von Grund auf ändern. Dies gilt insbesondere für den absoluten Kernbereich der BAMF, die gesetzlich vorgeschriebenen Anhörungen der Asylbewerber. Eigentlich soll der Asylbewerber zeitnah nach der Antragstellung einem Mitarbeiter des Bundesamtes, Anhörer genannt, »persönlich seine Verfolgung glaubhaft schildern«. Zudem muss während dieses Gesprächs Beweismaterial vorgelegt werden. Mit dabei ist ein vertrauenswürdiger Dolmetscher. Die Anhörungen sind seit Jahrzehnten das absolut maßgebende Bindeglied zwischen der Antragstellung und der Entscheidung. Der Anhörer verfügt über ausgewiesene Länderkenntnisse und kann so die richtigen Fragen stellen.

Hinzu kommen die Einschätzungen des Dolmetschers. Äußert er einen Verdacht, kann bei einem Asylbewerber eine Sprach- und Textanalyse angeordnet werden. Bei diesen Untersuchungen wird durch einen Wissenschaftler festgestellt, ob sich beispielsweise ein arabisch sprechender Algerier fälschlicherweise als Syrer ausgibt. Algerier sprechen ein anderes Arabisch als Syrer. Gerichte erkennen diese Gutachten an.

Anhörer und Dolmetscher bilden zusammen ein gut funktionierendes Team in einer gut geölten Maschinerie. Beide tragen entscheidend dazu bei, Betrügern wie auch mutmaßlichen sogenannten Gefährdern mit klugen Fragen auf die Schliche zu kommen. Als Gefährder werden Personen bezeichnet, denen ein Terroranschlag zugetraut wird. Von der Anhörung wird anschließend ein Protokoll angefertigt.

Gewinnt der Anhörer in kollegialer Absprache mit dem Dolmetscher den Eindruck, der Asylbewerber mache falsche oder unglaubwürdige Angaben, dann wird das Protokoll den Profis vom Sicherheitsreferat zur weiteren Begutachtung vorgelegt. Hierzu gibt es verbindliche Dienstanweisungen. Wenn notwendig, werden entsprechend einer gesetzlichen Verpflichtung die Ansprechpartner in BKA, BND, Bundespolizei und auch die Verfassungsschutzbehörden informiert. Zur Identifizierung nachrichtendienstlich relevanter Personen in Asylverfahren gibt es einen eigenen Kriterienkatalog. Somit bildet das BAMF einen wichtigen Baustein der deutschen Sicherheitsarchitektur.

Doch alle diese Sicherheitsvorkehrungen soll es ab dem Spätherbst 2014 für hunderttausende von Flüchtlingen aus den gefährlichsten Ländern Syrien und Irak nicht mehr geben. Unbemerkt von der Öffentlichkeit verwandelt sich das BAMF von einer Sicherheits- in eine Unsicherheitsbehörde. Buchhalterisches Wunschdenken regiert; und das, obwohl die Gefahren eines terroristischen Anschlages immer realer werden.

Unter Präsident Manfred Schmidt wird dieses eingespielte Sicherheitssystem des BAMF still und heimlich mit einem Federstrich zerschlagen. Die Nürnberger Asylbehörde ist freilich nur die durchführende Behörde. Schmidt hat keine Wahl. Die Entscheidungen trifft Berlin. Dies stellt eine behördeninterne »Skizze zum Ablauf der Syrien-Verfahren« fest. Grundlage der Neuordnung ist danach eine am 27. Oktober 2014 »vorgeschlagene Verfahrensbeschleunigung« für Asylanträge durch das Bundesinnenministerium.

Der Aufstand der Fachleute

Kernstück der Reform des BAMF-Präsidenten Schmidt in enger Abstimmung mit der Bundesregierung ist die weitgehende Abschaffung von Anhörungen für Syrer und Angehörige irakischer Minderheiten. Stattdessen sollen diese Personengruppen lediglich einen Fragebogen ausfüllen. Vor dem Hintergrund des Krieges gegen den IS in Syrien und im Irak kann diese Maßnahme für die Bundesrepublik Deutschland nur als höchst gefährlich eingeschätzt werden. Dies ist natürlich auch der Behördenspitze bestens bekannt. Dennoch soll im Regelfall sogar Asylbewerbern, die offen zugeben, aus dem IS-Territorium zu stammen, lediglich ein Fragebogen vorgelegt werden.

Ein nur wenige Seiten dünnes Formular soll fortan als Grundlage für eine eventuelle intensivere Überprüfung inklusive Anhörung bei verdächtigen Personen herhalten. Die neue Regelung soll sogar für Menschen gelten, die ohne irgendein Identitätspapier nach Deutschland einreisen und nun behaupten, Syrer zu sein. Wer aber belastet sich in einem Fragebogen selbst? Ein rechtsstaatliches Verfahren sieht eigentlich anders aus.

Die zuständigen Abteilungen im BAMF, langgediente Entscheider und die Männer und Frauen von der Sicherheit sind über die Planungen der Amtsleitung entsetzt. Auch dies zeigen interne Schriftstücke. Durch einen flächendeckenden Verzicht auf Anhörungen werde das Risiko erhöht, dass Personen, die lediglich vorgeben, Syrer zu sein, nicht erkannt werden, lautet einer der harmloser klingenden Einwände. Aber auch die steigende Terrorgefahr wird als Argument angeführt: »Aktuellen Meldungen zufolge«, ist in einer Stellungnahme von BAMF-Fachleuten zu lesen, »soll die Organisation Islamischer Staat bereits angekündigt haben, mit Asylbewerbern auch Gefährder einzuschleusen.«

Zweifellos werden Angehörige religiöser Minderheiten im

Irak von den islamistischen Terrormilizen des IS grauenvoll verfolgt. Viele ihrer Angehörigen werden Opfer eines Völkermordes oder als Sklavinnen verkauft. Der Psychologe und Orientalist Jan Ilhan Kizilhan hat zahlreiche dieser Fälle in seinem Buch ›Die Psychologie des IS‹ dokumentiert.[15] Mit gutem Recht können sich diese Menschen auf das Grundgesetz berufen und in Deutschland Asyl beantragen. Natürlich macht es Sinn, diesen Männern und Frauen die Möglichkeit eines beschleunigten Verfahrens anzubieten. Fast alle Anträge von diesen verfolgten Menschen werden anerkannt.

Entscheidend aber ist: Auch für diese Personen werden keinerlei überprüfte Identitätsnachweise wie Taufurkunden für Christen oder Ähnliches als Bedingung für die Teilnahme am beschleunigten Verfahren eingefordert. Nicht einmal die Begutachtung durch Angehörige ezidischer Vereine oder orientalisch-christlicher Kirchen in Deutschland wird zur Bedingung.

Das fehlerfreie Sprechen eines christlichen Gebets wird vom BAMF ebenfalls nicht verlangt. Selbst diese einfachen, pragmatisch und schnell durchzuführenden Vorsichtsmaßnahmen werden außer Acht gelassen. Es dauert nicht lange und die ersten Betrüger werden in deutschen Asylunterkünften enttarnt. Die Hinweise stammen oft von deutsch-ezidischen Hilfsorganisationen, die sich als freiwillige Helfer in Unterkünften engagieren. Diese engagierten Menschen sprechen wie ihre verfolgten Landsleute arabische und kurdische Dialekte.

Ihnen fällt schnell auf: Personen ohne irgendein Stück Papier in der Hand geben sich in Asylbewerberheimen als verfolgte Eziden aus. Doch die jahrtausendealten Riten und Lehren des ezidischen Glaubens kennen sie nicht. Meistens handelt es sich um nordirakische Kurden, die wie ihre ezidischen Landsleute die gleichen regionalen Dialekte sprechen.

Andere eignen sich in betrügerischer Absicht bruchstückhaftes Wissen über die Lehren und die Bräuche der ezidischen Religion an. Auch einige dieser Personen werden von ezidischen Flüchtlingshelfern enttarnt. Wie viele Betrüger oder gar Islamisten auf diese Art und Weise sanft und unerkannt durch das weitmaschige Sicherheitsnetz fallen und als Flüchtlinge anerkannt werden? Das wird sich wohl nie klären lassen.

Getrieben von den ständig steigenden Asylzahlen und dem Druck aus Berlin ignoriert die Leitung des BAMF die Sicherheitsbedenken der hausinternen Experten und präsentiert die schriftlichen Anhörungen auf Grundlage eines Fragebogens als Lösung des Problems.

Letztlich entscheiden in der Realität nicht selten Übersetzer, die Asylbewerbern beim Ausfüllen des Fragebogens zur Seite stehen, ob der Tunesier nun als Syrer durchgeht oder nicht. »Der Lügerei und der Vorspiegelung falscher Tatsachen wurde damit Tür und Tor geöffnet«, meint ein Insider. »Es wurde sogar toleriert, selbst wenn einer fünf oder sechs Aliasnamen angab. Dabei hätten da die Alarmsirenen laut klingen müssen.« Eine nachträgliche Prüfung der Fragebogen wie auch »die Intensivierung des Dolmetschereinsatzes bei der Antragserfassung« beruhigt die Experten aus gutem Grund nicht. Die immer wieder vom BAMF vorgebrachte Erklärung, Voraussetzung für die Anwendung des schriftlichen Verfahrens mittels Fragebogen ist, »dass keine Zweifel an der Identität der Antragsteller bestanden«, ist nur schwer nachzuvollziehen. Ende November 2015 teilt mir die Pressestelle des BAMF offiziell mit, beispielsweise bei Kapazitätsengpässen »erhält der Antragsteller den Fragebogen mit der Bitte, diesen ausgefüllt binnen einer gesetzten Frist zurückzusenden«. Sicherheit sieht anders aus.

Sicherheitsrisiko Dolmetscher

Seit Jahrzehnten machen deutsche Justiz- und Sicherheitsbehörden immer wieder negative Erfahrungen mit Dolmetschern. So stellt sich bereits in den 1980er-Jahren heraus, dass Übersetzer insgeheim mit der Arbeiterpartei Kurdistans, abgekürzt PKK, sympathisieren oder sogar zusammenarbeiten.[16]

Die Politik hätte also gewarnt sein müssen. Das damals immer wieder vom BAMF vorgebrachte Argument, alle Dolmetscher seien sicherheitsüberprüft, geht hier ins Leere. Denn Übersetzer erhalten lediglich eine einfache Sicherheitsprüfung. Es wird nur überprüft, ob zu der betreffenden Person in einer Datenbank deutscher Sicherheitsbehörden ein aktueller Eintrag vorliegt. Alle den Behörden nicht bekannten Personen gelten bei dieser einfachen Überprüfung als unproblematisch.

Genau dies ist bei den tausenden Übersetzern der Nürnberger Asylbehörde der Fall. Außenstehende kennen die Feinheiten dieser Regelungen nicht. Sie lassen sich mit den wohlfeilen Erklärungen des BAMF abspeisen. Behördeninsider hingegen kennen das Problem sehr wohl.

Dabei gibt es durchaus Hinweise auf unzuverlässige, mitunter sogar radikalisierte Übersetzer und überforderte BAMF-Mitarbeiter. Angehörige religiöser Minderheiten beschweren sich immer wieder über intolerante sunnitisch-muslimische Dolmetscher, die bewusst falsch übersetzen, um ihnen zu schaden.

In einem Fall beschwert sich eine Mitarbeiterin beim BAMF über die Dolmetscherin, die »unumwunden rassistisch gegen Eziden« hetze. In fast allen diesen Fällen ist es sehr schwierig, den Nachweis zu führen. Meistens gibt es keine Zeugen. Ein besonders schlimmer Zwischenfall ereignet sich einen Tag nach den verheerenden islamistischen Anschlägen in Brüssel am 23. März 2016 in einem norddeutschen Ankunftszentrum. Diesmal gibt es Zeugen.

Bereits beim gemeinsamen Frühstück im Hotel mit den abgeordneten Mitarbeitern der Bundeswehr und den Übersetzerinnen habe sich »einer der hier tätigen Dolmetscher abfällig in Bezug auf das Attentat in Brüssel geäußert und es gutgeheißen«. Eine Gruppe von rund fünf männlichen Dolmetschern habe sich, offensichtlich auf Veranlassung dieses Übersetzers, in einen Raum »zurückgezogen und dort am Nachmittag gebetet«.

Die verantwortliche BAMF-Mitarbeiterin weiß nicht, was sie

unternehmen soll. Sie trägt erst seit gut zwei Wochen die Verantwortung für das norddeutsche Ankunftszentrum. Vorher arbeitet sie bei der Bundesagentur für Arbeit. Erst durch eine Recherche im Internet stößt sie auf das zuständige Sicherheitsreferat in der Nürnberger Zentrale. Das BAMF trennt sich von dem Übersetzer. Die Asylbehörde versucht, den Vorfall unter den Teppich zu kehren.

Eine Spracherkennungssoftware schafft das BAMF zunächst ebenfalls nicht an. Nachrichtendienste auf der ganzen Welt setzen seit Jahren mit Erfolg derartige Computerprogramme ein. Dank aufgezeichneter Sprechproben erkennt die Software mit hoher Wahrscheinlichkeit den Herkunftsort oder die Herkunftsregion einer Person.

Auf diesem Weg kann der Unsicherheitsfaktor »Dolmetscher« ausgeschaltet oder zumindest minimiert werden. Verschiedene Dialekte können damit zuverlässig erkannt werden. Ein Betrug kann damit verhindert werden. Dolmetscher, die mit dem Gedanken spielen, aus welchen Gründen auch immer, falsch zu übersetzen, sind gewarnt. Doch diese Zusammenhänge führen im BAMF zu keinen Konsequenzen. Erst Jahre später experimentiert das BAMF mit einem Spracherkennungsprogramm, um Sicherheitslücken zu schließen. Entsprechende Assistenzsysteme setzt das BAMF erst seit Anfang September 2017 flächendeckend ein. Im gleichen Jahr wird auch das Qualitätssicherungskonzept für BAMF-Dolmetscher ergänzt und verbessert.

In öffentlichen Erklärungen weist das BAMF während der Krisenjahre immer wieder darauf hin, dass in strittigen Fällen wissenschaftlich fundierte Sprach- und Textanalysen angeordnet werden. Dies sei richtig, meinen BAMF-Insider. Nur sieht die Amtsleitung dies nicht gerne. Die Analysen dauern. Die Antragsbearbeitung – und damit die rasche Entscheidung – zieht sich in solchen Fällen hin.

Offizielle Zahlen aus dem BAMF stützen diese Aussage: Von November 2014 bis November 2015 lässt das BAMF lediglich

190 Sprach- und Textanalysen von Menschen, die sich als Syrer ausgeben, durchführen. Hingegen werden in Nürnberg für die Monate Januar bis Dezember 2015 162 510 Asylanträge von Menschen aus dem Herkunftsland Syrien registriert.

Alibifragen als Sicherheitsplacebo

Wusste der zuständige Bundesinnenminister Thomas de Maizière (CDU) von diesen Maßnahmen, die munter gute Zahlen produzieren und dabei die Sicherheit der Bundesrepublik Deutschland gefährden? Die Antwort ist eindeutig: Am 7. November 2014 wendet sich der zuständige Mitarbeiter des Referates MI4 im Bundesinnenministerium in einer Mail an die lieben Kolleginnen und Kollegen im Nürnberger Bundesamt. Der Spitzenbeamte hat eine Nachricht zu verkünden: Der »Herr Minister hat das von Ihnen [...] vorgeschlagene Vorgehen zur Verfahrensbeschleunigung bei der Bearbeitung von Asylerstverfahren« aus dem Herkunftsland Syrien und für irakische Christen und Eziden gebilligt. Es werde »daher gebeten, entsprechend zu verfahren«.

Im BAMF geht währenddessen der Kampf hinter den Kulissen weiter. Die Experten geben nicht auf. Sie versuchen zu retten, was noch zu retten ist. Noch einmal weisen sie auf die Bedeutung der persönlichen Anhörungen hin: »Offen gestellte Fragen« sind unter allen Umständen zu bevorzugen.

Die gewonnenen Informationen liefern »wertvolle Hinweise zur Gewinnung von Erkenntnissen, die von außen- und sicherheitspolitischer Bedeutung für die Bundesrepublik Deutschland« sind. Dies sei nun nicht mehr in vollem Umfang möglich. Empört weist ein Mitarbeiter in diesem Zusammenhang auf den gesetzlichen Auftrag des BAMF hin, Meldungen an die Sicherheitsbehörden abzusenden. Die Asylbehörde sei verpflichtet, das Bundesamt für Verfassungsschutz beispielsweise über »sicherheitsgefährdende oder geheimdienstliche Tätigkeiten für eine fremde Macht« zu unterrichten. Zudem darf das BAMF aber auch relevante Informationen an den BND übermitteln. Ohne entsprechende Fragen ist all dies nicht zu leisten.

Erst mit dieser Klarstellung gelingt es den Experten, einige Fragen, die in Abstimmung mit dem BND, dem Bundesamt für Verfassungsschutz und der Bundespolizei erarbeitet werden, in das Formular einzubauen. Diese Fragen bilden für die nächsten Monate neben den Dolmetschern in zigtausenden Fällen die einzige schwache Vorkehrung, um potenzielle Gefährder aufzuspüren unter all den zigtausenden Personen, die sich als Syrer oder beispielsweise Christen oder Eziden aus dem Irak ausgeben.

Das wissen natürlich auch die Sicherheitsexperten der Nürnberger Asylbehörde. Nach der Einführung der sogenannten schriftlichen Anhörungen wachsen ihre Sorgen. Sie fragen sich: Wer trägt die Verantwortung, wenn ein Attentäter durch die weiten Maschen einer nicht mehr vorhandenen Überprüfung rutscht? Der Sachbearbeiter? Das Ministerium? Das BAMF?

Nach der flächendeckenden Einführung der schriftlichen Anhörung am 18. November 2014 werden die Männer und Frauen auf der Arbeitsebene den größten Druck aushalten müssen. Die Sorgen sind groß. Die Unsicherheit auch. Die BAMF-Führungsspitze weicht keinen Millimeter zurück und beschwichtigt stattdessen das aufgeregte Personal. Dies zeigt eine zeitnahe interne Klarstellung der Amtsleitung des Bundesamtes.

Selbstverständlich könne ein Asylbewerber angehört werden, wenn Zweifel im Verfahren auftauchen, wird den Sachbearbeitern auf den Weg gegeben. Der Sicherheitsaspekt sei ja gerade im Hinblick auf die jüngsten Terroranschläge in Europa nicht von der Hand zu weisen. An der Fragebogenaktion wird dennoch nichts geändert. Stattdessen stehen nun die Sachbearbeiter in der Pflicht. Sie sollen entscheiden, ob eine Anhörung notwendig ist oder nicht. Im Behördenalltag wird auf diese Möglichkeit oft und gerne verzichtet. Denn Anhörungen dauern und verlängern die Bearbeitungszeit der Asylanträge; was wiederum in der Nürnberger Zentrale und letztlich auch im

Bundesinnenministerium sehr ungern gesehen wird. Gleiches gelte für die kostenintensive Überprüfung der Ausweispapiere.

So zeigt sich die deutsche Flüchtlingspolitik im Herbst 2014. Die immer dramatischer steigenden Zahlen von Asylbewerbern betrachten das Innenministerium und die BAMF-Leitung in erster Linie als statistische Herausforderung. Trotz ernst klingender Einschätzungen deutscher Sicherheitsbehörden und Befürchtungen von langgedienten und erfahrenen Experten im BAMF degradieren sie die terroristische Bedrohung Deutschlands zur Nebensache.

Eine strategische Personalpolitik für das BAMF gibt es ebenfalls nicht. Da die entsprechenden Stellen fehlen, kann qualifiziertes Personal nur in viel zu geringem Ausmaß rekrutiert werden. Bald stellt sich heraus: Trotz schriftlicher Anhörungen steigt der Druck im Kessel. Notfallpläne werden dennoch nicht entwickelt. Fähige und vor allem zuverlässige Dolmetscher werden ebenfalls in viel zu geringer Zahl verpflichtet.

Dabei ist für jeden vorausschauenden Verantwortungsträger im und außerhalb des BAMF klar: Die Dolmetscher stellen mit der Einführung der schriftlichen Anhörungen die wichtigste und meist auch einzige Instanz zur Überprüfung der Asylbewerber dar. Denn sie sind es, die beim Ausfüllen vor Ort sein sollen und nicht nur Analphabeten mit Rat und Tat zur Seite stehen, sondern auch Hinweise geben können, wenn sich Antragsteller merkwürdig benehmen, verdächtige Kommentare abgeben oder aber einen für Syrer völlig untypischen arabischen Dialekt sprechen.

Zweifler im Innenausschuss des Deutschen Bundestages wie die CSU-Abgeordnete Andrea Lindholz werden mit einem fadenscheinigen Argument besänftigt. Falsche Entscheidungen können vom BAMF im sogenannten Widerrufsverfahren korrigiert werden. In der Tat ist die Nürnberger Asylbehörde gesetzlich verpflichtet, positive Asylentscheidungen spätestens nach drei Jahren zu überprüfen.

Aber was macht das Amt, wenn ein Asylbewerber bei der

Überprüfung nicht mitwirkt? Diese Frage wirft das Ministerium im Innenausschuss nicht auf. Dazu müsste nachträglich das Gesetz geändert werden. Nur so kann der Asylbewerber verpflichtet werden, von Anfang bis zum absoluten Ende des Verfahrens mitzuwirken, stellt die amtierende Vorsitzende des Innenausschusses, Andrea Lindholz, fest. Erst vier Jahre später, 2018, wird dieses Problem angegangen.

Rückblickend meint der ehemalige Bundesinnenminister Thomas de Maizière (CDU), die »Einführung der beschleunigten Verfahren mit schriftlichen Anhörungen ging vor allem von den Bundesländern aus; aber auch von den Grünen und der SPD. Das Argument lautete: Wieso Asylverfahren verzögern, wenn die Anerkennungsquote bei nahezu 100 Prozent liegt? Stattdessen wäre es besser, sich auf die schwierigen Fälle zu konzentrieren.« Dies sei ein starkes Argument gewesen. »Wir haben uns da zunächst gesperrt«.

Die Bedenken der Sicherheitsexperten im BAMF werden in Berlin registriert. Doch letztendlich unterwirft sich der Innenminister dem »enormen öffentlichen Druck, die Schnelligkeit der Bearbeitung zu erhöhen«. Selbstkritisch räumt Thomas de Maizière heute ein: »Im Nachhinein ist man immer schlauer. Man hätte bei den Syrern und Irakern genauer hinschauen sollen, auch wenn es dann länger gedauert hätte. Das war damals aber leider nicht durchsetzbar oder jedenfalls nicht durchhaltbar.«

Aus heutiger Perspektive ist de Maizières Entscheidung nur schwer nachvollziehbar. Doch aus dem Blickwinkel des Jahres 2014 hatte der Minister keine andere Wahl. Auf ihm lasteten ein Riesendruck und eine nicht zu erfüllende Erwartungshaltung. Selbst bei einem Rücktritt hätte sich die Politik nicht verändert. Entscheidend war damals: Sicherheitsfragen sind Nebensache.

Aufregung im Verfassungsschutz: Die IS-Terrormiliz droht Deutschland

So verstreicht kostbare Zeit, um Deutschland und Europa auf die bisher größte sicherheitspolitische Herausforderung des 21. Jahrhunderts vorzubereiten, während der Irak und Syrien in einem Inferno aus Krieg und Gewalt versinken. Die Bundesregierung übersieht geflissentlich, wie bedrohlich nahe Krisen und Kriege in Städten wie Damaskus, Mossul oder Erbil an Deutschland heranrücken.

Ende 2014 ist in den TV-Nachrichten beinahe täglich zu beobachten, wie Millionen Flüchtlinge in der Region ausharren, während der sogenannte »Islamische Staat« die Eroberung der Welt propagiert und den Westen bedroht.

Abstoßende Fotos von Menschen, denen die Köpfe abgeschnitten werden, verbreitet auch das aufwendig produzierte Magazin *Dabiq*. Die Online-Zeitschrift wird vom IS als Propagandawaffe, aber auch zur Rekrutierung von Anhängern und zur Selbstdarstellung genutzt. Terrorismusforscher und Nachrichtendienste in der ganzen Welt werten die in unregelmäßigen Abständen im Internet auftauchenden Ausgaben aus. Auf dem Titelblatt der vierten Ausgabe vom Oktober 2014 prangt eine Fotomontage. Zu sehen ist der Petersplatz in Rom. Doch auf der Spitze des weltberühmten Obelisken im Mittelpunkt der hohen barocken Kolonnaden, die den Platz umspannen, steht kein Kreuz. Stattdessen flattert die schwarze Fahne des IS. Darunter steht in englischer Sprache »Der gescheiterte Kreuzzug«.[17]

Rom ist für die Islamisten das Sinnbild des christlichen Abendlandes. Die Eroberung der Stadt und damit des alten Westens wird seit vielen Jahren von muslimischen Extremisten propagiert. In diesem Sinn ist auch der Name der Zeitschrift *Dabiq* zu verstehen. Tatsächlich gibt es in Nordsyrien nahe der Grenze zur Türkei eine kleine Ortschaft, die Dabiq heißt. Laut einer alten islamischen Prophezeiung werden bei Dabiq die muslimischen Heere am Ende der Zeit auf die »Römer«[18] treffen und diese vernichtend schlagen. Das Römische Reich gibt es schon lange nicht mehr. Für den IS sind die »amerikanischen Kreuzzügler« die neuen Römer und im syrischen *Dabiq* sollen sie besiegt werden. Terroranschläge im Westen sollen die Schlachten im Nahen Osten begleiten.

Weiter hinten findet sich in der *Dabiq*-Ausgabe vom Oktober 2014 ein kleiner Artikel, der im Bundesamt für Verfassungsschutz mit großer Sorge gelesen wird: In dem Einspalter wird erstmals auch Deutschland als Anschlagsziel benannt.[19] Wie in einem bunt bebilderten Verbrauchermagazin finden potenzielle Attentäter darin Hinweise, wie ein Anschlag abzuwickeln sei. Natürlich solle sich laut *Dabiq* jeder Muslim an diesem Kampf beteiligen. Es sei wichtig, so die IS-Propagandaschrift, dass der Anschlag eindeutig dem IS zurechenbar ist. Je kleiner der Kreis der Beteiligten, desto besser könne der Angriff ohne Probleme durchgeführt werden. Lange aufwendige Vorbereitungen seien hingegen zu vermeiden.

Knapp zwei Jahre später verüben zwei Asylbewerber in Würzburg und Ansbach im Sinne des IS Anschläge. Für das BAMF sind die beiden Männer kaum mehr als zwei Nummern unter hunderttausenden weiterer Asylbewerber. Keiner von beiden wurde jemals von einem fachkundigen BAMF-Mitarbeiter persönlich angehört. Der Massenandrang von Menschen lähmt die Bürokratie und schadet der Sicherheit der Bundesrepublik Deutschland.

Politikerfrust in deutschen Amtsstuben

Der Familienvater Paul Mayer ist mittleren Alters. Natürlich heißt auch er in Wirklichkeit anders. Um seine Identität zu schützen, sollen seine Herkunft und sein Geburtsort nicht erwähnt werden. Denn Paul Mayer arbeitet bei einer Sicherheitsbehörde und darf ohne Genehmigung seiner Vorgesetzten nicht mit dienstfremden Personen über seine Arbeit sprechen. Seine Aufgabe besteht darin, aus verschiedenen Quellen zusammengetragene Informationen auszuwerten, mithilfe anderer Mitteilungen auf ihren Wahrheitsgehalt hin abzugleichen und anschließend Lagebeurteilungen oder Berichte zu verfassen. Auf diese Weise erhält Mayer tiefgehende Einblicke in den Umgang der deutschen Sicherheitsapparate mit der sich immer deutlicher abzeichnenden Flüchtlingskrise.

Die Diskussionen und den Streit um die Einführung der schriftlichen Anhörungen bekommt er hautnah mit. Auch für ihn »geht es 2014 los«. Damit meint Mayer die Anfänge der Flüchtlingskrise: »Man merkte, es zeichnet sich in der Politik eine Richtung ab. Es ging nur noch darum, die Fälle so schnell als möglich abzuarbeiten.« Die Stimmung in seiner Behörde sei schon damals schlecht gewesen. Die Einladung islamistischer Organisationen, die vom Verfassungsschutz beobachtet werden, zur deutschen Islamkonferenz unter Wolfgang Schäuble und seinen Nachfolgern habe er nie verwinden können. Für ihn und andere sei dies bereits ein Grund gewesen abzuschließen. Zur Einführung der schriftlichen Anhörungen hat er eine klare Meinung: »Das war ein Fehler. Man hat nur die Hände über dem Kopf zusammengeschlagen. Das war eine Massenabfertigung ohne Sicherheit.«

Auch Helga Müller erfährt sehr bald von der Einführung der schriftlichen Anhörungen. Für sie wird das BAMF im Herbst 2014 unter dem glücklosen Präsidenten Schmidt zum Verschiebebahnhof einer Asylpolitik, die immer stärker auf Masse und immer weniger auf Sicherheit setzt. Das BAMF trage für das Versagen deutscher und der EU-Asylpolitik keine Schuld. Die Verantwortung liege ganz woanders: in Brüssel und in den europäischen Hauptstädten, die nicht in der Lage sind, die Krise zu bewältigen. Stattdessen sind jahrelang immer nur die gleichen Floskeln der Regierungschefs und der verantwortlichen Minister zu hören.

Präsident Schmidt sei nur ein kleines Glied in einer langen Kette von Versäumnissen und Fehleinschätzungen. Selbst wenn die Amtsleitung des BAMF die Anweisung für die schriftlichen Anhörungen gibt, die eigentliche Verantwortung in Deutschland liege woanders: »Die schriftlichen Verfahren wurden von oben, also vom Ministerium, durchgedrückt; und wenn ein Ministerium etwas anordnet, dann haben das die untergeordneten Behörden umzusetzen. Punkt. Da ist kein Raum mehr für Diskussionen. Das ist nicht vorgesehen.«

Die Arbeitsebene in den Sicherheitsbehörden habe die Anordnung aus Berlin »mit großer Verwunderung und Kopfschütteln aufgenommen, aber natürlich umgesetzt. Weisung ist Weisung. Bei Anhaltspunkten konnte eine Anhörung angeordnet werden, aber da musste neben dem ausgefüllten Fragebogen auch die gesamte Akte durchgeforstet werden, um etwaige Anhaltspunkte zu finden. Beliebt hat man sich bei den Entscheidern und deren Vorgesetzten damit meistens nicht gemacht, weil der Arbeitsdruck schon damals so hoch war. Immer hieß es: entscheiden, entscheiden, entscheiden. Schließlich musste der Bevölkerung klargemacht werden, dass man das Phänomen im Griff hat.«

Die Deutschen erfahren von diesen internen Diskussionen, Entwicklungen und Entscheidungen zulasten der öffentlichen Sicherheit nichts. Selbstverständlich wird der Bevölkerung auch nicht mitgeteilt, dass im Dezember 2014 beim BAMF eine besorgniserregende Nachricht eingeht.

Laut einem Hinweis des Bundesamtes für Verfassungsschutz, abgekürzt BfV, haben sich Anhänger des sogenannten Islamischen Staates und weiterer Gruppierungen »unauffällig als Flüchtlinge getarnt auf den Weg nach Europa gemacht«. Das BfV spricht dabei insbesondere von männlichen Personen, die sich als Kurden aus Mossul ausgeben. Die Millionenmetropole Mossul ist die wichtigste Hochburg des IS im Irak. Diese Warnungen bleiben geheim; bis zum heutigen Tag. Aus gutem Grund: Der Hinweis des Bundesamtes steht in scharfem Kontrast zu den öffentlichen Verlautbarungen deutscher Politiker und Sicherheitsexperten.

Die kleine Schar der Experten im BAMF, die den Hinweis des Verfassungsschutzes hingegen lesen können, kann sich bestätigt fühlen. Sie liegen mit ihren Warnungen goldrichtig. Es bestehe die Gefahr, dass diese Personen als »vorgebliche« Eziden im Fragebogenverfahren schnell abgehandelt werden. Auch andere vom Verfassungsschutz benannte »potenzielle Gefährder aus Irak und Syrien« fallen unter den Personenkreis, für den das »idealtypische Verfahren« gestaltet sei. Extremisten und womöglich sogar Terroristen können somit ohne Papiere und dank des einfachen Fragebogenverfahrens ohne irgendeine Identitätskontrolle unerkannt nach Deutschland einreisen und anschließend bei einer Anerkennung alle gesetzlich verbürgten Rechte eines Flüchtlings in Anspruch nehmen.

Auswirkungen auf die Politik hat auch diese Einschätzung nicht. Die Warnungen der Fachleute werden erneut zur Seite geschoben. So schlittert ein geschwächtes und in Teilen bereits kaum mehr arbeitsfähiges BAMF in ein Krisenjahr, das den Lauf der deutschen und europäischen Geschichte verändern wird. Zurück bleiben viele frustrierte Männer und Frauen in deutschen Sicherheitsbehörden, die sich immer öfter die Frage stellen: Was für einen Sinn macht meine Arbeit, wenn diese in keiner Weise zu Konsequenzen führt?

Deutschland, Europa und der IS-Terror

Abdelhamid Abaaoud: der Prinz der Finsternis

Die Fotos und die Videos zeigen einen jungen Mann mit einem breiten, nicht unsympathischen Lächeln. Manchmal trägt er einen langen schwarzen Vollbart; ein anderes Mal einen Dreitagebart. Auch die Kleidung wechselt er immer wieder: Zu sehen ist er in einem langen traditionellen islamischen Gewand, in T-Shirt, mit Baseballkappe oder mit einer gewebten Mütze, wie sie in Afghanistan getragen wird.

Ein Video mit dem manchmal beinahe kindlich wirkenden Mann findet weltweite Beachtung: Darin rühmt er sich seiner Grausamkeiten am Steuer eines Wagens, der geschändete Leichen von IS-Opfern hinter sich herzieht. Bevor der blaue Pick-up-Transporter startet, sagt er: »Früher haben wir Jetskis, Motorräder, Quads, große Anhänger voller Geschenke für die Ferien in Marokko hinter uns hergezogen.« Jetzt »schleppen wir«, sagt der Mann am Steuer, »Abtrünnige und Ungläubige ab«. Der Mann am Lenkrad spricht französisch und ist Belgier. Er zählt zu den grausamsten und gefährlichsten IS-Terroristen aus Europa. Sein Name lautet Abdelhamid Abaaoud.

Der 1987 geborene Sohn marokkanischer Einwanderer Abaaoud ist der Anführer eines Netzwerks von radikalisierten jungen Männern. Gemeinsam nutzen sie die Schwachstellen der deutschen und europäischen Migrationspolitik in den Jahren der Flüchtlingskrise gnadenlos aus. Sie überziehen Frankreich und Belgien mit der schlimmsten Terrorwelle seit dem Ende des Zweiten Weltkrieges.

Wer immer sich mit diesen mörderischen Anschlägen beschäftigt, muss sich mit der Person Abaaoud auseinandersetzen. Er ist die Spinne im Netz. Ohne Übertreibung kann er als Schlüsselperson des IS-Terrorismus in Europa charakterisiert werden.

Wer ist dieser Abdelhamid Abaaoud? Ein veröffentlichter Bericht des israelischen »Meir-Amit-Informationszentrums«[20] zeichnet das Bild eines kleinkriminellen Schulabbrechers, der sich während einer Haftstrafe im Gefängnis radikalisiert.[21] Zuvor soll er sich nicht für den Islam interessiert haben. Eine Moschee besuchte er ebenfalls nicht. Auch die Familie scheint nicht besonders gläubig zu sein.

Der Vater kommt in den 1970er-Jahren aus einer Berber-Enklave im Süden Marokkos nach Belgien. Zahlreiche Angehörige dieser ethnischen Minderheit leben in der wirtschaftlich vernachlässigten, von hohen Gebirgsketten durchzogenen Rif-Region im Norden Marokkos. Diese Gegend südlich der marokkanischen Mittelmeerküste fällt in der Geschichte durch den Widerstand gegen die Zentralregierung in Rabat und die früheren Kolonialherren in Paris und Madrid auf. Immer wieder erheben sich die Bewohner des Rifs. Die Revolten werden stets blutig niedergeschlagen. In der Nachkriegszeit wandern zigtausende Bewohner dieser Region nach Frankreich, in die Niederlande und nach Belgien aus, um dort in den Fabriken und Kohlegruben Arbeit zu suchen.

Das Rif hingegen entwickelt sich immer stärker zu einem Anbaugebiet für Drogen, die von Kartellen nach Westeuropa geschmuggelt und dort verkauft werden. Clans organisieren diesen Handel. Wo Drogen im Spiel sind, da bestehen auch Kontakte zu Waffenhändlern. Diese mafiösen Strukturen verlangen absolute Loyalität. Wichtig in diesem Zusammenhang: Bereits in den 90er-Jahren ist zudem eine Islamisierung der Region feststellbar.

Landsmannschaftliche Verbindungen, Drogenhandel und Islamismus Hand in Hand: Nach den mörderischen islamistischen Anschlägen von Madrid 2004 mit 191 Toten und an die 2000 Verletzten stellt sich heraus, dass viele Attentäter Verbindungen zur Stadt Tétouan im Herzen des Rif haben.[22] Diese Zusammenhänge von Kriminalität, Armut und regionalen Unabhängigkeitsbestrebungen sind zum Verständnis der Gruppe um Abaaoud von großer Bedeutung, meint der französische Terrorismusforscher und Historiker Gregor Mathias. Denn einige von Abaaouds Gefährten entstammen aus dem Rif.

Der Vater von Abdelhamid Abaaoud ernährt seine Familie mit einem Ladengeschäft. Er kauft ein Haus für seine Frau und die sechs Kinder. Das Haus steht in einer vergleichsweise besseren Gegend der sonst sozial schwachen Gemeinde Molenbeek im Großraum der belgischen Hauptstadt Brüssel. Molenbeek gilt seit Jahren als Hochburg belgischer Islamisten. Viele belgische Muslime, die sich in Syrien Terrormilizen wie dem IS anschließen, stammen aus Molenbeek. Im Verhältnis zur Einwohnerzahl kommen die meisten europäischen Dschihadisten aus Belgien. Eine ganze Reihe dieser Männer stammt wiederum aus Familien, die in der Nachkriegszeit aus dem marokkanischen Rif einwandern.

Als Teenager rutscht Abaaoud in die Kriminalität ab. Er begeht Ladendiebstähle und stiehlt Geldbörsen von Klassenkameraden. Er schikaniert Mitschüler und Lehrer. Gleichzeitig treibt er sich in Kneipen und Nachtklubs herum. Zusammen mit einem Freund, der sich später ebenfalls dem IS anschließt, begeht Abaaoud einen bewaffneten Raubüberfall. Die beiden jungen Männer werden ertappt und zu einer Haftstrafe verurteilt. Wie so viele andere junge Muslime radikalisiert sich Abaaoud im Gefängnis. Im Januar 2014 kommt er in Syrien an. Er reist zusammen mit seinem dreizehn Jahre alten Bruder. Sein Vater zeigt ihn wegen Kindesentführung an. Der Fall schlägt in Belgien hohe Wellen. Auch in Deutschland wird darüber berichtet.[23]

Wenig später stoßen die beiden französischen Journalisten Étienne Huver und Guillaume Lhotellier im türkisch-syrischen Grenzgebiet auf ein Handy voller Fotos und Videos. Eines dieser Videos zeigt auch den blauen Pick-up-Transporter, der auf der Fahrt über ein frisch gepflügtes Feld die Leichen hinter sich herzieht. Der Film mit den grausamen Szenen wird im französischen Fernsehen im März 2014 gesendet. Die Aufregung über den zynisch lächelnden jungen Mann ist groß. Wer so daherredet, ist zu allem fähig.

Abaaoud ist nicht nur grausam. Er ist zugleich der Organisator eines europäischen IS-Terrornetzwerkes. Die europäischen Sicherheitsbehörden verstehen die Bedeutung Abaaouds für den IS-Terror in Europa zunächst nicht. Selbst als sich herausstellt, dass Mehdi Nemmouche Monate vor seinem Anschlag auf das Jüdische Museum in Brüssel am 24. Mai 2014 ein langes Telefonat mit Abaaoud führt, ändert sich diese Einschätzung nicht. Die belgischen Ermittler gehen zunächst davon aus, dass Nemmouche ein Einzeltäter ist.[24]

Journalisten der *BBC*, der *New York Times* und des nichtkommerziellen amerikanischen *Public Broadcasting Service*, abgekürzt *PBS*, folgten den Spuren dieses hochgefährlichen Mannes.[25] Danach gehört Abaaoud bald nach seiner Ankunft in Syrien zu den Schlüsselfiguren im Islamischen Staat. Er wird beauftragt, Anschläge in Europa zu organisieren. Dazu wählt und bildet er in einem Haus in der Nähe der syrischen Stadt Rakka die passenden Männer für diese Aktionen aus. Rakka gilt als Zentrum des IS in Syrien. Koordinierte, von langer Hand geplante Anschläge sollen das Vertrauen der Bürger Europas erschüttern. Die Federführung dieser Terrorwelle liegt in den Händen Abdelhamid Abaaouds.

Ende 2014 klingelt bei der Familie Abaaoud in Belgien das Telefon. Der Anrufer hat eine traurige Nachricht: Der Sohn der Familie ist während der Kämpfe in Syrien umgekommen. Er sei nun ein Märtyrer. Die eigentlichen Adressaten der Nachricht sind vermutlich nicht die Eltern des belgischen Topterroristen. Allen Anschein nach gehen die Hintermänner Abaaouds davon aus, dass der Telefonanschluss in Belgien abgehört wird. Vermutlich wollen sie die Behörden verwirren und somit den Fahndungsdruck verringern. Wer sucht schon einen Toten, wo zur gleichen Zeit so viele Gefährder die belgischen Behörden auf Trab halten?

In Wirklichkeit befindet sich Abaaoud zur gleichen Zeit vermutlich auf dem Weg zurück nach Europa. Weitere IS-Terroristen folgen ihm. Sie bauen eine terroristische Infrastruktur auf. Sie besorgen ein sogenanntes sicheres Haus. Dort lagern sie Waffen und andere Utensilien, die für Anschläge benötigt werden. Sie warten. Sie verhalten sich unauffällig. Sie sind in Belgien in der alten Industriestadt Verviers an den nördlichen Ausläufern der Ardennen.

Das Feuergefecht von Verviers: Fanal für den IS-Terror in Europa

Langsam zuckelt der Zug durch eine traumhafte Herbstlandschaft. Auf sanften Höhen erstrecken sich weite Laubwälder. Bunte Blätter leuchten in der milden Mittagssonne. Auf den fetten Weiden grasen braun und schwarz-weiß gefleckte Milchkühe. Ab und an überquert die Bahn alte Brücken. In tiefen Tälern zwischen hohen Felswänden sind kleine Flüsse zu entdecken, so schön wie gemalt. Ich bin auf dem Weg nach Verviers in den nördlichen Ausläufern der belgischen Ardennen.

Auf dem Weg entdecke ich zahlreiche schon lange leer stehende oder verfallene Fabriken. Die belgische Stadt Verviers mit ihren gut 50 000 Einwohnern galt einst als Welthauptstadt der Textilindustrie. Prächtige Bürgerhäuser aus der Gründerzeit, ein großer Bahnhof und ein imposantes Theater zeugen vom großen Reichtum, der die Stadt einst auszeichnete. Doch diese Zeiten sind längst Vergangenheit. Die mächtige Textilindustrie gibt es nicht mehr. Viele der einst so wunderschönen alten Gebäude mit den kunstvollen Fassaden wirken abgewohnt. Das Theater steht leer. Der weiße Anstrich blättert ab. Die steinernen Treppenstufen zum viel zu großen Bahnhof sind zerborsten. Verviers ist eine Stadt mit vielen Problemen.

Nur wenige Gehminuten vom Bahnhof entfernt erstreckt sich die Rue de la Colline. Die kurze, ruhige Wohnstraße bezaubert durch ihre stattlichen Gebäude, die ihre besten Tage allerdings schon lange hinter sich haben. Touristen gibt es hier nicht. Für Terrorexperten auf der ganzen Welt ist diese Straße hingegen ein fester Begriff. Am 15. Januar 2015 findet laut dem US-Nachrichtensender *CNN* genau hier das größte Feuergefecht in Belgien seit dem Ende des Zweiten Weltkriegs statt. Kurz nach Einbruch der Dunkelheit schlagen Spezialeinsatzkräfte zu. Der entscheidende Hinweis kommt aus Frankreich.

Männer verschanzen sich in einer unscheinbaren Wohnung eines mehrstöckigen Hauses. Sie werfen Handgranaten und benutzen Kalaschnikow-Sturmgewehre; beinahe wie bei einem Häuserkampf in Syrien. Auf einem Video sind Schüsse und Schreie zu hören. Aber auch Gestalten hinter offenen Fenstern sind zu erkennen. Der kurze Film ist in zahlreichen Nachrichtensendungen auf der ganzen Welt zu sehen. Die Anspannung in den europäischen Sicherheitsbehörden ist im Januar 2015 riesengroß.

Wenige Tage zuvor überfielen am 7. Januar 2015 zwei Terroristen die Redaktion der Satirezeitschrift *Charlie Hebdo* in Paris. Mit ihren Kalaschnikows ermorden sie zwölf Menschen, darunter zwei Polizisten. Die Täter sind Söhne algerischer Einwanderer und besitzen die französische Staatsbürgerschaft. Einen Tag später erschießt ein weiterer schwer bewaffneter Terrorist eine Polizistin. Derselbe Mann überfällt einen jüdischen Supermarkt. Er tötet vier Menschen. Sicherheitskräfte erschießen den Attentäter bei der Erstürmung des Ladens.

Der Täter, dessen Familie aus Mali stammt, bekennt sich zum Islamischen Staat. Wenige Tage später, am 10. Januar, lassen amerikanische Nachrichtendienste verlautbaren, dies sei erst der Anfang einer Terrorkampagne in Europa. Die US-Dienste beziehen sich auf die abgehörte Kommunikation zwischen den IS-Anführern, schreiben die beiden französischen Terrorismusforscher Olivier Hanne und Thomas Flichy de La

Neuville in ihrer Studie über die Anatomie des Islamischen Staates.[26]

Immer wieder benutzen auch IS-Terroristen Kalaschnikow-Sturmgewehre. Warum nur? In die Standardmagazine einer Kalaschnikow passen meist 30 oder 40 Schuss. Ein geübter Schütze kann die Magazine mit einer Hand lösen und blitzschnell wechseln. Dabei ist die Kalaschnikow mit gut vier Kilogramm vergleichsweise leicht und einfach zu bedienen. Im Islamischen Staat ist das in der Sowjetunion entwickelte Sturmgewehr die Standardwaffe der Terrormilizen. Dutzende Propagandavideos zeigen, wie IS-Terroristen mit diesem Schnellfeuergewehr schießen und morden.

Kalaschnikows sind auch in Europa weit verbreitet. Im Bürgerkrieg nach dem Zusammenbruch von Jugoslawien kämpfen alle Kriegsparteien mit dieser Waffe. Kein Mensch weiß, wie viele dieser Sturmgewehre noch immer in irgendwelchen Verstecken auf dem Balkan oder woanders irgendwo in Mitteleuropa gut geölt und schussbereit lagern. Laut den Recherchen der französischen Zeitung *Le Monde* gilt die Region um Verviers als Drehscheibe für den illegalen Waffenhandel.

Der Schusswechsel in der Rue de la Colline dauert mehrere Minuten. Die beiden Schützen kommen bei der Stürmung des Gebäudes ums Leben. Einen dritten Mann nimmt die Polizei fest. In dem Haus finden die Beamten unter anderem automatische Waffen, Polizeiuniformen, Ingredienzien zur Herstellung des höchst gefährlichen Sprengstoffes TATP, mehrere Handys, hohe Bargeldbeträge und gefälschte Personalausweise. All dies sind eindeutige Hinweise, dass der IS nicht nur auf Attentate von Einzeltätern setzt, sondern größere und vor allem koordinierte Anschläge vorbereitet. Dazu benötigt die Terrororganisation Männer, die kaltblütig und gewieft genug sind, Attentate langfristig zu planen und dann vor allem auch umzusetzen.

Noch während Journalisten auf einer schnell einberufenen Pressekonferenz informiert werden, führt die Polizei weitere Einsätze durch. Belgische Terrorfahnder durchsuchen weitere

Wohnungen an mehreren Orten im Großraum Brüssel. In Belgien wird die zweithöchste Sicherheitsstufe ausgerufen. Das Land rechnet mit weiteren terroristischen Anschlägen. Schwer bewaffnete Beamte sichern öffentliche Gebäude. Polizisten gehen nur mehr mindestens zu zweit auf Streife. Nach Hause sollen sie in Zivilkleidung gehen. Ihre Dienstwaffe können sie mitnehmen.

Der mutmaßliche Anführer der Zelle, Abdelhamid Abaaoud, kann entkommen. Die belgischen Behörden aber wissen, dass er mit den drei Männern in dem Haus in Verviers in Kontakt steht. Sie können die Verbindungen zu einem Handy in Griechenland zurückverfolgen. Doch trotz der Unterstützung von US-Diensten gelingt es nicht, Abaaoud zu lokalisieren.

Fahndungsmaßnahmen in Athen führen zu keinem Erfolg. Abaaoud entkommt nach Syrien in den sogenannten Islamischen Staat. In Belgien kommt es zu keinem weiteren Feuergefecht. Doch die Anspannung und die Sorgen vor einem großen, mörderischen Anschlag bleiben. Brisante Fragen stehen unbeantwortet im Raum: Gibt es weitere IS-Terroristen, die Abaaoud blind folgen? Wie genau kommt und schleicht Abaaoud durch Europa?

Rückblickend ist klar: Im Januar 2015 erreicht der IS-Terrorismus mit aller Macht Europa. Verviers ist der Ausgangspunkt einer Serie von mörderischen Anschlägen, die über einhundert Todesopfer fordern wird. Wer immer sich mit dem Terror des IS auseinandersetzt, muss nach Belgien blicken. Die Nacht von Verviers wird zum Lackmustest der Sicherheitspolitik in Deutschland. Heute steht fest: Die Bundesrepublik zieht aus der Schießerei die falschen Schlüsse.

Der grinsende Terrorist gibt ein Interview

Anfang Februar 2015 erscheint eine weitere Ausgabe des IS-Online-Magazins *Dabiq*.[27] Das Heft steht im Zeichen des Terroranschlags auf die Satirezeitschrift *Charlie Hebdo*. Neben vielen abstoßend brutalen Fotos und Artikeln, etwa über einen vom IS gefangenen jordanischen Piloten, der in einem Käfig verbrannt wird, die Ermordung von Kopten, also ägyptischen Christen, lächelt auf Seite 72 ein junger Mann in der Pose des siegreichen, abgebrühten Kriegshelden die Leser an. Es handelt sich unverkennbar um Abdelhamid Abaaoud, der diesmal unter seinem IS-Tarnnamen »Abu 'Umar Al-Baljiki« auftritt und *Dabiq* ein ausführliches »Interview« gibt. Al-Baljiki ist arabisch und heißt auf Deutsch »der Belgier«.

Allah habe ihn ausgewählt, um nach Europa zu reisen und dort die »Kreuzfahrer« zu terrorisieren, die Krieg gegen die Muslime führen, behauptet Abaaoud in dem Artikel. *Dabiq* ist keine normale Zeitschrift, sondern ein Propaganda- und Desinformationsorgan des IS. Jede Frage und jede Antwort Abaaouds wird höchstwahrscheinlich vor der Veröffentlichung geprüft. *Dabiq* wendet sich nicht nur an IS-Anhänger, sondern auch an die Feinde der Terrororganisation. Die IS-Zeitschrift versteht die Regeln der Propaganda: Desinformation funktioniert nur, wenn sich in den verbreiteten Botschaften auch überprüfbar wahre Nachrichten befinden. Ansonsten kann der Inhalt eines Artikels oder Videos leicht als plumpe Lüge zurückgewiesen werden.

Tatsächlich sind in dem Artikel auf einem großen Foto drei junge Männer in legerer, aber ordentlicher Kleidung während eines gemeinsamen Spazierganges zu sehen. Die Bildsprache ist eindeutig: Der dynamisch gehende Mann am rechten Bildrand ist der Anführer. Es ist unverkennbar Abdelhamid Abaaoud. Ein Begleiter blickt bewundernd zu ihm hinauf. Der zweite Mann schaut etwas verschämt lächelnd nach unten. Diese beiden Kameraden Abaaouds sind seit dem 15. Januar tot. Sie sterben in ihrem vermeintlich »sicheren« Haus während des Polizeieinsatzes in Verviers. In dem Artikel findet sich kein Hinweis auf die Stadt in Belgien. Das ist auch nicht notwendig. Der gut informierte Leser weiß ohnehin, worum es geht.

Abaaoud berichtet in dem »Interview«, wie das entsetzliche, im Fernsehen weit verbreitete Video mit ihm und den Leichen in die Hände des Journalisten gerät. Nicht überprüfbar sind hingegen Abaaouds Aussagen zu seinen Reisen nach Europa. Er nennt keinen Ort, keine Route; nur, dass Allah ihn vor einer Enttarnung bewahrte und er sich rechtzeitig absetzen konnte.

Sicherlich kein Zufall ist, dass Abaaoud mehrere »Kreuzfahrer-Staaten« aufzählt und damit bedroht. Dazu gehört für ihn neben den USA, Frankreich und Belgien auch Deutschland, das die Anti-IS-Koalition unterstützt. Die gleiche Botschaft findet sich im Vorwort der *Dabiq*-Ausgabe vom Februar 2015. Auch hier findet sich ein Hinweis auf Deutschland. Es handele sich bei den aktuellen Auseinandersetzungen lediglich um die Antwort auf einen weiteren Kreuzzug; so wie damals unter der Führung des deutschen Kaisers Friedrich Barbarossa und des englischen Königs Richard Löwenherz.

Das »Interview« mit Abaaoud findet in Sicherheitskreisen weite Verbreitung. Laut der Einschätzung des israelischen Meir-Amit-Informationszentrums soll der Artikel eine beruhigende Botschaft an alle europäischen Aktivisten senden, die vom IS auf Mission geschickt werden: Trotz des Zugriffs der Polizei in Verviers seien die europäischen Antiterrormaßnahmen nicht effektiv genug, um den IS zu stoppen.

Genauso äußert sich auch Abaaoud. Er spielt die Rolle des gottesfürchtigen Rächers der Muslime, die von den Ungläubigen verfolgt und angegriffen werden. Eine Reihe von Prüfungen sei dabei zu bestehen. Es dauere Monate, einen Weg nach Europa zu finden. Dennoch gebe es keinen Grund aufzugeben. Abaaoud beteuert, »Allah« stehe auf ihrer Seite. Als Beleg erzählt er eine Episode seiner Reise. Irgendwo habe ihm ein Beamter ins Gesicht geblickt und dann mit einem Foto verglichen. Trotz seiner Bekanntheit habe ihn der Beamte nicht erkannt. So wird aus der eigentlich gescheiterten Mission, die im Kugelhagel der Polizei in Verviers mit dem Tod der beiden Terroristen endet, ein Husarenstück der IS-Propaganda.

Spätestens nach diesem Artikel ist klar, dass Abaaoud nie mehr wieder mit einem offiziellen belgischen Ausweis nach Europa zurückkehren kann. Die Einreise auf dem Luftweg mit einem gefälschten Pass ist ebenfalls auszuschließen. Das ist bereits Ende 2014 für ein so bekanntes Gesicht wie Abaaoud viel zu riskant. Was aber bleibt, ist die Landroute. Stehen den IS-Leuten Schlepper zur Seite? Haben sie eigene Pfadfinder, die sichere Wegstrecken auskundschaften? Reihen sie sich in den immer größer werdenden Strom der Flüchtlinge ein? All dies sind hochbrisante Fragen. Die Antworten geben die IS-Terroristen selbst in Paris am Abend des 13. November 2015.

Unkontrolliert von Italien nach Deutschland in drei Tagen

Der Schutz und die Kontrolle an den deutschen Grenzen zählen zu den zentralen Aufgaben der Bundespolizei. Dazu gehört nicht nur die polizeiliche Überwachung der Grenzen, sondern auch die Überprüfung von Ausweisen. Die Beamten haben deshalb im Regelfall nicht selten den ersten Kontakt zu Migranten. Sie stellen fest, wer wie nach Deutschland einreisen will. Auch deshalb zählt die Bundespolizei zu den tragenden Säulen einer deutschen Sicherheitsarchitektur, die 2014 immer stärker ins Wanken gerät. Denn immer öfter kommen Menschen an, die sich nicht ausweisen können und nirgendwo in Europa registriert sind. Niemand weiß, wer diese Menschen sind, woher sie stammen und was sie wollen. Dazu zählen auch die Asylsuchenden. Zu »Flüchtlingen« werden sie im juristischen Sinne erst, wenn in einem rechtsstaatlichen Verfahren eine Verfolgung festgestellt wird. Darin besteht bereits 2014 das zentrale Problem: Niemand wird in einem Nachbarstaat Deutschlands verfolgt. Niemand hat aber das Recht, sich sein Fluchtland auszusuchen. Doch genau dies geschieht während der Flüchtlingskrise. Emotionen lösen »die notwendige Vernunft im Umgang mit der Migration« ab. Darauf »setzen große Teile der Politik und Medien«, meint ein hochrangiger ministerieller Experte, dessen Name hier nicht genannt werden soll.

Das Hauptquartier der Bundespolizei liegt an einer Potsdamer Ausfallstraße. Herr im Haus ist seit August 2012 der Rheinländer Dr. Dieter Romann. Hier bezieht er ein mit ganz gewöhnlichen Möbeln bestücktes Büro mit einem großen Besprechungstisch. Zu einem Präsidenten einer großen Bundesbehörde mag der Raum nicht so recht passen; eher zu einem viel beschäftigten Referatsleiter einer Landesbehörde. Eine Klimaanlage gibt es nicht. So steht im Sommer die alte Flügeltüre im Büro des Präsidenten vor dem Balkon weit offen.

Romanns großer Förderer ist der damalige Bundesinnenminister Hans-Peter Friedrich. Wie sein Amtskollege im Nürnberger BAMF, Manfred Schmidt, ist Romann Jurist und beginnt seine Karriere im Bundesinnenministerium. Im Gegensatz zum BAMF-Präsidenten befasst sich Romann beinahe seit dem Beginn seiner Karriere mit sicherheitspolitischen Herausforderungen. Der Herr der Bundespolizei gilt zudem als Mann klarer Worte, der nicht zögert, seine eigene Meinung kundzutun, und dabei auch laut werden kann. Doch den Gang an die Öffentlichkeit scheut der Dienstherr über 30 000 Polizisten und Polizistinnen lange. »Wenn er aber vom Potsdamer Hauptquartier der Bundespolizei aus die Stimme Richtung Berliner Regierungsviertel erhebt«, schreibt der Journalist der *Frankfurter Allgemeinen Zeitung* Eckart Lohse, »dann vibrieren auch im Untergeschoss des Bundesinnenministeriums noch die Computertastaturen.«[28]

Öffentlich die Politik zu kritisieren ist für Spitzenbeamte eigentlich ein Tabu. Romann entscheidet sich im Sommer 2014 für einen anderen Weg. Im Juli schlägt der Präsident der Bundespolizei in einem ausführlichen Gespräch mit der *Welt* Alarm.[29] Das außergewöhnliche Interview dokumentiert in schonungsloser Offenheit die Fehler und Probleme der EU-Flüchtlingspolitik. Zudem offenbaren diese Aussagen des Bundespolizeipräsidenten die steigende Nervosität in den deutschen Sicherheitsbehörden. Denn normalerweise halten sich deutsche Behördenchefs mit grundsätzlicher Kritik an der hohen Politik zurück.

Grundlegende Ziele werden, so Romann, verfehlt. Die Lage an den Außengrenzen der EU werfe inzwischen »Systemfragen auf«. Jeden einzelnen Tag stellt die Bundespolizei »zwischen 200 und 300 unerlaubte Einreisen fest«. An der deutschen Grenze zu Österreich kreuzen sich die sogenannte Mittelmeerroute über Italien und die Balkanroute. Dort befinde sich der aktuelle Brennpunkt. Banden aus dem Bereich organisierte Kriminalität leiten »die kleinen Schleuser«. Diesen Personen gehe es ausschließlich ums Geld: »Den Kriminellen ist es völlig egal, ob sie mit Drogen, Waffen oder Menschen Kasse machen.«

Zudem halten sich einzelne EU-Mitgliedsstaaten nicht an vorgeschriebene Verfahren. Dazu gehöre auch die Abnahme und Speicherung von Fingerabdrücken von Flüchtlingen. Dies habe dann zur Folge, erklärt Romann den Journalisten, »dass Rücküberstellungen in das laut Dublin-Verordnung verantwortliche Land nicht wie vorgesehen möglich sind und Deutschland für andere Mitgliedsstaaten das Asylverfahren durchführt«. Die Lösung des Problems liege in Brüssel, meint Romann: »Verträge sind zum Vertragen da.«

In Berlin werden Romanns warnende Worte zur Kenntnis genommen. Sonst geschieht nichts. Auch dieses Muster wird sich in den folgenden Monaten immer aufs Neue wiederholen. Die Bundesregierung sieht zu, während sich die Lage an Europas Außengrenzen zuspitzt. Anfang Januar 2015 platzt dem Präsidenten der Bundespolizei der Kragen. Erneut geht er »mit großem Kaliber auf das Schengen- und das Dublin-System in der Europäischen Union los«.[30] Gegenüber der *Frankfurter Allgemeinen Zeitung* äußert Romann jetzt »grundsätzliche Zweifel am Funktionieren der europäischen Flüchtlingspolitik«.[31]

Er berichtet den Journalisten eine für ihn inzwischen typische Fluchtgeschichte. Ein Syrer geht in der türkischen Hafenstadt Mersin für 6000 Dollar an Bord eines Schlepperschiffes Richtung Italien. Der Kapitän verlässt auf hoher See das Schiff. Die italienische Küstenwache rettet den Passagieren das Leben. Laut eigenen Aussagen hält sich der Mann genau einen Tag in Italien auf. Einen Asylantrag stellt er dort anscheinend nicht.

Ein sogenanntes Islamisches Zentrum in Mailand hilft ihm weiter. Schleuser bringen den Syrer dank fehlender Grenzkontrollen problemlos über Österreich und die Tschechische Republik nach Altenberg in Sachsen. Oft dauere die Weiterfahrt, so Romann, von Italien nach Deutschland kaum mehr als drei Tage. »Wenn illegale Einreisen nicht freizügigkeitsberechtigter Personen derzeit fast ausschließlich über die sicheren Nachbarstaaten der Bundesrepublik stattfinden, spricht das nicht zwingend für ein gut funktionierendes Schengen- und Dublin-System«, sagt Romann der *FAZ*.

Ein weiteres drängendes Problem spricht er in dem Zeitungsinterview nicht an. Verfügen Flüchtlinge über echte oder gefälschte Ausweispapiere? Oder besteht sogar die Möglichkeit, dass der IS bei seinem Vormarsch durch den Irak und Syrien tausende Vordrucke von echten amtlichen Reisepässen erbeutete? Für die Fahnder ist diese Vorstellung ein Albtraum. IS-Terroristen, die bislang in keiner Datei vermerkt sind, können diese Pässe benutzen, um mit einer falschen Identität nach Europa zu reisen. Selbst die besten Sicherheitsmaßnahmen helfen dann aus einem einfachen Grund nicht weiter: Die Pässe sind echt. Nur die Angaben zur Person sind falsch. Hierzu erreichen die Bundespolizei besorgniserregende Meldungen, die auch für die anderen deutschen Sicherheitsbehörden und das BAMF von großem Interesse sind.

Die Bundespolizei schlägt Alarm

Ende Februar 2015 trifft sich im Potsdamer Hauptquartier der Bundespolizei hinter verschlossenen Türen eine hochkarätig besetzte Runde. Zu den Gästen zählen Abgesandte von BKA, BND, Bundesamt für Verfassungsschutz und dem BAMF. Gastgeber ist der Präsident der Bundespolizei, Dieter Romann, höchstpersönlich.

Allein diese Tatsache zeigt, wie ernst die vorliegenden Informationen genommen werden. Das Protokoll der Sitzung dokumentiert eindringlich, welche Sorgen die aktuellen Entwicklungen im Nahen Osten den deutschen Sicherheitsbehörden lange vor der sogenannten Grenzöffnung im September 2015 bereiten. Eine Pressemitteilung gibt es zu dem Treffen nicht.

Konkret geht es um 3 800 syrische Pässe. Laut einer Mitteilung von Interpol Damaskus an Griechenland haben Angehörige des IS-Terrornetzwerks wie auch der islamistischen »Jabhat al Nusra«, die mordend und plündernd durch Syrien zieht, diese Blankodokumente in der syrischen Stadt Rakka erbeutet. Der Bundespolizei liegen Hinweise vor, dass einige dieser Ausweise für 2 500 Dollar an andere Extremisten verkauft werden, damit diese unter falscher Identität ins Ausland reisen können.

Rakka liegt im Nordosten Syriens und gilt seit dem Frühjahr 2013 als einer der wichtigsten Stützpunkte des IS. Griechenland warnte bereits am 24. Juni 2014 im Schengen-Informationssystem, abgekürzt SIS, vor diesen Pässen. Das Schengen-Informationssystem ist ein entscheidender Baustein der Zusammenarbeit europäischer Sicherheitsbehörden. Es ermöglicht nationalen Grenzkontroll-, Zoll- und auch Polizeibehörden, auf direktem Weg Fahndungen auszuschreiben, die gesuchte Menschen oder auch Dokumente betreffen.[32]

Das System kann aber nur funktionieren, wenn alle Schengen-Staaten sämtliche wichtigen Informationen in das System einspeisen und bei Treffern auch unverzüglich reagieren. Doch genau dies wird im weiteren Verlauf des Jahres 2015 nicht passieren und damit im Endeffekt die Ein- und Weiterreise von Terrorkommandos erleichtern.

Auch Griechenland beteiligt sich an dem Informationssystem mit dem Namen SIS. Die Griechen befürchten, dass die Pässe von Personen benutzt werden, die damit nach Europa einreisen, um Anschläge zu begehen. Zudem sei bekannt, dass der teilweise vom IS überrannte Irak 85 000 Pässe als gestohlen gemeldet habe.

In einer Präsentation werden die Gäste im Potsdamer Bundespolizeipräsidium über die brisanten Informationen unterrichtet. Anschließend melden sich die Teilnehmer zu Wort. Widersprechen sie dem Bundespolizeipräsidenten? Wie schätzen sie die Lage ein? Keiner der Teilnehmer stellt die Informationen in Abrede.

Der Vertreter des Bundesamtes für Verfassungsschutz meint laut einem internen Protokoll des Treffens, ein Zusammenhang zwischen den gestohlenen Pässen und dem islamischen Terrorismus und Extremismus könne nicht ausgeschlossen werden. Auch wenn keine Hinweise auf konkrete Anschlagspläne in diesem Zusammenhang vorliegen, »werde sogar ein erhöhtes Risiko angenommen«.

Wenigstens liegen die Nummern der erbeuteten Pässe vor. Für die Beamten, die an Flughäfen oder an Außengrenzen Reisende kontrollieren, ein Riesenvorteil: Jeder, der einen Pass mit einer registrierten Seriennummer mit sich führt, gilt als verdächtig. Für die Zukunft soll im SIS ein Vermerk eingetragen werden, dass die Träger des Passes womöglich ausländische Kämpfer des IS seien. Alle europäischen Partnerländer des SIS können dann im Ernstfall schnell reagieren.

Das BAMF sieht in den gestohlenen Pässen kein erhöhtes Risiko. Die Begründung der anwesenden hochrangigen Mitarbeiterin aus Nürnberg liest sich dennoch wenig tröstlich: Laut Erkenntnissen des BAMF verkaufen Angehörige des IS und anderer verbündeter Organisationen zur Finanzierung der eigenen Aktivitäten alles, was einen Marktwert hat. Der IS-Terrorkrieg wird also wahrscheinlich auch durch den Verkauf der Pässe an Flüchtlinge mitfinanziert.

Wer kann zudem ausschließen, dass die Käufer derartiger Pässe nicht zumindest mit den Zielen der Islamisten sympathisieren? Auch eine Kontaktaufnahme durch den IS in Deutschland ist denkbar. Ein Terrorverdacht müsse deshalb in jedem Fall genau geprüft werden, meint die Vertreterin des BAMF auf der Sitzung. Keine Entwarnung bringt auch ihre Aussage, das BAMF könne als Reaktion auf die Warnhinweise der Bundespolizei acht Fälle identifizieren, in denen gestohlen gemeldete Ausweispapiere verwendet werden.

Das Bundeskriminalamt vertritt auf der internen Sitzung eine ähnliche Einschätzung. Es würden sogenannte Schleusungssachverhalte vorliegen. Derzeit kehren keine besonders gefährlichen Kämpfer zurück. Über eigene Erkenntnisse verfügt der ebenfalls anwesende BND nicht. Die Nutzung von gefälschten Pässen durch Terroristen sei wenig sinnvoll, meint der Vertreter des deutschen Auslandsnachrichtendienstes. Solch ein Vorgehen sei eher zum Scheitern verurteilt, da es schnell aufgedeckt werden könne. Für Schleuser hingegen seien die Pässe wertvoll. Der Verkauf diene in erster Linie der Finanzierung des IS.

Einmütig bestätigen somit die deutschen Sicherheitsbehörden Meldungen, dass die IS-Terrororganisation ein direkter Nutznießer der Flüchtlingswelle ist. Auch wenn keine konkreten Erkenntnisse vorliegen, wonach IS-Kämpfer gestohlene Pässe benutzen: Die Bundespolizei ist dennoch besorgt. Es sei eine systemische Lücke offenbar geworden, die geschlossen werden müsse.

Die Behörde habe deshalb geregelt, dass die Passnummern registriert werden und deshalb bei einer Grenzkontrolle auffallen. Eine Überprüfung von Einreisenden ist im grenzenlosen Europa zu diesem Zeitpunkt im Prinzip nur mehr an den deutschen Flughäfen oder Überseehäfen möglich. Bezüglich der

Landroute muss sich die Bundespolizei ganz und gar auf die Kollegen an den Schengen-Außengrenzen in Ländern wie Griechenland oder Italien verlassen.

Die bereits identifizierten Fälle sollen schnell untersucht werden. Die deutschen Botschaften sollen informiert werden. Das BAMF verspricht, eine automatisierte Datenübermittlung der Passnummern einzurichten. Das Bundespolizeipräsidium verbreitet einen behördeninternen Warnhinweis: Sollten Personen mit entsprechenden Pässen festgestellt werden, dann müsse der Staatsschutz umgehend eingebunden werden. Die Besitzer der falschen Pässe sollen intensiv untersucht werden. Am unteren Rand des einseitigen Warnschreibens sind mit Ausrufezeichen zwei Worte in Großbuchstaben gedruckt: EIGENSICHERUNG BEACHTEN!

Wenige Tage nach der Sitzung berichtet das Bielefelder *Westfalen-Blatt* als erste Zeitung über die gestohlenen Pässe. Auf Anfrage wiegelt das BKA ab: »Unmittelbar Gefahr, dass Terroristen damit nach Deutschlands einreisen könnten, bestehe wegen der Visumspflicht nicht, sagte eine Sprecherin.« Zu Schleusern, die womöglich Menschen mit den falschen Pässen auf der Landroute nach Deutschland über Drittländer schicken, findet sich in dem Zeitungsartikel kein Zitat des BKA.

Vorsichtig zurückhaltend antwortet Bundespolizeipräsident Dieter Romann etwa zur gleichen Zeit auf die Frage der *Bild*-Zeitung, ob »sich unter den Schleusern oder den eingeschleusten Personen auch Terroristen befinden, wie ISIS und Al-Qaida öffentlich angekündigt haben«. Nein, das könne man nicht ausschließen, sagt Romann den Journalisten: »Die deutschen Sicherheitsbehörden schauen auch bei den Asylbewerbern genau hin.« Man solle diese Menschen aber auch nicht unter einen »Generalverdacht« stellen.[33]

Rückblickend klingen Romanns Aussagen nicht sehr stark. Der Hinweis auf den Generalverdacht sticht ins Auge. Dennoch ist Romann im Krisenjahr 2015 der erste Präsident einer deutschen Sicherheitsbehörde, der es wagt, einen direkten Zusammenhang zwischen der Schleusung von Flüchtlingen und der wachsenden Terrorgefahr in Europa herzustellen und dies auch auszusprechen. Romann muss für seine Worte in Berlin jede Menge Kritik einstecken. Seine Aussagen passen nicht ins Bild einer Flüchtlingspolitik, die immer stärker Sicherheitsaspekte ignoriert und lediglich die humanitären Aspekte zur Kenntnis nimmt.

Der Schatten von Verviers: Deutschlands falsche Lageeinschätzung

Lagebilder werden von den Sicherheitsbehörden in Absprache mit dem Bundesinnenministerium erarbeitet und anschließend von den Ländern übernommen. Die Bedeutung der Lagebilder geht weit über die Tagesaktualität hinaus. Sie bieten Orientierung und eine strategische Leitlinie für eine stabile Ausrichtung der Politik in immer turbulenteren Zeiten.

Im vielgliedrigen föderalen System der Bundesrepublik Deutschland ist diese Vorgehensweise notwendig. Ansonsten würde in den sensibelsten Fragen deutscher Sicherheitspolitik ein Durcheinander von Analysen, Einschätzungen und Meinungen herrschen. Die Federführung durch das Bundesinnenministerium bringt aber auch Nachteile.

In der Realität nimmt das Bundesinnenministerium sehr wohl indirekt Einfluss auf die Erstellung des Lagebildes. Je weiter etwas nach oben gereicht wird, desto mehr werden die Ecken und Kanten abgeschliffen, bis alles schön glatt ist, meinen Insider. Das Lagebild wird immer ganz oben festgeschrieben und dann nach unten in die Länder weitergereicht. Behörden korrigieren sich nur ungerne selbst.

Dies gilt natürlich in besonderem Ausmaß für Bundesminister und das Bundeskanzleramt. Darum wird nicht selten, solange es irgendwie geht, am Lagebild festgehalten. Wer jedoch falsche Einschätzungen zur Grundlage seiner Entscheidungen macht, der geht ein hohes Risiko ein. Menschen können zu Schaden kommen oder ihr Leben verlieren. Behörden und vor allem die Politik büßen massiv an Vertrauen ein. Dieser Zusammenhang ist besonders eindringlich im Jahr der Flüchtlingskrise 2015 zu beobachten.

Zwei drängende Fragen muss die Sicherheitspolitik damals beantworten: Plant der IS größere Anschläge in Europa? Daraus abgeleitet: Schleust der IS Terroristen als Flüchtlinge getarnt nach Deutschland und Europa? Natürlich suchen auch andere Staaten Antworten auf diese Herausforderung. Der US-Kongress beschäftigt sich bereits seit Dezember 2014 mit den sicherheitspolitischen Risiken der syrischen Flüchtlingskrise.[34]

Das Feuergefecht von Verviers ist für das amerikanische Ministerium für Heimatschutz ein letzter Weckruf. Die Analysten des zuständigen US-Ministeriums kommen zu einer eindeutigen Einschätzung.[35] Danach zeigt der verhinderte Anschlag in der belgischen Kleinstadt, dass der IS womöglich die Fähigkeit entwickelt, weitere komplexe Operationen im Westen durchzuführen.

Dabei unterscheiden die Amerikaner zwischen zentral geplanten Anschlägen und eher einfacheren Angriffen von IS-inspirierten oder -gelenkten Einzelpersonen. Die US-Experten vermuten, dass eher erfahrene zurückgekehrte IS-Terroristen oder aber im Ausland befindliche Kämpfer derartige Anschläge durchführen. In dem Bericht, der später veröffentlicht wird, findet sich auch eine Karte, die Europa und den Nahen Osten zeigt. Zwischen Athen und Verviers erstreckt sich ein dicker roter Pfeil mit der Unterschrift »Operative Travel Route«. In deutscher Sprache heißt dies: Operative Reiseroute. Der US-Bericht hat eine bedrohlich klingende Überschrift: »Zukünftige Anschläge des IS im Westen könnten dem gescheiterten Anschlag in Belgien ähneln.« Wenige Monate später bestätigen die bislang schlimmsten auf dem europäischen Kontinent verübten IS-Attentate jede einzelne Silbe der Überschrift des Berichtes.

Die Bundesregierung folgt dieser Einschätzung nicht. Für

Berlin bedeutet die Polizeiaktion von Verviers keinen Wendepunkt des IS-Terrors in Europa. Natürlich sei es möglich, dass Einzeltäter Anschläge begehen. Ein großer und intensiv vorbereiteter Anschlag wird allerdings nicht als besonders realistisch eingeschätzt. Der operative Schwerpunkt des IS liege im Irak und Syrien, stellt eine offizielle Stellungnahme der Bundesregierung vom Sommer 2015 fest. Anschläge seien nur für den Fall, dass der IS im Irak und in Syrien »unter steigenden Druck geraten sollte, als Ausweichaktivitäten und als entsprechende Demonstration der eigenen Macht und Stärke zu erwarten«.[36]

Auch die aktive Schleusung von IS-Terroristen wird in Berlin im Frühjahr 2015 nicht mehr als allzu drängendes Problem gesehen. Die Warnungen der Dienste vom Herbst und Winter sind vergessen. Jetzt ist nur mehr von der theoretischen Möglichkeit für terroristische Organisationen, Mitglieder als Asylsuchende in das Bundesgebiet einzuschleusen, die Rede. Dies könne grundsätzlich nicht ausgeschlossen werden. Natürlich kann in Sicherheitsfragen nie irgendetwas »grundsätzlich ausgeschlossen« werden. Nur sei die Schleusung von IS-Terroristen auf der Flüchtlingsroute höchst unwahrscheinlich.

Anfang April 2015 erscheint in der *Bild*-Zeitung ein Interview mit Bundesinnenminister Thomas de Maizière. Der Artikel trägt die vollmundige Überschrift: »Ich mache Deutschland sicherer!« Zur Terrorgefahr durch Flüchtlinge erklärt de Maizière: »Da viele der Menschen aus den Krisenregionen im Nahen Osten und Nordafrikas zu uns kommen, können wir nicht gänzlich ausschließen, dass sich unter den Asylsuchenden auch als Flüchtlinge getarnte Terroristen, gefährliche Kriminelle oder beispielsweise Handlanger des Assad-Regimes befinden, aber wir haben keine belastbaren Hinweise, dass das geschieht.«[37] Stimmt das?

Asylbewerber und Geheimdienste

Asyl für Assads Generäle

Ein Blick in die Geschichte zeigt: Wenn Staaten oder Systeme auseinanderbrechen, wechseln treue Diener oft die Seiten oder setzen sich rechtzeitig ins sichere Ausland ab. Dies gilt für die Paladine des Dritten Reichs ebenso wie für hochrangige Funktionsträger des Assad-Regimes. Wirklich wichtige Persönlichkeiten verfügen über das nötige Insiderwissen und können abschätzen, wann es Zeit ist, den Heimatstaat oder ein anderes, unsicher gewordenes Land zu verlassen. Für diese Personen bietet das deutsche Asylrecht eine bequeme Chance auf einen Neuanfang; es sei denn, sie sind Straftäter oder sie haben sich an einem Völkermord beteiligt. Dann droht ihnen womöglich die Auslieferung an den UN-Strafgerichtshof in Den Haag oder ein Prozess in Deutschland.

Beispiele gibt es genug. 2015 sorgt die Verurteilung eines Asylbewerbers aus Ruanda zu lebenslanger Haft wegen Beteiligung am Völkermord in seinem Heimatland für großes Aufsehen. Der Mann sei laut Überzeugung des Frankfurter Staatsschutzsenates als Mittäter für ein Massaker in einer Kirche verantwortlich. Mindestens 400 Angehörige der Tutsi-Volksgruppe wurden dort getötet. »Es war ein unvorstellbares Blutbad, bei dem der Angeklagte knöcheltief im Blut stehend seine Befehle gab«, sagt der Vorsitzende Richter in seiner Urteilsbegründung.[38] Der Verurteilte lebte seit 2002 in Deutschland. In vielen anderen Fällen ist die Beweisführung hingegen äußerst schwierig. Mitläufer oder Funktionsträger in Diktaturen oder Extremisten sind nicht automatisch Straftäter. Sie können wie jeder Mensch das im Grundgesetz verbürgte Recht auf Asyl für sich in Anspruch nehmen.

Natürlich können sich auch religiöse Fanatiker wie auch einstige kleine und große Rädchen im Getriebe des Assad-Regimes auf dieses im Grundgesetz verankerte Menschenrecht berufen. Aber auch Personen, die beispielsweise mit einem Studentenvisum nach Deutschland kommen und sich hier islamistischen Moscheegemeinden anschließen oder als Extremisten auffallen, stellen Asylanträge. In ihren Anhörungen in einer BAMF-Außenstelle oder vor einem Verwaltungsgericht geben sich Asylbewerber mitunter als Sympathisanten oder Anhänger islamistischer Bewegungen zu erkennen. Da diesen Personen bei einer Abschiebung in ihrem Heimatland Folter oder die Todesstrafe droht, können sie in Deutschland bleiben; auch wenn ihr Asylantrag scheitert. In diesen Fällen schützt sie ein Abschiebeverbot.

Ein Musterbeispiel in diesem Zusammenhang ist der Fall eines tunesischen Salafistenpredigers, der früher dem Al-Qaida-Terrorchef Osama Bin Laden als Leibwächter zu Diensten gewesen sein soll. Der Asylantrag des als gefährlich eingeschätzten Islamisten wird als »offensichtlich unbegründet« abgelehnt. Der Mann kann trotzdem in Deutschland bleiben. Der Fall zeigt die Ohnmacht des Rechtsstaats und beschäftigt im Sommer 2018 die Medien und die Politik.[39] Als der Mann dann doch nach Tunesien verbracht wird, entbrennt neuer Streit. Das zuständige Gericht verlangt die Rückführung des Mannes.

Dabei wird oft übersehen, dass diese Entwicklung nicht neu ist. Seit Jahrzehnten missbrauchen Extremisten den Rechtsstaat, um in der Bundesrepublik beim Aufbau islamistischer Strukturen mitzuhelfen. Nicht selten werden auf diesem Weg auch nationale und konfessionelle Konflikte nach Deutschland importiert.

In der Politik wird über diese Zusammenhänge nur sehr ungern gesprochen. Wer will schon gerne das Aufenthaltsrecht eines Gefährders inklusive Sozialhilfe und Krankenversorgung rechtfertigen? In der öffentlichen Meinung bringt der Hinweis auf die Schattenseiten des deutschen Asylrechts keine Punkte.

Aber auch geläuterte Männer eines unterdrückerischen Gewaltapparates entsprechen nicht dem Bild des armen, verfolgten Flüchtlings, das Politiker 2015 so gerne zeichnen, wenn sie sich mit dem Hinweis auf »nicht belastbare Hinweise« rausmogeln.

Doch die vorliegenden Informationen sind eindeutig: Unter den Asylbewerbern befinden sich hochrangige Offiziere der syrischen Armee; auch Generäle. Die syrische Armee und die Polizei sind zentrale Werkzeuge zur Sicherung der Assad-Diktatur nach innen und nach außen. Die führenden Köpfe dieser Institutionen können durchaus als »Handlanger« Assads charakterisiert werden. Sie haben an verantwortlicher Stelle eines totalitären Gewaltapparates bei der Unterdrückung der eigenen Bevölkerung mitgewirkt, der zehntausende Menschen das Leben kostete und der einen abstoßenden Vernichtungsantisemitismus propagierte. Auch dies sollte in diesem Zusammenhang nicht vergessen werden.

Selbstverständlich müssen diese Männer zumeist nicht auf einem Seelenverkäufer oder mit einem Schlauchboot über das Mittelmeer nach Griechenland oder Italien kommen, sondern können dank ihrer Verbindungen mitunter nach Deutschland fliegen. Alle waren vor ihrer Einreise nach Deutschland Teil der Elite des syrischen Staates und genossen zahlreiche Privilegien. »Als Offizier musste man Mitglied der Baath-Partei sein«, sagt ein General während seiner Anhörung. Die Baath-Partei dominiert die Politik und Gesellschaft Syriens unter der Familie Assad seit den 60er-Jahren.

Ein hoher Polizeioffizier kann im September 2013 sogar dank Vermittlung des Auswärtigen Amtes und nach Erklärung des Innenministeriums mit seiner Familie in die Bundesrepublik einfliegen. Grundlage hierfür ist § 22 (2) des Aufenthaltsgesetzes. Danach kann ein Ausländer nach Deutschland kommen, wenn »das Bundesministerium des Innern oder die von ihm bestimmte Stelle zur Wahrung politischer Interessen der Bundesrepublik Deutschland die Aufnahme erklärt hat«.

Seine persönliche Anhörung beim Bundesamt erfolgt Anfang

März 2015. Der Mann habe den Einsatz von Schusswaffen gegen Demonstranten untersagt. Sicherlich ist dies ein ehrenwertes Verhalten. Zu seiner Rolle und seinen Aktivitäten vor dem Aufstand gegen Assad wird er nicht befragt. Diese vermutlich weniger heldenhafte Vergangenheit spielt in dem Asylverfahren keine Rolle. Der Mann gilt als prominenter Oppositioneller. Das genügt. Bereits am 11. März 2015 wird die Asylberechtigung des Offiziers anerkannt.

Ein weiterer General behauptet, er sei vor seiner Abkehr vom Assad-Regime für die Operationen an der Nordfront verantwortlich gewesen. Seine Heimatstadt will er nicht bombardieren. Er gerät zwischen die Fronten. Er setzt sich ab und kann im Mai 2015 von Griechenland nach Deutschland fliegen. Ende Februar 2016 wird auch bei ihm die Asylberechtigung anerkannt. Seine Flüchtlingseigenschaft wird zuerkannt.

Flüchtlingsschutz für Verfassungsfeinde?

Auch Islamisten kommen seit Jahrzehnten als Asylbewerber nach Deutschland und dürfen hier meistens auch bleiben. Selbstverständlich wird die Öffentlichkeit über diese brisanten Fälle nicht informiert; so wie im spektakulären Fall des syrischen Staatsbürgers Mustafa B. Auch dieser Name ist geändert.

Mustafa B. ist keines dieser kleinen Lichter, die sich in islamistischen Netzwerken verheddern und anschließend in Deutschland Asyl beantragen. Er zählt zu den Großen und deutet gegenüber den BAMF-Mitarbeitern sein umfangreiches Wissen an. Dem kleinen Zirkel der zuständigen Mitarbeiter deutscher Behörden verschlägt es den Atem, als sie die Akte lesen. Denn Mustafa B. ist seit Jahrzehnten ein wichtiges Mitglied der islamistischen Muslimbruderschaft. In den Unterlagen vermischen sich Weltpolitik, Islamismus und Terrorismus mit der schnöden bürokratischen Asylwirklichkeit.

Ausgangspunkt dieser brisanten Geschichte ist der 29. Januar 2015. An diesem Tag landet auf einem deutschen Großflughafen eine Maschine aus dem Mittleren Osten. Mit an Bord ist ein honoriger Herr. Es ist Mustafa B. Eine Schleusung ist nicht notwendig. Eine bundesdeutsche Botschaft stellt ihm nach Vorlage einer Firmenbescheinigung freundlicherweise ein Visum aus. Mustafa B. kann ohne Probleme die Grenzkontrolle passieren. Freunde empfehlen ihm, einen Asylantrag zu stellen. Lange Monate geschieht nichts.

Am 30. Juni 2015 findet eine Anhörung statt. Für das BAMF ist Mustafa B. kein Unbekannter. Er sei zweimal in einem westeuropäischen Land erkennungsdienstlich behandelt worden, einmal im Februar 2012 und ein weiteres Mal im Juli 2012, wird ihm vorgehalten. Dabei habe er auch Asylanträge gestellt. Mustafa B. erwidert, ein Bekannter habe die dortigen Behörden informiert, er wolle nun doch kein Asyl beantragen. Er sei wieder in sein Gastland zurückgekehrt. Ansonsten sei alles ein Missverständnis. Der arabische Übersetzer habe ihn bei der Antragstellung nicht richtig verstanden. Warum aber ist Mustafa B. dann nach Deutschland gekommen?

Auslöser ist ein Politikwechsel in Arabien. Sein Gastland in Mittelost geht auf Konfrontationskurs gegenüber den lange geduldeten, in der Vergangenheit manchmal sogar unterstützten Muslimbrüdern. Zusammen mit anderen dschihadistischen Gruppen stuft das Land die Muslimbrüder als »Terrororganisationen« ein. Wer diese Vereinigungen »moralisch oder finanziell« unterstütze oder Sympathien mit ihnen zum Ausdruck bringe, müsse laut einer Meldung der Nachrichtenagentur *afp* »mit juristischer Verfolgung rechnen«. Damit reiht sich sein Gastland in die Front arabischer Staaten ein, die sich von den Muslimbrüdern und ihren geheimen Netzwerken bedroht fühlen.

Auch Mustafa B. ist in großer Sorge. Er lebe seit vielen Jahren in dem Land. Natürlich ist Mustafa B. für die dortigen Behörden kein unbeschriebenes Blatt. Mehrmals versucht der örtliche Staatssicherheitsdienst, ihn als Mitarbeiter anzuwerben. Aber das wolle er nicht. Er sei ein syrischer Patriot und gehöre seit Jahrzehnten der Muslimbruderschaft an. In dem Gastland habe es Terrorvorwürfe gegen ihn gegeben. Der syrische Muslimbruder Mustafa B. bekommt es mit der Angst zu tun. Die Warnung ist ernst zu nehmen. In diesem Staat gilt die Todesstrafe. Menschen werden dort hingerichtet.

In Deutschland gilt die Muslim-Bruderschaft als islamistische Organisation und wird seit Jahrzehnten vom Verfassungsschutz beobachtet. Immer wieder gibt es in der Vergangenheit Querverbindungen zwischen mutmaßlichen Muslimbrüdern und dem Terrorismus. Jedes Jahr taucht die Organisation in deutschen Verfassungsschutzberichten auf. Ihr angestrebtes politisches System weise »deutliche Züge eines totalitären Herrschaftssystems« auf.

Deshalb sind laut Einschätzung des bayerischen Verfassungsschutzes ein Großteil der ideologischen Grundsätze der Muslimbrüder unvereinbar mit den im Grundgesetz verankerten Prinzipien der Demokratie, des Rechtsstaats und einer auf der Menschenwürde basierenden politischen Ordnung«.[40] Die anderen deutschen Verfassungsschutzbehörden vertreten vergleichbare Ansichten.

Offen gewalttätig ist die terroristische HAMAS im Gazastreifen am Mittelmeer. Die HAMAS wurde 1987 als palästinensischer Arm der Muslimbruderschaft gegründet und fordert seitdem die Vernichtung des Staates Israel. Immer wieder verüben HAMAS-Terroristen in der Vergangenheit und der Gegenwart Anschläge. Hunderte Israelis finden dabei den Tod; tausende werden verletzt.

Am 18. August 1988 veröffentlicht die Hamas ihre Gründungscharta. Darin bezieht sich die Organisation auf das antisemitische Propagandapamphlet »Die Protokolle der Weisen von Zion«. Die »Protokolle« unterstellen die Existenz einer weltumspannenden jüdischen Verschwörung. Seit den 1920er-Jahren ist bekannt, dass es sich bei dieser im zaristischen Russland fabrizierten Hetzschrift um eine antisemitische Fälschung handelt. Dennoch findet das Pamphlet »auch nach 1945 vor allem in der arabischen Welt weiter Verbreitung«, stellt der Kölner Politikwissenschaftler Armin Pfahl-Traughber fest.[41]

Der Syrer Mustafa B. gehört zu den langgedienten Kadern der Muslimbrüder. In Deutschland wie in allen Ländern der westlichen Welt wirkt diese Organisation im Geheimen. Auf keiner Tür, auf keinem Moscheeportal, an keinem Briefkasten findet sich die Aufschrift »Muslimbruderschaft«. In Syrien wird die Muslimbruderschaft bereits in den 60er-Jahren verboten.[42] Die Muslimbrüder stehen in Opposition zum nationalistischen und sozialistischen Assad-Regime. Die Organisation geht daraufhin in den Untergrund.

Mustafa B. wird 1972 aktives Mitglied der Schülerorganisation der Muslimbruderschaft. Er schließt sich der Politischen Abteilung der Organisation an. 1977 setzt er sich in ein arabisches Land ab.

In dieser Zeit sind die Muslimbrüder in Teilen der arabischen Welt noch wohlgelitten. Der innerarabische Streit um die Führung im Nahen Osten steht hier im Vordergrund. Der Kalte Krieg bestimmt die Weltpolitik. Das syrische Assad-Regime steht fest auf der Seite der Sowjetunion; andere Staaten sind hingegen Verbündete der USA. Die Muslimbrüder werden als Werkzeug im Kampf gegen Syrien benutzt. Aus diesem Grund finden junge Aktivisten wie Mustafa B. damals im konservativen Arabien eine Zuflucht.

Eine Rückkehr in seine Heimat ist ausgeschlossen. Laut syrischem Gesetz gilt bereits die Mitgliedschaft in der Muslimbruderschaft als todeswürdiges Verbrechen. Beispiele für die Unterdrückung durch den syrischen Staat und Gewaltakte der syrischen Muslimbrüder gibt es genug. Am schlimmsten ist das Massaker von Hama im Februar 1982. Nachdem Muslimbrüder in einer Militärakademie Soldaten ermorden und sich die westsyrische Stadt zu einem Widerstandszentrum der Organisation entwickelt, bombardiert die syrische Armee die Stadt. Zehntausende Menschen sollen im Gewehr- und Granatenhagel ihr Leben verlieren. Trotzdem versucht die Muslimbruderschaft, wie zuletzt im Gefolge des Arabischen Frühling, die syrische Regierung zu stürzen. Natürlich droht auch Mustafa B. im Syrien unter Assad das Schlimmste.

Er stehe sein ganzes Leben im Widerstand gegen die Assad-Familie, sagt Mustafa B. in der Anhörung. Im Bürgerkrieg, der auf den sogenannten Arabischen Frühling folgt, unterstützt er als Muslimbruder die Opposition. Nein, an gewalttätigen, an bewaffneten Aktionen habe er sich nie beteiligt. Er gehöre der politischen Abteilung an. Er habe nur mit dem freien Wort des Journalisten gekämpft. Seine Waffe sei der Kugelschreiber. Wirklich? Die BAMF-Mitarbeiterin lässt nicht locker. Immer wieder hakt sie nach. Erst im Laufe der stundenlangen Anhörung berichtet der freundliche Herr aus Syrien, dass er für die Muslimbruderschaft auch andere, hochsensible Aufgaben erledigte. Diese Tätigkeiten gehen weit über eine normale Pressearbeit hinaus. In Wahrheit geht es um Geheimdiplomatie und die terroristischen Schattenwelten der Muslimbrüder.

Asyl für Osama Bin Ladens Unterhändler

Dreh- und Angelpunkt dieser Geschichte sind Ereignisse, die in den 1980er-Jahren die ganze Welt in Atem halten. In Afghanistan tobt ein blutiger Guerillakrieg gegen die Rote Armee. Afghanen und freiwillige Kämpfer aus der islamischen Welt leisten gemeinsam Widerstand. Auch Araber nehmen an diesen Kämpfen teil. Die Muslimbruderschaft stellt sich auf die Seite der Opposition gegen das prosowjetische Regime in Kabul. Eine Schlüsselrolle in dieser Auseinandersetzung fällt dem Nachbarland Pakistan zu. Hier werden afghanische Flüchtlinge versorgt, hier wird der Kampf gegen die Rote Armee organisiert.

1985 zieht Mustafa B. auf Wunsch der Muslimbruderschaft für fünf Jahre nach Pakistan. Er leistet dort laut eigenen Aussagen Medienarbeit für eine Zeitung, studiert und ist in der Flüchtlingshilfe aktiv. Erst auf Nachfrage berichtet Mustafa B. in der Anhörung von einer weiteren, hochsensiblen Tätigkeit: Er habe in Pakistan auch als »Berater für die Sicherheitsabteilung« der Muslimbruderschaft gearbeitet. Ziel sei es gewesen, Verräter aufzudecken, die das Assad-Regime in Syrien unterstützen. Was damit genau gemeint ist und was mit den enttarnten Verrätern geschieht, erklärt Mustafa B. nicht.

Ein Hochstapler scheint der stolze Herr nicht zu sein: Für seine Aktivitäten in Pakistan und zuvor in Mittelost legt er Schreiben, Bescheinigungen und Ausweise vor. Der Mann scheint in den 1980er-Jahren das absolute Vertrauen der Muslimbrüder und anderer wichtiger Herren in Pakistan zu genießen. Nur so ist zu erklären, dass er die Verbindungen zwischen hohen muslimischen Führern pflegt, die an prominenter Stelle im Widerstand gegen die Rote Armee in Afghanistan stehen.

Im sicheren Pakistan sind damals zwei weitere Männer aktiv, die beide in die Geschichte des internationalen Terrorismus eingehen werden: Osama Bin Laden, der Organisator der Anschläge des 11. September 2001, und der lediglich in Fachkreisen bekannte Abdallah Yusuf Azzam. Der gebürtige Palästinenser Azzam gilt als Begründer des modernen Dschihad und als Förderer des jungen Osama Bin Laden. Laut dem international renommierten norwegischen Terrorismusforscher Thomas Hegghammer »spielte keine einzelne Person eine wichtigere Rolle als Abdallah Azzam bei den Bemühungen, die Unterstützung der muslimischen Welt für die afghanische Sache zu bündeln«.[43]

Abdallah Azzams Name findet sich auch in einem internen »Verzeichnis dschihadistischer Propagandisten« des deutschen BKA und des Bundesamtes für Verfassungsschutz aus dem Jahr 2012. Danach bildet Azzams Organisation zur Anwerbung ausländischer Kämpfer für den afghanischen Kriegsschauplatz einen »Nährboden« für die Entstehung Al-Qaidas. Zu diesem

Zweck gründet er 1984 in Peschawar in Pakistan unter der Mithilfe von Bin Laden das »Dienstleistungsbüro für Mujaheddin«.

Die Einrichtung hat das Ziel, die selbst ernannten Glaubenskrieger im Kampf gegen die Rote Armee zu unterstützen. In dem Büro lernen sich Islamisten aus den unterschiedlichsten Ländern kennen. Viele dieser Männer bleiben auch nach dem Ende des Krieges in Afghanistan in Verbindung und gründen später Ableger der Al-Qaida. Laut der internen Ausarbeitung des BKA und des Bundesamtes für Verfassungsschutz ist Azzam der »Mentor« von Osama Bin Laden. Für den deutschen Islamwissenschaftler Guido Steinberg war Bin Laden einer der »eifrigsten Anhänger« von Azzam.[44]

Der Muslimbruder und Asylbewerber Mustafa B. behauptet, er kenne die beiden prominenten Männer höchstpersönlich. Er ist es, der laut dem Protokoll der Anhörung die Verbindung zwischen Abdallah Azzam und der Muslimbruderschaft herstellt. Mustafa B. will erreichen, dass Azzam »nicht zur terroristischen Seite ausweicht«. Was damit gemeint ist, sagt er nicht. Glaubwürdig klingt sein Hinweis auf die Besänftigungsversuche nicht. Ausgerechnet Azzam zu zügeln, der mit seinen Reden und Schriften eine wichtige ideologische Grundlage für die Entstehung von Al-Qaida schafft? Diese Behauptung scheint doch sehr gewagt. Über militärische Aktionen will der syrische Asylbewerber ohnehin nicht reden; aus Angst um seine große Familie, wie er in der Anhörung sagt.

Nur so viel gibt der Muslimbruder zu Protokoll: 1986 erhält er einen Sonderauftrag. Zwischen Osama Bin Laden und Abdallah Azzam gibt es Streit. Eine Schlichtergruppe soll ihn bereinigen. Abdullah Azzam schickt Männer zu Osama Bin Laden, um mit ihm zu reden. Der Führer dieser Gruppe, der mit Bin Laden verhandelt, ist niemand anderes als der Asylbewerber Mustafa B. Die Mission scheitert. Was hat das alles zu bedeuten? Wieder will er beschwichtigen: Damals sei Bin Laden im Westen noch nicht als Terrorist eingestuft worden. Bin Laden reist zu dieser Zeit in seinem Heimatland Saudi-Arabien ein und aus, meint

Mustafa B. Doch der spätere meistgesuchte Terrorist der Welt, Osama Bin Laden, lässt sich nicht überzeugen. Es sei zum Bruch mit seinem früheren Förderer Azzam gekommen.

Am 24. November 1989 kommt Abdallah Yusuf Azzam bei einer gewaltigen Bombenexplosion im pakistanischen Peschawar ums Leben. Bis heute ist ungeklärt, wer hinter dem Anschlag auf Azzam steckt. Mustafa B. äußert sich dazu nicht. Weiß er mehr? Auszuschließen ist das nicht. Seine Einlassungen zu Osama Bin Laden und Abdallah Azzam klingen nebulös. Eine eindeutige Verurteilung hört sich anders an. Mit keinem Wort distanziert er sich zudem von der islamistischen Muslimbruderschaft. Osama Bin Laden wird am 2. Mai 2011 von US-Spezialeinheiten in Pakistan erschossen.

Wie soll der Staat mit Personen wie Mustafa B. umgehen? Das Grundrecht auf Asyl ist ein Menschenrecht und eine zentrale Lehre nach der Willkürherrschaft der NSDAP. Nie wieder sollen Männer, Frauen und Kinder schutzlos hin und her irren. In den ersten Jahrzehnten der Bundesrepublik kommen vor allem Flüchtlinge aus den kommunistischen Staaten des Ostblocks. Die meisten dieser Menschen integrieren sich schnell. Muslimbrüder sind hingegen Angehörige einer extremistischen Organisation, die in Deutschland verfassungsfeindliche Ziele verfolgt. Personen wie der bekennende Muslimbruder Mustafa B. stellen ein potenzielles Sicherheitsrisiko dar. Über welche Netzwerke verfügt er? Was will er in Deutschland erreichen? Keiner kann in den Kopf des Mannes hineinschauen.

Eine weitere Frage kommt hinzu: Ist der Mann aufgrund seiner vielfältigen Aktivitäten für die extremistische Muslimbruderschaft erpressbar? Für ausländische Nachrichtendienste ist es lange Zeit ein Leichtes, Mitarbeiter in Asylunterkünfte einzuschleusen. Ebenso machbar ist es, Personen aufgrund der Nutzung von Handys oder ähnlichen Geräten zu lokalisieren. Eine weitere Sicherheitslücke besteht im BAMF: Tausende Mitarbeiter haben dort viele Jahre lang Zugriff auf die komplette elektronische Akte eines Asylbewerbers. Nur in Einzelfällen werden hochbrisante Fälle von Personen gesperrt. Dabei kann es sich beispielsweise um verdächtige Straftäter handeln, die schrecklicher Taten bezichtigt werden, welche anschließend großes mediales Aufsehen erregen. Erst seit März 2018 werden im BAMF Zugriffe auf elektronische Akten registriert und auch protokolliert.[45]

Die Bearbeitung des Asylantrages von Mustafa B. dauert lange. Erst nachdem das BKA grünes Licht gibt, da keine weitergehenden kriminalpolizeilichen Erkenntnisse vorliegen, fällt Anfang Februar 2017 die Entscheidung. Dem Muslimbruder Mustafa B. wird die Flüchtlingseigenschaft zuerkannt. Ein Hinweis oder gar eine ausgewogene Abwägung zu den Aktivitäten des Muslimbruders findet sich in dem knappen Standardbescheid nicht. Die Begründung besteht lediglich aus den üblichen Textbausteinen, wie in zigtausenden anderen Bescheiden auch.

Laut BAMF gilt ein Ausländer und damit auch Mustafa B. als Flüchtling, »wenn er sich aus begründeter Furcht vor Verfolgung wegen seiner Rasse, Religion, Nationalität, seiner Zugehörigkeit zu einer bestimmten sozialen Gruppe oder wegen seiner politischen Überzeugung außerhalb des Landes befindet, dessen Staatsangehörigkeit er besitzt«. Zweifel an den Aussagen des Mannes bestehen nicht. Das BAMF geht davon aus, »dass die Furcht des Antragstellers begründet ist«. Die Asylakte Mustafa B. kann damit vorerst geschlossen werden. Der undurchsichtige Muslimbruder und Gesprächspartner von Osama Bin Laden darf in Deutschland bleiben. Auch er steht unter dem Schutz des Grundgesetzes. Ob die Väter und Mütter des Grundgesetzes an Personen wie Mustafa B. dachten?

Asylbewerber als Handelsware der Geheimdienste

Für die Mitarbeiter der deutschen Sicherheitsbehörden und der entsprechenden Abteilungen im BAMF stellen Fälle wie Mustafa B. ein zweischneidiges Schwert dar. Auf der einen Seite sind sie ein potenzielles Risiko für die Bundesrepublik Deutschland, auf der anderen Seite können syrische Generäle oder weltgewandte Islamisten viel berichten; sofern sie dies auch wollen. Informationen, für die sich auch »Partnerdienste« in Frankreich, Großbritannien und insbesondere in den USA brennend interessieren. Der Zugriff auf ebenso gut unterrichtete wie aussagewillige Asylbewerber bildet für Deutschland viele Jahrzehnte lang ein wichtiges, vielleicht sogar das wichtigste Gut beim Informationsaustausch mit den Partnern. Im Gegensatz zu den gewaltigen Apparaten der USA haben die Deutschen auf dem Nachrichtenbasar der Dienste nicht allzu viel anzubieten. Dies gilt insbesondere für die Aufklärung und Bekämpfung des islamistischen Terrorismus und Extremismus.

Gesetzliche Vorgaben und begrenzte Mittel bei der Funkaufklärung oder dem Einsatz von Agenten zeigen vor allem eines: Deutschland ist auf die Zusammenarbeit mit den USA angewiesen und nicht umgekehrt. Allerdings besitzen die Deutschen seit den 1950er-Jahren eine Trumpfkarte in diesem Geschäft: die Aussagen der Asylbewerber. Dieses Wissen war für die Bundesrepublik Deutschland ein Schatz, der mit den Partnern in der Vergangenheit gerne geteilt wurde.

Die entscheidende Rolle in dieser geheimen Zusammenarbeit spielte das BAMF, das den Zugang zu den Akten der Anhörungen hatte. Berichteten Asylbewerber interessant klingende Dinge, dann wurde und wird das Sicherheitsreferat im BAMF eingeschaltet. Zusammen mit den Verbindungsbeamten des BND traf das Sicherheitsreferat in der Vergangenheit eine Vorauswahl für weitere Gespräche mit dem Asylbewerber. Das BAMF war somit das unverzichtbare Bindeglied zwischen den ausländischen Nachrichtendiensten und ihren deutschen Ansprechpartnern im BND.

Drehscheibe dieses Nachrichtentauschs war von 1958 bis zur Auflösung in Zusammenhang mit dem NSA-Untersuchungsausschuss 2014 eine Einrichtung mit dem Namen »Hauptstelle für Befragungswesen«, abgekürzt HBW. Die Befragungsstelle war eine dem BND zugeordnete Dienststelle. Über diese geheime Einrichtung fanden im Laufe der Jahrzehnte tausende »Gespräche« mit Übersiedlern aus der DDR, Emigranten aus dem damaligen Ostblock und dann später auch immer häufiger mit Asylbewerbern aus dem Nahen Osten statt.

Manchmal entpuppten sich die Aussagen von Asylbewerbern aber auch als Lügen mit enormer politischer Sprengkraft. Als größte bekannt gewordene Katastrophe stellen sich die »Informationen« eines irakischen Asylbewerbers mit dem Namen Rafid Ahmed Alwan alias »Curveball« heraus. Er kam 1999 nach Deutschland. Der Mann behauptete, Experte für chemische Kampfstoffe zu sein und als Direktor einer Produktionsanlage gearbeitet zu haben. Der Iraker berichtet zudem von geheimen mobilen Anlagen zur Herstellung chemischer Kampfstoffe. Trotz verschiedener eindringlicher Warnungen im Hinblick auf die Glaubwürdigkeit des Mannes gelangen die Meldungen mit seinen Behauptungen bis in die zentralen Schaltstellen der Macht in den USA, die fieberhaft einen Kriegsgrund gegen den Irak suchen. Im Februar 2003 benutzt US-Außenminister Colin Powell die Aussagen von »Curveball« vor dem UN-Sicherheitsrat als Beweis für die völkerrechtswidrigen Waffenprogramme des Irak.

Am 20. März 2003 starten die USA zusammen mit einer »Koalition der Willigen« den Dritten Golfkrieg mit dem Ziel, Saddam Hussein und sein Regime zu stürzen und die geheimen Lager mit Massenvernichtungswaffen zu zerstören. Doch diese Lager werden nie gefunden. Jahre später wird offenbar, dass »Curveball« ein Lügner ist. Im Rückblick stellt es sich so dar: Die Aussagen eines irakischen Asylbewerbers gegenüber dem

BND dienen den USA als Begründung für einen Krieg, der mehr als hunderttausend Menschen das Leben kostet, den Irak ins Chaos stürzt, den Aufstieg islamistischer Terrormilizen ermöglicht und letztlich die gewaltigen Bevölkerungsverschiebungen und Fluchtbewegungen seit 2014 mit auslöst. Polemisch überspitzt kann also behauptet werden: Die deutsche Asylkrise ist in Teilen zumindest auch die Folge einer Aussage eines Asylbewerbers in Deutschland.

Das System der Befragungen wird dennoch fortgesetzt. Zu groß ist das Interesse des BND und der Dienste der westalliierten Siegermächte des Zweiten Weltkrieges, die von Anfang an beteiligt sind. Partner I sind die Amerikaner, Partner II die Briten und hinter dem Decknamen Partner III verbergen sich die Franzosen. Mitunter dürfen die Partner auch ohne deutsche Begleitung mit interessanten Personen sprechen. Für die USA sind insbesondere Iraner von großem Interesse. Sie seien ein »gefundenes Fressen« für die US-Dienste. 2013 enthüllen Recherchen der *Süddeutschen Zeitung* und des *NDR* diese geheime Zusammenarbeit. Die Aufregung in den Medien und im Bundestag über das Ausmaß der Befragungen ist riesengroß.[46]

Die Bundesregierung tritt die Flucht nach vorne an. Es sei das legitime Recht eines jeden souveränen Staates, Personen, die einen Aufenthalt begehren, »sicherheitlich«, wie es in einer ungelenk formulierten, aber offiziellen Antwort der Bundesregierung heißt, zu befragen. Die Befragungen fänden allesamt auf freiwilliger Basis statt. Die Betroffenen sollten möglichst nicht beeinträchtigt werden. Aus diesem Grund werden die Befragungen »stets unter der Legende HBW«, der Hauptstelle für Befragungswesen, geführt. Dies diene nicht zuletzt dem Schutz der Gesprächspartner, damit ihnen aus ihren Kontakten »keine Nachteile durch Repressalien aus den Herkunftsstaaten entstehen«.[47]

Eine überzeugende Vorwärtsverteidigung sieht anders aus. Nach mehr als 50 Jahren ihres Bestehens werde die organisatorische Auflösung der HBW angestrebt, lässt der parlamentarische Staatssekretär im Bundesinnenministerium, Ole Schröder, die Kolleginnen und Kollegen im Bundestag wissen. Zuständig ist Ole Schröder für die HBW eigentlich nicht. Dennoch kündigt er an, in der Zukunft werde der BND das Ziel verfolgen, »die Befragungen direkt in den Krisenregionen im Ausland zu intensivieren«.[48] Wie dies in Ländern wie Syrien oder dem Irak gelingen kann, ohne die Mitarbeiter des BND und auch die Befragten in höchste Gefahr zu bringen, erklärt Ole Schröder nicht. Zudem sind insbesondere amerikanische Dienste in Krisenregionen weitaus stärker präsent als der BND.

Ein gutes halbes Jahr später fällt der letzte Vorhang. Am 30. Juni 2014 löst die Bundesregierung die »Hauptstelle für Befragungswesen« des BND endgültig auf.[49] Deutschlands große Trumpfkarte im Zusammenspiel mit den Partnerdiensten in den USA, Großbritannien und Frankreich existiert nicht mehr. Nur wenige Monate zuvor beschließt der Bundestag einstimmig die Einsetzung des sogenannten NSA-Untersuchungsausschusses. Die National Security Agency, abgekürzt NSA, ist der größte US-Auslandsnachrichtendienst und für die weltweite Aufklärung elektronischer Kommunikation, wie Telefon oder Internet, zuständig. Der NSA wird vorgeworfen, auch in Deutschland zu spionieren.

Insider können darüber nur müde lächeln. Ihnen ist natürlich bekannt, dass US-Dienste wie auch Dienste anderer NATO-Verbündeter, darunter die Türkei, in Deutschland sehr aktiv sind. Gerne wird dann folgende schon einige Jahre alte Anekdote erzählt: In einer Sicherheitsbehörde schlägt ein Funkpeilungswarner Alarm an. Das Signal kann in eine Stadt zurückverfolgt werden. Dort befindet sich seit Jahrzehnten eine Kaserne der US-Armee. Ein Zufall wird ausgeschlossen.

Das nachrichtendienstliche Treiben der ehemaligen Besatzungsmacht wird meist stillschweigend zur Kenntnis genommen. Auch die Maßnahmen der Bundesregierung nach den Enthüllungen Edward Snowdens tragen eher operettenhafte Züge. Die USA sind einfach zu wichtig für die Sicherheit der

Bundesrepublik Deutschland. Diese Abhängigkeit steigt mit der Bedeutung der Auslandsaufklärung von Terrorverdächtigen. Genau dies ist mit Beginn der Flüchtlingskrise der Fall.

Die Angst der Ämter vor dem Untersuchungsausschuss

Auf der Arbeitsebene deutscher Behörden werden diese Entwicklungen mit großer Sorge beobachtet. Helga Müller ist über die Schließung der Befragungsstelle empört. Sie kann sich noch gut an das Auftreten des ihrer Meinung nach »popeligen Staatssekretärs« Ole Schröder erinnern. Die Entscheidung sei eine »Katastrophe« gewesen: »Das war wie in einem Zug, der in einem Tunnel entgleist. So war die Meinung. Der NSA-Ausschuss und die Einführung der schriftlichen Anhörungen setzten uns schachmatt.«

Auch der BND sei »damit aus dem Spiel gewesen, was die Befragungen angeht«. Der NSA-Ausschuss habe die betroffenen Behörden, das BAMF, den BND und das Bundesamt für Verfassungsschutz, gelähmt, empört sich Helga Müller. Sie stehen fortan unter dem Dauerfeuer von Politik und Medien. Erneut offenbart sich für sie zudem, wie ängstlich die Amtsleitungen auf die Herausforderung reagieren und um Posten und Karrieren fürchten.

Untersuchungsausschüsse sind die schärfste Waffe deutscher Parlamente und unentbehrlich für eine funktionierende parlamentarische Demokratie. Dabei wird oft übersehen: Ausschüsse beeinflussen Arbeitsabläufe nachhaltig. Für die Zulieferungen an Ausschüsse setzen die nervösen Amtsleitungen die besten Kräfte ein. Schließlich geht es um ihr eigenes berufliches Überleben. Bei ohnehin angespannten Situationen im Sicherheitsbereich könne dies problematische Folgen nach sich ziehen: Während Arbeitsgruppen bis spät in die Nacht und an Wochenenden Akten sortieren, »tanzen bei den Beobachtungsobjekten die Mäuse auf dem Tisch«, meint ein Insider: »Nur die größeren Apparate haben die Manpower, so was zu überleben. Die Kleinen gehen kaputt.«

Auch die im aktiven Dienst einer Sicherheitsbehörde stehende Gewährsperson, die in diesem Buch Paul Mayer genannt wird, kennt dieses Zusammenspiel von politischem Druck und den Ängsten der Amtsleitung. Allein die Androhung eines Untersuchungsausschusses koste Kraft: Werden die Akten den Vorgesetzten zur Kenntnisnahme weitergeleitet? Gibt es eigene Anstrengungen und wird die Polizei informiert? Für ihn steht fest: »Wenn es dann kracht, fließt die ganze Manpower in den Ausschuss, weil die Amtsleitung Panik schiebt.« Weitere Gesprächspartner teilen diese Aussagen.

Alle Maschinen laufen dann auf Hochtouren. Die Angst vor selbst gemachten Fehlern ist riesengroß: »Haben wir etwas nicht beachtet? Sind die Akten sauber?« Am besten sei es, meint Mayer, wenn »Sicherheitsbehörden in anderen Bundesländern hauptsächlich betroffen sind und wir nur am Rande informiert wurden«. Dann »können wir die ganze Angelegenheit dorthin abschieben«. Auslöser dieser Ängste sind die Ausschüsse zur Aufklärung der rechtsextremistischen Mordserie von Uwe Mundlos, Uwe Böhnhardt und Beate Zschäpe: »Da hat man gewusst, was das für Ausmaße bekommt. Da mussten unsere Leute vor den Ausschuss. Das war ein Schock für sie.«

Noch komplizierter wird die Lage, wenn internationale Interessen berührt werden. Genau dies ist bei der Abwicklung der Befragungsstelle der Fall. Es habe massive Proteste der USA gegeben. Die Schließung der Befragungsstelle führte zu einer Abkühlung der deutsch-amerikanischen Kooperation der Dienste, glaubte Helga Müller damals zu spüren. Die Deutschen, sagt sie, müssen sich von ihren US-Ansprechpartnern Sätze anhören wie: »Wir haben euch bei der Sauerlandgruppe geholfen und in anderen Fällen auch; und was macht ihr hier?«

Vor allem dieser Hinweis schmerzt Helga Müller sehr: Sie kann sich gut an jenen 4. September 2007 erinnern. Damals gelingt der Polizei ein Riesencoup. Drei dschihadistische Terroristen werden nach monatelanger Beobachtung in einem Ferienhaus im Sauerland verhaftet; deshalb der Name »Sauerland-Gruppe«. Die jungen Männer werden später zu mehrjährigen Haftstrafen verurteilt. Der entscheidende Hinweis auf die Terrorzelle stammt von der NSA.

In Berlin gründen Deutsche und Amerikaner anschließend eine gemeinsame Arbeitsgruppe. Die Zusammenarbeit sei »so eng wie nie«, sagt der US-Heimatschutzminister Michael Chertoff damals dem *Spiegel*.[50] Höchste Kreise der Politik befassen sich mit dem Fall. US-Präsident George W. Bush höchstpersönlich spricht Bundeskanzlerin Angela Merkel während des G-8-Gipfels in Heiligendamm im Juni 2007 auf die bereits laufenden Ermittlungen an. Die Amerikaner liefern die Informationen und die Deutschen machen anschließend die Polizeiarbeit: die typische Arbeitsteilung der transatlantischen Terrorabwehr.

Ohne Zweifel nimmt 2014 die Terrorgefahr zu. Die USA werden als Hinweisgeber immer wichtiger. Helga Müller kann nicht verstehen, dass ausgerechnet »in dieser heißen Zeit, als sich der IS konsolidierte, Deutschland die Befragungsstelle abbaute«. Rückblickend steht für sie fest: »Unter dieser Voraussetzung stolperten wir völlig unvorbereitet ins Krisenjahr 2015, das dann noch mehr Überraschungen bringen sollte.«

Deutschlands Abhängigkeit vom großen Bruder Amerika

Nur wenige Bundespolitiker wie der damalige außen- und verteidigungspolitische Sprecher der CSU-Landesgruppe im Deutschen Bundestag, Florian Hahn, wagen es, neben Thomas de Maizière die Bedeutung der US-Dienste in der Öffentlichkeit anzusprechen und vor einem Bruch mit den Amerikanern zu warnen.[51] »Wir sind abhängig von der NSA, nicht umgekehrt«, räumt auch der BND-Präsident Gerhard Schindler freimütig vor dem NSA-Untersuchungsausschuss ein. Öffentliche Debatten und Untersuchungen seien gefährlich: »Diese Entwicklung bereitet mir große Sorgen, weil letztlich die Zukunftsfähigkeit des Dienstes auf dem Spiel steht«, sagt Schindler in Berlin. »Erste Partnerdienste weltweit überdenken bereits die Zusammenarbeit mit dem BND.«[52]

Ähnlich äußert sich der damalige Präsident des Bundesamtes für Verfassungsschutz, Hans-Georg Maaßen: »Wir haben die Befürchtung, dass ausländische Nachrichtendienste nicht mehr alle Informationen mit uns austauschen, die wichtig sind, um Anschläge zu verhindern. Wir haben ein Problem, wenn andere Dienste die Einschätzung gewinnen, dass die Deutschen keine verlässlichen Partner mehr sind, weil vertrauliche Unterlagen offen kursieren.«[53]

Diese Einschätzung teilt der damalige Bundesinnenminister Thomas de Maizière noch heute: »Die USA befürchteten, dass mit dem NSA-Ausschuss auch methodische Fragen herauskommen. Wir verwiesen dann auf die Sicherheitslecks in den USA: Durch Snowden und die Wikileaks-Veröffentlichungen seien sehr viel mehr sensible Informationen an die Öffentlichkeit gelangt, als es durch den NSA-Ausschuss hätte passieren können.«

Doch Anfang Juni 2015 erfährt die *Welt*, dass US-Dienste dem BND in Afghanistan und im Nordirak die Unterstützung versagen[54] und damit den Deutschen unmissverständlich signalisieren, wer auf wen angewiesen ist. Trotz alledem ist die Kooperation mit den US-Diensten bis heute für die deutschen Sicherheitsbehörden von größter Bedeutung. Die Amerikaner liefern die qualitativ hochwertigsten Hinweise.

Die meisten Terroranschläge wurden und werden mithilfe der US-Nachrichtendienste verhindert. Es gibt indes auch ein »Aber«, meint ein prominenter deutscher Sicherheitsexperte, der seinen Namen hier nicht genannt sehen möchte: Es bestehe immer die Gefahr, dass die mächtigen Amerikaner die deutschen Sicherheitsbehörden in ihrem Sinne instrumentalisieren.

Gleiches gilt auch für den israelischen Auslandsnachrichtendienst, den MOSSAD, der ebenfalls wertvolle Informationen an die deutschen Kollegen weiterleitet.

So belaste beispielsweise die Festnahme eines Iraners nach einem amerikanischen Hinweis auf deutschem Boden automatisch die Beziehungen der Bundesregierung zu dem Regime in Teheran. Gleichzeitig nütze die Verhaftung den Interessen der USA und Israels, die zu den erbittertsten Feinden des Iran zählen und sich über mögliche Probleme im Verhältnis zwischen Berlin und Teheran freuen. Im Falle einer Festnahme können sich die Israelis und Amerikaner ganz bequem zurücklehnen und auf die deutsche Polizei verweisen. Die Tatsache, dass die Informationen zu dem Iraner aus den USA oder Israel stammen, unterliegt der Geheimhaltung.

Zu oft werde bei diesem ganz speziellen Teamwork vergessen: Der MOSSAD dient einzig und allein den Interessen Israels. Die CIA oder NSA leisten ihren Beitrag zur nationalen Sicherheit der Vereinigten Staaten. Ihre Aufgabe besteht nicht darin, der reichen Bundesrepublik Deutschland zur Seite zu stehen, die nicht genügend Ressourcen in die eigene Sicherheit investiert und zudem im Vergleich zu anderen Staaten des Westens die Nachrichtendienste viel strenger reglementiert. Solange Deutschland die steigende Bedeutung der Dienste nicht erkenne, so lange existiere auch diese Abhängigkeit mit allen negativen Folgen. Diese Abhängigkeit ist in den Zeiten des Terrors größer denn je.

Helga Müller macht auf der Arbeitsebene ähnliche Erfahrungen. Für sie ist es nur ein kleiner Trost, dass der offizielle Abschlussbericht des Bundestages zum sogenannten NSA-Ausschuss ihre Ansichten zum Teil bestätigt. Darin findet sich die zurückhaltende, aber dennoch unübersehbare Selbstkritik, die 2014 erfolgte Schließung der »Hauptstelle für Befragungswesen« erscheine nunmehr »in einem anderen Licht«. Vorsitzender des Ausschusses und damit auch Berichterstatter ist der CDU-Abgeordnete Prof. Dr. Patrick Sensburg.[55]

Der Abgeordnete aus Nordrhein-Westfalen ist ein Mann vom Fach. Vor seinem Einzug in den Bundestag lehrt Sensburg unter anderem an der Hochschule des Bundes für öffentliche Verwaltung. Hier werden Polizisten und auch Mitarbeiter von Nachrichtendiensten ausgebildet. Im Bericht des NSA-Untersuchungsausschusses versucht Sensburg aber auch die Schließung der Hauptstelle zu rechtfertigen.

Die Anzahl von Flüchtlingen aus den Krisenregionen des Nahen und Mittleren Ostens wie auch in Afrika habe »in den letzten Jahren plötzlich und unvorhersehbar wieder stark« zugenommen, stellt der Bericht fest. In Wirklichkeit ist für alle Zeitungsleser bereits spätestens seit dem Ausbruch des syrischen Bürgerkrieges mehr als offensichtlich: Die Flüchtlingszahlen steigen an. »Unvorhersehbar« sind vielleicht die großen Ausmaße der Massenbewegungen des Jahres 2015, nicht aber die enorme Zunahme der Zahl der Menschen, die nach Deutschland kommen.[56]

Doch etwas weiter unten im Bericht finden sich Formulierungen, die aufhorchen lassen: Gerade angesichts der krisenhaften Entwicklungen in diesen Regionen »erscheint es heute mehr denn je erforderlich, alle zur Verfügung stehenden Erkenntnisquellen zu nutzen. Dies gilt insbesondere, da diese Entwicklungen oftmals mit einem Erstarken des islamistischen Terrorismus verknüpft« seien.

In Zukunft soll deshalb die Bereitschaft von Flüchtlingen genutzt werden, die Sicherheitsbehörden zu unterstützen. Im »Wege der Befragung« sollen Erkenntnisse aus erster Hand, darunter auch über »etwaige terroristische Bedrohungen«, gewonnen werden. Maßnahmen sollen geprüft werden, »um die Arbeit der Bundessicherheitsbehörden in diesem wichtigen Bereich zu unterstützen und zu intensivieren«.[57]

Als Helga Müller den sogenannten Sensburg-Bericht auf ihrem Bildschirm liest, kann sie kaum ihren eigenen Augen glauben: »Zuerst alles zertrümmern und dann gemütlich in Berlin daran denken, die zerbrochenen Scherben irgendwann einmal wieder zusammenzukitten.« Sie und andere Mitarbeiterinnen und Mitarbeiter deutscher Sicherheitsbehörden stellen sich die Frage: Warum diese späte Einsicht? Warum fragt in der großen Politik nie jemand die Praktiker, die tagein, tagaus versuchen, Deutschland sicherer zu machen?

Mit Grausen erinnert sich Helga Müller an die Bemerkungen ihrer Kollegen in diesen Monaten und Jahren: Nächtelang muss für »Unterfütterung des NSA-Untersuchungsausschusses« gearbeitet werden. Auch nach der Grenzöffnung im September 2015 geht es weiter, als sei nichts geschehen: »Tonnen von Papier werden Richtung Bundestag geschickt, während zur gleichen Zeit die Asylkrise immer dramatischere Ausmaße annimmt.«

Terrorangst und Flüchtlingsleid

»Euer Blut schmeckt so wunderbar«

Abdelhamid Abaaoud, der überlegen grinsende junge Mann mit dem Sturmgewehr in dem *Dabiq*-Heft vom Februar 2015 und Überlebende der IS-Zelle von Verviers, bleibt nicht in Syrien. Der brandgefährliche Terrorist erhält einen neuen Auftrag. Wie ein Phantom verschwindet er wieder von der Bildfläche. Reiseziel ist wiederum Europa. Aber das wissen die Sicherheitsdienste zu diesem Zeitpunkt nicht. Erneut rutscht der inzwischen bestens bekannte Terrorist durch alle Netze der europäischen Sicherheitsbehörden.

Die IS-Propaganda verbreitet währenddessen Videos oder Artikel, die den Gegner in die Irre führen. In diesen Publikationen preist der IS seine Kämpfer an der Front in Syrien und im Irak. Gleichzeitig beschimpft die Terrororganisation Menschen, die ihr Heil nicht im Islamischen Staat, sondern in der Flucht sehen. »Flüchtlinge würden als Verräter denunziert, die die Vollendung der vom IS angestrebten Gesellschaftsordnung hintertrieben, weil sie in die Länder der Ungläubigen auswanderten«, berichtet die *FAZ* unter Berufung auf das Landesamt für Verfassungsschutz in Baden-Württemberg.[58]

Zahlreiche dieser professionell produzierten Propagandavideos zeigen ein grotesk verklärtes Bild vom schönen Leben im »Islamischen Staat«: Zufrieden blickende Männer kaufen in bestens ausgestatteten Läden ein. Bezahlt wird mit der neuen Goldwährung. Jungen sitzen auf weichen Teppichen oder im Grünen und lauschen ihrem Lehrer. Ärzte kümmern sich hingebungsvoll um ihre Patienten.

Den Kampf gegen die »Ungläubigen« im Westen sollen die

»Brüder« vor Ort führen, nicht die »Soldaten« des IS. Diese Aufrufe in den sozialen Medien richten sich an die Anhänger wie auch an die Feinde des IS. Die Sympathisanten sollen zur Tat schreiten. Die Gegner sollen eingeschüchtert werden. Ein besonders bekanntes Beispiel für diese Propagandabotschaften ist ein deutschsprachiger *Nashid*, der am 14. April 2015 auf mehreren einschlägig bekannten Twitter-Kanälen erscheint. Nashids sind Propaganda- oder Kampflieder, die der IS massenhaft über die sozialen Netzwerke verbreitet. Urheber eines besonders widerlichen »Liedes«, das mit englischen Untertiteln erscheint, ist der deutscher IS-Anhänger aus Berlin mit Namen Denis Cuspert. Vor seiner Bekehrung zum radikalen Islam macht der kleinkriminelle Sänger eine eher bescheidene Karriere als sogenannter Gangsta-Rapper.

Sein Nashid mit dem Titel »Für die Sache Allahs« zeichnet sich durch die außerordentlich verrohte Sprache aus. Dies gilt vor allem für den ersten Teil des Propagandaliedes, das sich an die Soldaten der Anti-IS-Koalition wendet. Die Terrormiliz könne es kaum erwarten, bis die gegnerischen Truppen anrücken: »Augen gehen verloren, Körper ohne Beine, wir wollen euer Blut. Es schmeckt so wunderbar.«[59]

Im zweiten und etwas längeren Teil wendet sich Cuspert an die »Brüder« in Europa: »In Frankreich folgten Taten, die deutschen Schläfer warten, die Brüder operieren« und terrorisieren die sogenannten Ungläubigen. Die Brüder sollen ihr Auto volltanken und Gas geben oder zu einem großen Messer greifen: »Auch wenn du in Europa bist, mach deinen Dschihad. Allah wird dich belohnen. Setz den Dreckigen ein Ende.«[60] Auch in diesem Teil des Nashids ist nicht die geringste Andeutung zu entdecken, dass der IS erneut Terroristen nach Europa schickt.

Deutsche Wissenschaftler, Terrorexperten wie auch Sicherheitsbehörden sehen und werten all diese IS-Publikationen aus. Viele kommen auf Grundlage dieser Videos und Nachrichten zu der wohlbegründeten Einschätzung: Der IS entsende keine

Terroristen nach Europa; und wenn überhaupt, dann keinesfalls auf der Flüchtlingsroute.

Der Leiter einer bundesdeutschen Verfassungsschutzbehörde erklärt in einem Gespräch, wie er 2015 zu einer vergleichbaren Einschätzung kam. Er rechnete mit verheerenden Anschlägen wie im November 2008 in der indischen Millionenmetropole Mumbai. An verschiedenen Tatorten und an verschiedenen Tagen ermordeten oder verletzten damals islamistische Terroristen über vierhundert Menschen. Die Anschläge von Paris im November 2015 sind durchaus mit den Massenmorden von Mumbai vergleichbar. Mein Gesprächspartner rechnete aber nicht damit, dass der IS Terrorkommandos auf der Landroute entsandte: »Ich versetzte mich in die Rolle eines Planers des IS und dachte mir: Wenn ich Leute nach Europa schicke, dann ist das sehr gefährlich, zu gefährlich. Ich schicke deshalb keine gut ausgebildeten Kämpfer.«

Es wäre einfacher erschienen, auf Anhänger in Europa zu setzen oder völlig unbelastete und deshalb den Behörden unbekannte Männer mit ihren eigenen, echten Papieren in ein Flugzeug zu setzen. Auf die Idee, dass der IS mit seinem Terror auch die europäischen Sicherheitsbehörden bloßstellen und zudem einen Keil zwischen die Migranten und wohlmeinenden Flüchtlingshelfer treiben will, kommt er damals nicht. Erst nach den Anschlägen in Paris habe sich festgesetzt: »Wir haben den Faktor Propaganda des IS nicht in unsere Überlegungen miteinbezogen.« Niemand korrigiere sich gerne: »Man hält an seiner These fest, bis es dann bröckelt«, meint der Verfassungsschützer heute selbstkritisch.

Es gab 2015 in den deutschen Sicherheitsbehörden auch andere, darunter höchst prominente Stimmen, die diese Meinung nicht teilten und sehr wohl ein Einsickern von IS-Terroristen über die Flüchtlingsroute für möglich erachteten. Thomas de Maizière kann sich an diese Unterredungen noch gut erinnern: »In den deutschen Sicherheitsbehörden wurde diese Möglichkeit ständig diskutiert und abgewogen. Der Haupttenor aber lautete, dass eine Einreise von IS-Terroristen über die Landroute aus guten Gründen nicht plausibel erschien.« An dieser Einschätzung hält die Bundesregierung fest; trotz der immer zahlreicheren Hinweise, die für ein Einsickern von IS-Terroristen sprachen.

So erklärt die Bundesregierung im Sommer 2015 in einer Antwort auf eine parlamentarische Anfrage der Fraktion »Die Linke«: »Die derzeit größte terroristische Bedrohung geht von Einzeltätern und autonom agierenden Gruppen aus.«[61] Eine entsprechende Propaganda könne bei Sympathisanten zu einem spontanen Tatentschluss führen. Große, von langer Hand geplante Anschläge mit verschiedenen, zeitlich und örtlich abgestimmten Angriffen hält die Bundesregierung für unwahrscheinlich.

Ein Hinweis auf das Feuergefecht in Verviers und die Rückkehr Abaaouds nach Syrien findet sich in der bemerkenswerten Antwort der Bundesregierung nicht. So stellt sich die Frage: Fallen Berlin und zahlreiche Experten im Sommer 2015 auf eine Desinformationskampagne des IS herein? Einiges spricht dafür.

Der französische Terrorismusforscher Gregor Mathias kommt in seinem ausgezeichneten Buch über den Krieg Frankreichs gegen den islamistischen Terrorismus zu diesem Ergebnis. In rund zehn der damals veröffentlichten Videos kritisiert der IS die Ausreise von muslimischen Flüchtlingen in das sogenannte Herrschaftsgebiet der Christen. Dies sei, so Mathias, eine regelrechte Desinformationsaktion gewesen, um die These zu entkräften, IS-Terroristen kämen mit dem Flüchtlingsstrom nach Europa.[62]

Doch ein schriftlich dokumentierter Beweis für das Zusammenspiel von Terror und Desinformation liegt bislang nicht vor. Die Verantwortlichen im IS sind entweder tot oder verschollen.

Die IS-Ramadan-Offensive

Die islamistischen Anschläge und Feuergefechte in Paris, Verviers und anderen Orten der Welt werden natürlich auch von den deutschen Sicherheitsbehörden zur Kenntnis genommen und ausgewertet. BKA und BND haben in europäischen Staaten Verbindungsbeamte. Im »Gemeinsamen Terrorismusabwehrzentrum GTAZ«, dem 40 Landes- und Bundesbehörden aus dem Bereich der inneren Sicherheit angehören, laufen die Informationen zusammen. Auch das Bundesamt für Migration und Flüchtlinge, abgekürzt BAMF, ist im GTAZ vertreten. Das GTAZ ist keine eigenständige Behörde, sondern dient als die Koordinierungsstelle zur Bekämpfung des islamistischen Terrorismus.

Die GTAZ-Büros befinden sich auf einem ehemaligen Kasernengelände am Treptower Park in Berlin. Über 200 Männer und Frauen arbeiten hier. Sie alle werden von ihren Stammbehörden entsandt. Empfänger der eingestuften GTAZ-Berichte sind die entsprechenden Landes- und Bundesbehörden und damit natürlich auch die sensibelsten Referate der zuständigen Ministerien. Seit der Einrichtung der GTAZ-Stelle kann sich kein leitender Beamter, aber auch kein zuständiger Minister mehr herausreden, sein Haus habe dieses oder jenes nicht erfahren.

Die GTAZ-Tagesordnung der Sitzung vom 29. Juni 2015 ist überschattet von gleich mehreren furchtbaren Terroranschlägen: Drei Tage zuvor sterben bei einem verheerenden Selbstmordanschlag in der schiitischen Hauptmoschee Imam Ja'far as-Sadiq in Kuwait-City 27 Menschen; über 200 werden verletzt. Für die IS-Terrormiliz sind Schiiten keine Muslime. Schiiten haben für den IS kein Lebensrecht. Die Moschee ist an diesem Freitag besonders voll. Muslime in aller Welt begehen den Fastenmonat Ramadan. Eigentlich eine Zeit des Betens und des Fastens; für den IS hingegen ein Monat des Terrors. Über ein bekanntes islamistisches Internetforum bekennt sich ein IS-Medienbüro zu dem Anschlag.

Ebenfalls am 26. Juni um kurz vor zehn Uhr greift ein Einzeltäter das Gelände des US-amerikanischen Unternehmens »Air Products« im südwestfranzösischen Ort Saint-Quentin-Fallavier an. Der Ort liegt nahe der Millionenmetropole Lyon. Der Versuch, eine Gasexplosion herbeizuführen, scheitert kläglich. Doch im Außenbereich des Firmengeländes wird an einem Zaun ein abgetrennter Kopf entdeckt. Das Mordopfer ist der Arbeitgeber des Täters.

Ein Bekennerschreiben des IS gibt es nicht. Dies sei nicht ungewöhnlich, heißt es in dem GTAZ-Protokoll. Zu Anschlägen von Einzeltätern, die dem IS-Muster folgen, nehme die Terrororganisation meistens nicht kurzfristig Stellung.

Wenig später stellt sich heraus, dass der Mörder das Kind nordafrikanischer Einwanderer ist. Er schickt ein Selfie mit dem abgetrennten Kopf seines Chefs an eine Telefonnummer in Syrien. Für die französischen Behörden ist der Mann wegen seiner Kontakte zu einem Islamisten kein Unbekannter. Die Mordtat entspreche genau der Vorgehensweise des IS. Vor Gericht wird der Fall nie abschließend geklärt. Der Attentäter erhängt sich im Dezember 2015 in seiner Gefängniszelle.

Der Tag des Attentats geht in die Geschichte des IS-Terrorismus ein. Nie zuvor verübt die Organisation an einem Tag an so unterschiedlichen Orten auf drei Kontinenten koordinierte Anschläge.

Der nächste Tatort an diesem Freitag liegt in Nordafrika in der Nähe der tunesischen Küstenstadt Sousse. Die Urlaubsregion an der tunesischen Mittelmeerküste ist bei Touristen aus Europa sehr beliebt. Am breiten Sandstrand reiht sich Hotel an Hotel. Der 26. Juni 2015 ist ein ganz normaler Tag. Die Sonne scheint. Touristen genießen die milden Temperaturen. Frankreich ist weit.

Niemand wundert sich, als um dreizehn Uhr ein westlich gekleideter Mann den Strand betritt. Zeugen sehen, dass er einen zusammengerollten Schirm trägt. Darunter verbirgt er vermutlich seine Kalaschnikow. Der Terrorist eröffnet das Feuer. Anschließend geht er zum angrenzenden Hotelgelände. Wieder knallen Schüsse. Wieder sterben unschuldige Menschen. Die anwesenden Wachleute sind überfordert. Erst eine gute halbe Stunde später, bei einem weiteren Schusswechsel mit Sicherheitskräften, wird der Angreifer getötet. Unter den 38 Mordopfern befinden sich zwei deutsche Staatsbürger, darunter eine Rentnerin. Tags darauf verbreiten soziale Netzwerke und das arabischsprachige Forum »Shumukh Al-Islam« ein Bekennerschreiben des »Islamischen Staates in Tunesien«.

Die schrecklichen Attentate in Kuwait, Frankreich und Tunesien haben höchst unterschiedliche Ziele. Es gibt lediglich zwei Gemeinsamkeiten: Die Terroristen versuchen so viele Menschen wie möglich zu töten und: Keiner der Mörder ist ein Flüchtling. Der Selbstmordattentäter in Kuwait stammt aus Saudi-Arabien; der Mörder von Saint-Quentin-Fallavier ist Franzose. Der Schütze bei Sousse Tunesier.

Ein Zusammenhang mit der europäischen Flüchtlingskrise besteht damit nachweislich nicht. Die Bundesregierung kann sich aber nur in Teilen bestätigt fühlen. Denn die Anschläge in drei Kontinenten sind offensichtlich koordiniert. Der Angriff auf dem Fabrikgelände bei Lyon entspreche »sehr genau den Losungen« des IS, sagt der zuständige französische Staatsanwalt gegenüber den Medien. Dazu zähle auch der Wunsch des Mörders, »seiner Tat maximale Aufmerksamkeit zu verleihen«.[63] Der IS ist also sehr wohl in der Lage, auch in Europa mit verschiedenen Tätern nach Auftrag und Absprache zuzuschlagen und dabei ein größtmögliches Aufsehen zu erregen. Doch dieses brisante Detail wird in den deutschen Lageeinschätzungen nicht berücksichtigt.

Die Warnungen der EU

Während in Tunesien dutzende Urlauber im Kugelhagel eines IS-Terroristen sterben, tagt in Brüssel auf höchster Ebene der Europäische Rat. Auf diesen mindestens zweimal im Halbjahr stattfindenden Treffen besprechen die Staats- und Regierungschefs der Mitgliedstaaten zusammen mit dem Präsidenten der EU-Kommission die großen Herausforderungen der Union.

Die Ergebnisse werden in »Schlussfolgerungen« zusammengefasst und anschließend veröffentlicht. Im Sommer 2015 steht die Flüchtlingskrise auf der Tagesordnung ganz oben. Mit Entsetzen verfolgen die Tagungsteilnehmer die Nachrichten. Auch Frankreichs Staatspräsident François Hollande ist vor Ort.

Am Freitagnachmittag lädt Angela Merkel zu einer kurzen Pressekonferenz. Zu diesem Zeitpunkt steht bereits fest: Frankreich muss einen weiteren unfassbaren Terroranschlag hinnehmen. Die deutsche Bundeskanzlerin spricht den Opfern ihr Beileid aus. Der Anschlag habe den Gipfelteilnehmern noch einmal klargemacht, meint Merkel, welche Herausforderung der Kampf gegen den Terrorismus darstelle. Gerade im Zusammenhang mit dem islamistischen Terror sei es »sehr, sehr wichtig, dass wir unsere Sicherheit verteidigen können«.[64]

Angela Merkel verknüpft zum ersten und zum letzten Mal 2015 mit klaren Worten die Flüchtlingsfrage mit der Terrorgefahr. Die damals kaum beachteten Aussagen finden sich noch heute auf der offiziellen Internetseite der Bundesregierung.[65] Die Zitate sind damit authentisch. Eine Verwechslung kann ausgeschlossen werden.

In Brüssel erklärt Merkel: »Auch mit Blick auf die Migrationspolitik müsse aufgepasst werden, dass islamistische Kämpfer nicht in die Europäische Union eindringen könnten.« Deshalb sei auch die »Registrierung und Einhaltung von Standards bei der Aufnahme von Flüchtlingen von äußerster Wichtigkeit«.[66]

Einen Spielraum für Interpretationen lassen diese Aussagen nicht: Die Kanzlerin der Bundesrepublik Deutschland erkennt in den ständig zunehmenden Flüchtlingszahlen eine sicherheitspolitische Herausforderung. Den Worten der Kanzlerin folgen keine Taten. Das Bundespresseamt will sich zu den Aussagen der Kanzlerin von 2015 nicht äußern.

Tatsächlich gibt es im Sommer 2015 auf europäischer Ebene ernst zu nehmende Warnungen vor dem Missbrauch der Flüchtlingsroute durch Terroristen. So lädt die Präsidentin von Eurojust, Michèle Coninsx, wenige Tage nach dem EU-Gipfel Journalisten zu einem Pressegespräch ein. Eurojust ist eine Institution der EU. Die 2002 gegründete Behörde will laut Eigendarstellung »die Zusammenarbeit zwischen den nationalen Justizbehörden bei der Verfolgung schwerer grenzüberschreitender Kriminalität in der Europäischen Union« verbessern.

Michèle Coninsx leitet Eurojust von 2012 bis 2017. Zuvor ist sie als leitende Staatsanwältin für die Verfolgung des organisierten Verbrechens und des Terrorismus zuständig. Ein sicherheitspolitisches Leichtgewicht ist die Belgierin also keineswegs. Coninsx möchte den Korrespondenten eine wichtige Nachricht auf den Weg mitgeben. Danach kommen auf den Schlepperbooten über das Mittelmeer nach Italien nicht nur Flüchtlinge, sondern auch IS-Terroristen. Details oder Zahlen erhalten die Pressevertreter nicht. Nur so viel: Sie habe die Informationen in Zusammenhang mit den Anstrengungen von Eurojust erhalten. Es sei schließlich eine Aufgabe der obersten EU Rechtsbehörde, die Mitgliedstaaten zu unterstützen.

Die Situation sei alarmierend, erklärt Michèle Coninsx, »weil wir sehen, dass diese Schleusungen offensichtlich dazu dienen, den Terrorismus zu finanzieren«. Die Schleusungen werden zudem dazu benutzt, IS-Mitglieder rein- und wieder rauszubringen: »Wir sind hinter diesen Kriminellen her. Wir sind hinter dem Geld her«, erklärt die Präsidentin von Eurojust den Reportern.[67] Eine Quelle nennt sie nicht. Dennoch erinnern ihre dramatisch klingenden Erklärungen an die internen Lageeinschätzungen von BKA und BND im Herbst 2014: Natürlich sei es vorstellbar, dass Schlepper und islamistische Terrorbanden kooperieren, stellen die beiden deutschen Sicherheitsbehörden in dem bereits zitierten internen Schreiben an das BAMF fest.

Auch die wohl wichtigste EU-Sicherheitsbehörde Europol sieht einen Zusammenhang zwischen der Flüchtlingsroute und der Terrorgefahr. Die Dienststelle mit Sitz im niederländischen Den Haag koordiniert die Polizeiarbeit der EU-Mitgliedstaaten. Wie jede größere Einrichtung legt auch Europol in großer Zahl Berichte vor, die teilweise auch veröffentlicht werden. Dazu gehört der »European Union Terrorism Situation and Trend Report 2015«.[68]

Der Bericht versteht sich als gesamteuropäische Analyse. In einem Abschnitt beschäftigt sich der Europol-Report mit der brisanten Frage: Wie kommen die als besonders gefährlich eingeschätzten IS-Kämpfer zurück nach Europa? Die Analysten der europäischen Polizeibehörde kommen zu einer zurückhaltend vorsichtigen, aber dennoch hochbrisanten Einschätzung: Danach beschreiten die ausländischen Kämpfer auf ihrem Rückweg ähnliche Routen wie auf ihrer Ausreise. Meistens seien die IS-Rückkehrer alleine auf dem Weg und dies, ohne auf eine besondere Konspiration zu achten. Es käme auch vor, dass sie auf dem Flughafen eines Nachbarstaates einreisen. Jedoch, stellt der Europol-Bericht fest, wurden gelegentlich die Benutzung der Flüchtlingsbewegungen und die Verwendung falscher Ausweispapiere beobachtet.[69]

»Ein vergleichbares Szenario hat es so noch nicht gegeben«

Auf dem weiten Gelände mit den hohen Bäumen der Bundespolizei in Potsdam findet sich an einem der alten aus Backsteinen gemauerten Häuser ein Schild mit der Aufschrift »GASIM«. Hinter dieser Abkürzung verbirgt sich eine in der

Öffentlichkeit weitgehend unbekannte Stelle mit dem sperrigen Namen »Gemeinsames Analyse- und Strategiezentrum Illegale Migration«.

Die Einrichtung ist eine weitere Plattform von Bundesbehörden aus dem Sicherheitsbereich und dem Auswärtigen Amt. GASIM hat die Aufgabe, Informationen zu sammeln, auszuwerten und in internen Berichten einem überschaubaren Kreis von Geheimnisträgern zur Verfügung zu stellen. Der 20. Bericht des Jahres 2015 umfasst die Tage vom 22. bis 26. Juni. Im Gegensatz zu den blumigen Ankündigungen der EU vermittelt der sechsseitige, als Verschlusssache eingestufte Bericht ein ungeschminktes Bild der Lage.

Mit immer größerer Sorge blicken die GASIM-Mitarbeiter von Brandenburg aus Richtung Südosteuropa. Den deutschen Beamten liegen beunruhigende Informationen der bulgarischen Grenzpolizei vor. Danach setzen sich auch an der Grenze zu Serbien Schleuserorganisationen fest: »Ein vergleichbares Szenario hätte es vorher an dieser Grenze so noch nicht gegeben.« Die meisten dieser Menschen kommen über die grüne Grenze aus der Türkei. Dabei handele es sich »mittlerweile um größere Gruppen«. Im Raum der bulgarischen Hauptstadt Sofia werden die Migranten in »sicheren Häusern« gesammelt. Dann gehe es weiter Richtung Serbien. Gruppen von bis zu 30 Personen werden in Kleinbussen transportiert. Es gebe die Vermutung, dass bekannte Netzwerke des organisierten Zigarettenschmuggels nunmehr an der Schleusung mitwirken. Auch die örtliche Bevölkerung mache mit. Bislang handele es sich fast ausschließlich um Menschen, die bereits im Asylverfahren registriert seien oder einen Schutzstatus in Bulgarien haben. Auch für diese Menschen gibt es im Sommer 2015 kein Halten mehr. Die meisten wollen nach Deutschland, koste es, was es wolle. Obwohl das zweite Halbjahr noch nicht vorbei sei, liege bei den registrierten Fallzahlen der unerlaubten Ausreisen an der bulgarisch-serbischen Grenze im Vergleich zum ersten Quartal »bereits eine Steigerung von 89 Prozent vor«.

Die Dunkelziffer ist vermutlich weit höher. Sowohl in Serbien wie auch im EU-Mitgliedstaat Bulgarien fehlt es an Personal und an der notwendigen technischen Ausrüstung, die Grenzen lückenlos zu überwachen. Die Sicherheitslücke wird größer. Europa handelt nicht. Für Migranten sei es mit der Unterstützung teuer bezahlter Schlepper vermutlich ein Leichtes, die Grenze Richtung Mitteleuropa zu überwinden. Wer erwischt wird, der versucht es einfach ein weiteres Mal. Ähnlich argumentieren BKA und BND im Herbst 2014. Das Wort »Terrorist« findet sich in dem GASIM-Bericht nicht. Aber wer zwischen den Zeilen lese, »müsse nur bis drei zählen«, meinen Insider, um schon damals die Gefahr zu erkennen.

Immer dramatischer gestaltet sich zudem die Situation in Griechenland. Dort registrieren die Behörden von Januar bis Ende Mai 2015 im Vergleich zum Vorjahr dreimal mehr Migranten. Bei der Unterbringung, Verpflegung und Versorgung dieser Menschen stelle sich eine zunehmende Überforderung des Landes ein, stellt der interne GASIM-Bericht fest. Die Küstenwache bittet um technische Unterstützung bei der Überwachung der Seegrenze zur Türkei.

Das finanziell am Boden liegende Griechenland ist dringend auf die Einnahmen aus dem Tourismusgeschäft angewiesen. Athen macht sich Sorgen um die Sommersaison. Am Sandstrand kampierende Flüchtlinge trüben die Urlaubsfreuden von Touristen. Die ankommenden Flüchtlinge werden deshalb von den griechischen Inseln schnell mit Fähren nach Piräus transportiert. In der Hafenstadt gibt es eine Buslinie zum Omonia-Platz im Herzen Athens. Der Platz wird zum Sammelpunkt für Flüchtlinge. Denn dort werden die Migranten »auf freien Fuß gesetzt«, stellt der GASIM-Bericht lakonisch fest. Zudem erhalten sie eine Bescheinigung über die Aussetzung ihrer Abschiebung für ein halbes Jahr. Selbstverständlich ist davon auszugehen, dass die meisten dieser gestrandeten Menschen versuchen werden, in andere Länder der EU weiterzureisen.

Athen mit seinen enormen sozialen Problemen entwickelt

sich immer stärker zu einem Wartesaal für Flüchtlinge. In heruntergekommenen Betonklötzen hausen immer mehr Menschen aus Syrien. Es gibt zudem Hinweise, dass sich unter diesen Menschen zeitweise auch ein höchst prominenter IS-Terrorist befindet. Die Rede ist von niemand anderem als Abdelhamid Abaaoud. Mehrmals taucht sein Name in dem bereits zitierten Bericht des amerikanischen Heimatschutzministeriums vom Mai 2015 auf.[70]

Der Albtraum der Sicherheitsbehörden

Warnungen, dass sich unter den Flüchtlingen, die sich nach Deutschland durchschlagen oder sich hier schon seit längerer Zeit aufhalten, womöglich auch Terroristen befinden, gibt es immer wieder. All diesen Hinweisen muss mit größter Sorgfalt nachgegangen werden. Für die Mitarbeiter deutscher Sicherheitsbehörden bedeutet dies eine enorme Arbeitsbelastung: Namen, Telefonnummern und Adressen müssen mit Dateien abgeglichen werden. Soziale Medien müssen durchforstet und bei Verdachtsmomenten mühsam übersetzt werden. Was geschieht mit den vielleicht hunderten Freunden des Verdächtigen auf Facebook-Seiten mit islamistischen Inhalten? Befindet sich der wirklich gefährliche Mann unter diesen Personen?

Die Sorge, eine entscheidende Spur zu übersehen, belastet die Männer und Frauen an der Terrorfront jeden einzelnen Tag. In der Nacht plagen viele Albträume: Wird irgendeiner dieser überprüften und dann aber als unbelastet eingeschätzten Personen vielleicht doch irgendwann einen Anschlag verüben? Dann wird sich sein Name in den Akten wiederfinden. In der Politik, in der Öffentlichkeit und in einem Untersuchungsausschuss wird anschließend vom Versagen der Sicherheitsdienste die Rede sein.

Die Mitarbeiter im Nürnberger Bundesamt für Migration haben mit den gleichen Problemen zu kämpfen. In den vielen »Ankunftszentren« und Außenstellen der Flüchtlingsbehörde sitzen die Mitarbeiter vor ihren Aktenbergen und machen sich immer größere Sorgen. Was geschieht, wenn ein Asylbewerber einen Anschlag verübt? Die gesamte Politik und die Medien stürzen sich dann auf das BAMF. Intern geraten dann die Fallbearbeiter in die Schusslinie. Die interne Revision wird auftauchen, alles kontrollieren und dann einen Bericht verfassen. Selbst eine Vorladung zu einem Untersuchungsausschuss ist denkbar. Befristet angestellte Mitarbeiter müssen um ihre Vertragsverlängerung bangen. Mit diesen Gedanken kommen die BAMF-Mitarbeiter am Morgen ins Büro und verlassen es am Abend wieder.

All diese Ängste und Sorgen werden in der Politik nicht zur Kenntnis genommen. Anfang 2015 sind die Entscheider noch Personen mit einer soliden Ausbildung und Berufserfahrung. Aber der Antragsstau wird immer größer. Statt die Personaldecke umfangreich und schnell zu erhöhen und die neuen Mitarbeiter anschließend intensiv zu schulen, wird das System der schriftlichen Anhörungen im Frühjahr 2015 auf Asylbewerber aus Eritrea ausgeweitet. Ein überprüfter Identitätsnachweis ist erneut nicht notwendig. Das Spiel vom Herbst 2014 wiederholt sich, meint eine unmittelbar beteiligte Person: »Wir warnten, die Verantwortlichen wiegelten ab.« Sicherheit spielt längst nur mehr eine Nebenrolle: »Es ging darum: Zahlen produzieren, produzieren, produzieren.«

Das BAMF produziert inzwischen sehr viele Zahlen. Von Januar bis August 2015 treffen BAMF-Mitarbeiter 152777 Entscheidungen über Asylanträge. Im vergleichbaren Vorjahreszeitraum sind es 78688. Die Anzahl der Entscheidungen verdoppelt sich beinahe; obwohl das Personal nicht entsprechend aufgestockt wird. Masse geht nun vor Klasse. Die Sicherheit der Bundesrepublik Deutschland wird der Zahlenproduktion immer stärker untergeordnet. Dennoch genügen die getroffenen Maßnahmen nicht, um den Antragsstau abzuarbeiten. Ende August 2015 liegt die Zahl der anhängigen Asylverfahren bei 276617. Der Druck auf die Mitarbeiter nimmt weiter zu.[71]

Immer wieder sitze im BAMF die Furcht vor dem Versagen mit am Schreibtisch: »Viele haben versucht, sich abzusichern, weil jeder Angst hatte, eine gefährliche Person mehr oder weniger durchzuwinken.« Die Probleme mit Antragstellern ohne irgendein Ausweispapier und der inoffizielle Zeitdruck, möglichst schnell zu entscheiden, nehmen zu: »Irgendwann wurde das Ganze zu bunt. Immer öfter gaben sich Personen als Syrer oder Iraker aus.« So etwas gebe es immer. Aber »plötzlich nahmen die Verdachtsfälle rasant zu. Manchmal reichte es, einen Blick auf das Foto in der Akte zu werfen, um festzustellen, dass die Person auf keinen Fall aus diesen Ländern stammen konnte.«

Für zynische Kommentare in den Behörden sorgen auch Auskünfte von Flüchtlingen aus der inoffiziellen syrischen Hauptstadt des Islamischen Staates, Rakka, die dort nie einen IS-Mann gesehen haben wollen und auch sonst keine Angaben zur Terrormiliz machen können. Selbstverständlich ist den Mitarbeitern der deutschen Sicherheitsapparate klar, »dass in den Zeiten des Mobilfunks für alle sich diese Leute absprechen und beraten«. Schnell spricht sich herum, dass fehlende Angaben zum IS keine Auswirkungen im Asylverfahren haben. Überlegungen im BAMF, Smartphones auszuwerten, »werden mit datenschutzrechtlichen Bedenken zur Seite gewischt«.

So entsteht hinter Behördenmauern ein Galgenhumor, der die untragbaren Zustände des deutschen Asylsystems dokumentiert. Im BAMF und in den Sicherheitsbehörden machen sich Mitarbeiter mit der Kaffeetasse in der Hand über Fotos von Personen im Ausländerzentralregister und anderen Datenbanken lustig, die auf keinen Fall wie Orientalen aussehen und dennoch behaupten, aus Syrien oder dem Irak zu stammen. Akten mit grotesk falschen Angaben, die einfach nicht passen können, werden herumgereicht. Dazu zählen zum Beispiel Geburtsorte, die gar nicht existieren. So kann einfach mal so ein deutscher Bundeswehroffizier ohne irgendwelche arabischen Sprachkenntnisse als verfolgter syrisch-christlicher Flüchtling mit jüdischen Wurzeln unentdeckt einen Asylantrag stellen.

Männlein in der Grube

Die Kantine einer großen deutschen Behörde im Frühsommer 2015: Es ist kurz nach zwölf. Der wie eine Turnhalle anmutende Raum mit den großen Fenstern füllt sich wie immer zu dieser Uhrzeit. Die Arbeitsebene, die Männer und Frauen aus dem »Maschinenraum«, wie sie sich selbst spöttisch nennen, geht hier zum Essen. Die Damen und Herren vom »Sonnendeck« lassen sich auswärts zu einem Termin in irgendeinem Restaurant fahren oder essen in ihren Büros eine Kleinigkeit zwischendrin.

Ihre Untergebenen sitzen wie immer vor rechteckigen Tabletts an den langen Plastiktischen zusammen. Einige essen lediglich einen Beilagensalat oder trinken eine Cola. Für sie ist die Mittagspause neben den langen Abenden an den Hotelbars in irgendwelchen Mittelklassehotels die beste Zeit, um sich mit gleichgesinnten Kollegen auszutauschen. Laut einer ungeschriebenen Regel gilt die Kantine als eine Art geschützter Raum in deutschen Ämtern.

Die Mittags- oder Kaffeepause im vertrauten Kollegenkreis ist in deutschen Sicherheitsbehörden ein wichtiges, tagtäglich widerkehrendes Ritual. Hier wird nicht selten Klartext geredet. Zwischen Suppe und Pudding äußern Kolleginnen und Kollegen An- und Einsichten, die sie als treue Staatsdiener niemals zu Papier brächten. Alle hier am Tisch unterliegen der Geheimhaltungspflicht. Einfach mal so zu Hause oder im Freundeskreis Dampf abzulassen, ist ihnen untersagt. Sie müssen schweigen und können nicht am Küchentisch dank ihres Insiderwissens falsche Behauptungen zurechtrücken; auch wenn es manchmal sehr schwerfällt. Während der Flüchtlingskrise werden viele Geheimnisträger hart mit dieser Last ringen.

Mit am Tisch sitzt Helga Müller. Sie schätzt und genießt diese Momente. Hier kann sie Probleme und Beobachtungen ansprechen, die sie einfach nicht mehr loslassen. Beim Mittagstisch sind die dramatischen Ereignisse, die sich fernab in Syrien oder im Irak abspielen, ein Thema. Die meisten hier sind mit den steigenden Asylzahlen bestens vertraut.

Längst hat sich herumgesprochen, dass sich im Bundesamt für Migration und Flüchtlinge die Anträge immer höher stapeln, trotz der schriftlichen Anhörungen. Viele fragen sich: Wie und wann wird Deutschland die Auswirkungen dieser Katastrophen zu spüren bekommen? Jüngere Kollegen rätseln, wann und wie die Politik reagieren wird.

Helga Müller ist skeptisch, so wie viele ihrer langgedienten Kollegen auch. Sie kennt die bürokratischen Mechanismen der deutschen Sicherheitsapparate aus eigener langjähriger Erfahrung. Sie sieht den Fehler im System. Laut ihren Erfahrungen führen in deutschen Behörden, darunter auch in der wichtigsten Schaltstelle der deutschen Migrations- und Flüchtlingspolitik, dem BAMF, nicht selten ängstliche, um ihr eigenes Fortkommen bemühte Beamte mittels streng hierarchischer Strukturen das Kommando.

Spontan muss Helga Müller an einen Arbeiter in einer Baugrube denken: »Es ist wie beim Graben eines Loches, bei dem von oben immer wieder lockere Erde nachrutscht. Unten in der Grube ist einer, der unter immer größeren Anstrengungen die Erde wieder nach oben schaufelt. Aber in Wirklichkeit kann er nicht einmal die nachrutschende Erde rausschaffen, geschweige denn bei der gesetzten Arbeit weiter vorankommen.

Irgendwann einmal kann der Grabende nicht mehr und ruft nach Verstärkung. Ohne Erfolg: Der Aufseher oben am Loch tut nichts und versucht seinen Untergebenen zu beschwichtigen. Der Grabende wird besänftigt. Immer wieder werden ihm neue Ausreden präsentiert. Tief unten im Loch hört er Ausflüchte wie: ›Das ist eine vorübergehende Situation, die sich stabilisieren wird. Es kommen bald wieder bessere Zeiten. Die tektonischen Verwerfungen werden sich bald wieder beruhigen.‹ So etwas hört der Grabende tagein, tagaus. In Wirklichkeit ändert sich aber nichts. Verstärkung bleibt aus. Doch nach oben in Richtung Amtsleitung wird eine vorzügliche, bestens funktionierende Baustelle gemeldet.

Der Grabende darf die Meldungen seines Vorgesetzten nicht lesen. An die Amtsspitze darf er sich nicht persönlich wenden. Er muss sich an den Dienstweg halten und auf Besserung hoffen: Der Chef wird sich bestimmt an die Leitung wenden, um nach mehr Arbeitern zu rufen! Dabei geschieht nichts. Irgendwann einmal wird er sich dann vielleicht im schlimmsten Fall an den Personalrat wenden. Der Personalrat wendet sich dann an die Amtsleitung, die fragt beim Aufseher nach und der sagt: In der Grube ist alles in Ordnung. Wir brauchen nicht mehr Personal.

Der leitende Beamte hat Angst um seine Position. Er fürchtet, mit dem Vorwurf konfrontiert zu werden, er habe seinen Laden nicht im Griff. Von diesen Zusammenhängen erfährt der Mann in der Grube, wenn überhaupt, nur über die Buschtrommel in der Kantine, beim Feierabendbier auf einer Dienstreise oder über den Behördenflurfunk. Der genaue Wortlaut der Meldungen bleibt ihm vorenthalten. Intervenieren kann er nicht. Das lässt der Dienstweg nicht zu.

Kolleginnen und Kollegen von Helga Müller gefällt die Geschichte vom Männlein in der Grube. Sie alle schmunzeln über das Bild, während sie in ihre Büros mit den virtuellen Aktenstapeln im Computer zurückkehren.

Terrorwarnungen aus Amerika

Trotz aller Verwerfungen übermitteln amerikanische Dienste nach wie vor die meisten Hinweise. Dann beginnt für die deutschen Stellen die Arbeit. Der 18. März 2015 ist so ein Tag. US-Quellen übermitteln dem BKA eine Reihe von Namen inklusive Aliasnamen, teilweise sogar Nummern von Ausweispapieren. Hinzu kommen ausländische und deutsche Handynummern. Alle aufgelisteten Personen sollen irgendwie in Kontakt zum IS und einer weiteren islamistischen Terrormiliz stehen, die in Syrien wütet.

Bei der Überprüfung stellt sich heraus, dass einige dieser Personen tatsächlich als Flüchtlinge in Deutschland registriert sind. Ein Handy ist unter der Adresse einer großen Asyl-Erstaufnahmeeinrichtung registriert. Ein namentlich bekannter Gefährder wird nicht identifiziert. Die beteiligten Behörden geben Entwarnung. Zurück bleibt die Ungewissheit, dass ein Terrorist durch das Sicherheitsnetz fällt und Wochen oder Monate später zuschlägt.

Zudem geben Partnerdienste Hinweise zu Planungen und Strategien islamistischer Terrororganisationen. Selbstverständlich werden auch diese Informationen ausgewertet und fließen in eigene Lagebilder ein; vor allem wenn die Nachrichten aus den USA stammen. Dann setzen sich die Experten im GTAZ zusammen. Sie analysieren und bewerten die Meldung. Dies geschieht in einer eigenen Arbeitsgruppe mit dem Namen »Operativer Informationsaustausch«. Auch hierzu gibt es ein Beispiel aus dem Frühjahr 2015.

Ein US-Verbindungsoffizier informiert seine Kollegen im BKA über einen »Einzelquellenhinweis«. Danach planen namentlich bekannte Personen, die aus Syrien und dem Irak kommen, nach Bulgarien einzureisen. Dort wollen sie Asyl beantragen. Mit diesen Dokumenten wollen sie anschließend nach Deutschland und Frankreich weiterziehen, um dort für den IS zu werben und zu rekrutieren.

Die Arbeitsgruppe »Operativer Informationsaustausch« winkt ab. Der Quellenhinweis wird mit großer Skepsis gesehen. Das geschilderte Vorgehen erscheint mit Bezug auf den »Phänomenbereich des Islamismus/Terrorismus« nicht nur untypisch. Es sei zudem aus asyl- und aufenthaltsrechtlichen Gesichtspunkten wenig effizient, so nach Deutschland zu kommen. Dennoch soll auch dieser Fall überprüft werden. Sollte tatsächlich ein Asylantrag in Bulgarien vorliegen, dann könne und müsse Bulgarien gemäß Dublin-Abkommen den Betroffenen wieder aufnehmen.

Formaljuristisch stimmen diese Aussagen: Denn laut dem Dublin-Abkommen kann in den Mitgliedstaaten nur ein Asylantrag gestellt werden. Kommt heraus, dass in einem anderen Land bereits ein Antrag vorliegt, dann kann die betroffene Person dorthin zurückgeführt werden. Doch diese Rückführungen finden 2015 im Verhältnis zu den vielen einreisenden Migranten immer seltener statt. Gerichtsprozesse, ärztliche Atteste oder schlichtweg ein Abtauchen in die Illegalität verzögern oder verhindern die Durchführung der Dublin-Bestimmungen.

Zum Nachteil der öffentlichen Sicherheit Deutschlands; wie im Fall des syrischen Asylbewerbers Mohammed Daleel: Im Dezember 2013 erhält er »subsidiären Schutz« in Bulgarien. Subsidiär Schutzberechtigte sind Menschen, denen bei einer Rückkehr in ihre Heimat ernsthafter Schaden droht. 2014 kommt Daleel nach Deutschland. Er stellt einen weiteren Antrag, der abgelehnt wird. Schließlich genießt der Syrer bereits in Bulgarien subsidiären Schutz. Eine Rückführung scheitert. Der Mann befindet sich in medizinischer Behandlung. Am 24. Juli 2016 verübt er einen islamistischen Terroranschlag im Namen des IS in der Altstadt der mittelfränkischen Stadt Ansbach. Ein *Dabiq*-Heft des IS feiert den Attentäter als Soldaten des Kalifats.

Die Jagd auf das Phantom Abaaoud

Die blutigste Terroroperation der IS-Zelle um Abdelhamid Abaaoud beginnt mit spektakulären Fehlschlägen. Wie schon in Verviers scheinen die Fahnder schneller zu sein als die IS-Terrormiliz. Auslöser dieses ersten Erfolgs ist auch ein Hinweis aus den USA. Diesmal handelt es sich nicht um eine kalte Spur, sondern um einen präzisen Hinweis auf einen mutmaßlichen IS-Kämpfer. Der Mann gilt als hochgefährlich. Gegen den 1984 in Marokko geborenen Islamisten liegt ein internationaler spanischer Haftbefehl vor.

Der radikale Islamist versucht eine Frau zu umgarnen. Sie

soll ihn heiraten und dann zu ihm nach Syrien kommen. Anfang September 2014 fliegt er über Alicante und Barcelona in die türkische Millionenmetropole Istanbul. Von dort geht es weiter in den Badeort Antalya. Der Marokkaner kommt nicht, um das Strandleben im milden Licht der Spätsommersonne zu genießen. In Antalya warten Kontaktleute des IS, die ihn nach Syrien bringen.

Im Frühsommer 2015 kehrt er nach Europa zurück. In Polen will er sich auch mit einer Frau treffen. Am 15. Juni landet sein Flugzeug in Warschau. Dort wird der Marokkaner bereits erwartet. Aus dem Liebesabenteuer an der Weichsel wird nichts. Stattdessen verhaften die polnischen Behörden den offensichtlich überraschten Mann. Er ist zunächst bereit, mit den Ermittlern zu sprechen.

Der Mann hat viel zu berichten. Er nennt Daten, Namen, Orte. Polizeibehörden in ganz Europa interessieren sich für seine Aussagen. Auch das deutsche BKA wird selbstverständlich von den europäischen Kollegen informiert. Dies belegt ein weiteres internes Dokument. »Während seines Aufenthaltes« in der Nähe der syrischen IS-Hochburg Rakka im Mai und im Juni 2015 »will er aus Gesprächen des IS erfahren haben, dass 60–90 Rekruten für die Vorbereitung terroristischer Anschläge in Frankreich, Belgien und Deutschland in einem Spezialtraining ausgebildet worden wären«, ist dort zu lesen.

Die Ausbildung soll im Juli abgeschlossen sein. Laut Erkenntnissen der spanischen Staatsanwaltschaft gehört der in Warschau festgenommene mutmaßliche IS-Terrorist zur Gruppe um Abaaoud. Diese Zusammenhänge werden dem BKA ebenfalls mitgeteilt. In dem internen Schreiben des BKA heißt es: Abaaoud »unterhielt persönliche Kontakte zu dem am 15.06.2015 aufgrund eines spanischen Haftbefehls am Flughafen Warschau/Polen festgenommenen« Mann. Der Marokkaner weiß noch mehr zu berichten: Er berichtet, der IS bilde zwei Deutsche oder aus Deutschland kommende Männer als potenzielle Attentäter aus. Sie sind im Februar oder März 2015 nach Deutschland zurückgekehrt oder haben sich in diesem Zeitraum auf dem Weg nach Deutschland begeben. Namen oder sonstige Details kann oder will der übertölpelte Marokkaner nicht angeben. Unter dem Decknamen »Reise« überprüft das BKA 143 Männer, die wieder in Deutschland sind.

Tatsächlich werden 2016 zwei terrorverdächtige Nordafrikaner festgenommen und später nach Frankreich überstellt. Beide Männer sollen zum engsten IS-Terrorzirkel um Abaaoud gehört haben. Beide Männer ließen sich als Flüchtlinge in Deutschland registrieren. Einer wird in Aachen, ein Zweiter in einer kleinen Gemeinde südlich von Hamburg festgenommen. Ob der am Warschauer Flughafen festgenommene Marokkaner diese beiden Nordafrikaner meinte? In den vorliegenden Akten findet sich hierzu kein Hinweis.

Nichtsdestotrotz: Polen liefert den mutmaßlichen IS-Terroristen an Spanien aus. Die spanische Sonderstaatsanwältin für internationalen Terrorismus, Dolores Delgado, nimmt ihn in Empfang. Der Marokkaner kommt in Untersuchungshaft und hüllt sich anschließend in Schweigen. In einem Interview mit dem ARD-Politmagazin *report München* meint Dolores Delgado: »Die Erwartung war groß, was er aussagen könnte. Es gab viele europäische Polizisten, die wissen wollten, wie der Entwicklungsstand war und welche Pläne es für Europa gab. Ob man Anschläge auf westlichem Boden verüben wollte. Aber er wollte überhaupt nicht aussagen.«[72]

Doch es gibt eine Kronzeugin, einen Computer und die Facebook-Seite des Mannes. Laut der spanischen Staatsanwaltschaft findet am 29. Mai 2015 an der türkischen Grenze ein konspiratives Treffen statt. Die Teilnehmer sind hochrangige IS-Anführer und Terroristen, die Anschläge verüben sollen. Der IS wolle Barcelona angreifen, vermuten die Spanier. Auch die von Touristen in aller Welt besuchte Basilika »La Sagrada Família« befände sich im Visier der Terroristen. Zudem befürchten die spanischen Behörden IS-Anschläge in Ländern wie Frankreich, Belgien und Deutschland. Angriffsziele seien Orte mit großen

Menschenansammlungen wie Partys, Fußballspiele, Konzerte oder Kirchen wie die »Sagrada Família« des katalanischen Stararchitekten Antoni Gaudí.

Dolores Delgado gibt den Fall ab. Für sie ist die Jagd auf Terroristen zu Ende. Im Juni 2018 beruft sie der neue spanische Premierminister in sein Kabinett. Die Staatsanwältin dient seitdem ihrem Land als Justizministerin. 2018 wird der IS-Mann in Madrid angeklagt und vor Gericht gestellt. Er wird am 15. Juni 2018 zu acht Jahren Haft verurteilt.

Auch für die französische Polizei ist die Festnahme des spanisch-marokkanischen Mannes von großer Bedeutung. Noch in Warschau verrät er einen Kameraden aus Frankreich. So gelingt der französischen Polizei am 11. August 2015 eine spektakuläre Festnahme. Auch dieser Syrien-Rückkehrer hat den Auftrag, in Europa Anschläge zu verüben. Der Islamist ist französischer Staatsbürger marokkanischer Herkunft. Er fliegt über Prag zurück nach Europa. Die Polizei verhaftet ihn in der Pariser Wohnung seiner Mutter. Hinter einer Couch finden die Ermittler einen USB-Stick vom IS. In seiner Tasche entdecken sie auf einem Stück Papier den Code für ein Verschlüsselungsprogramm. Im Gegensatz zu dem schweigenden Marokkaner ist er bereit, umfassend auszusagen.[73]

Der Mann heißt Reda Hame und passt überhaupt nicht in das übliche Muster von IS-Kämpfern. Er arbeitet als Computertechniker und hat im Gegensatz zu so vielen anderen IS-Rekruten keine kriminelle Vergangenheit. Er ist nur wenige Wochen beim IS in Syrien. Zum Frontkämpfer wird er nicht ausgebildet. Dafür ist er allem Anschein nach zu wertvoll.

Ein inzwischen höchst prominenter und gefürchteter IS-Anführer hat eine bessere Verwendung für ihn. Der offizielle Untersuchungsbericht der Französischen Nationalversammlung zu den Attentaten von Paris am 13. November 2015 und Recherchen von Journalisten der *BBC* zeigen, wie sehr die Aussagen dieses Mannes die Polizei- und Nachrichtendienste in Europa beunruhigen; auch wenn er nur kurze Zeit in Syrien verbringt und nur die Tarnnamen seiner Ansprechpartner beim IS kennt. Die französischen Behörden spüren einen enormen Zeitdruck. Die Terrorgefahr ist unverändert hoch.

Reda Hame wird stundenlang verhört. Die Mühen, den IS-Mann zum Sprechen zu bringen, zahlen sich aus. Hame liefert neue, genaue Details zu einem IS-Terroristen mit dem Tarnnamen Abu 'Umar. Dahinter verbirgt sich niemand anderes als Abdelhamid Abaaoud.

Hame kommt mit seinem französischen Pass über die Türkei nach Syrien. Doch der Pass, das stellt Abaaoud rasch fest, läuft bald ab. Abaaoud schlägt dem französischen Rekruten vor, schnell nach Europa zurückzukehren, um dort einen Terroranschlag zu verüben. Der französische Computerexperte gilt als unbeschriebenes Blatt. Er kann mit seinem Reisepass zurückkehren. Abaaoud sei eine sehr harte Person, sehr entschlossen, sehr gefährlich, gibt der Untersuchungshäftling Reda Hame zu Protokoll.

Der Pate des IS-Terrors höchstpersönlich gibt ihm einen Schnellkurs im Umgang mit Waffen. Das Gleiche gilt für die Anweisungen. Er soll die Waffen gründlich prüfen. Die Operation soll nicht an der schlechten Ausrüstung scheitern. Abaaoud rät seinem Untergebenen, ein leichtes Angriffsziel zu suchen, wo sich Menschen aufhalten: »Stell dir ein Rockkonzert in einem europäischen Land vor. Wenn wir dich bewaffnen, wärst du bereit, in die Menge zu schießen?« Abaaoud fügt hinzu, am besten sei es, dann auf die Sicherheitskräfte zu warten und anschließend im Kampf zu sterben. Zudem rät ihm Abaaoud, wenn viele Zivilisten sterben, dann werde sich die Außenpolitik Frankreichs ändern.[74] Der IS verfolgt also eine Strategie: Europa treffen und auf politische Konsequenzen hoffen.

Laut den bereits zitierten *BBC*-Recherchen verstärken sich im Sommer die Warnungen über Abaaoud und sein Netzwerk. Die CIA teilte sogar mit: Abaaouds Zelle versuche an europäische Papiere heranzukommen. Zudem stehe er in Kontakt mit türkischen Schleusern, um seine Leute zurück nach Europa zu bringen. Daneben scheint Abaaoud auch schwer bewaffnete Gefolgsleute in Frankreich zu haben.

Für die Sicherheitskräfte ist dies eine alarmierende Feststellung: IS-Anhänger vor Ort können die einreisenden Killerkommandos in Empfang nehmen. Sie können sich um ein Quartier, um Waffen und um die notwendige Infrastruktur kümmern. Zudem sei es ein Leichtes für die Mitglieder einer lokalen Zelle, Anschlagsziele auszuspähen. Auch diese Zusammenhänge erkennen die französischen Ermittler erst im Laufe der Zeit.

Auslöser sind die Ermittlungen zu einem weiteren gescheiterten Anschlag. Im April 2015 ruft ein 24 Jahre junger IT-Student den Notarzt. Er habe sich aus Versehen ins Bein geschossen. Der Algerier lebt seit 2010 in Frankreich. Der junge Mann ist den Behörden als Islamist bekannt. Es liegen Erkenntnisse zu ihm vor, der Student wolle sich dem IS in Syrien anschließen.

Bei einer Durchsuchung findet die Polizei ein umfangreiches Waffenarsenal mit mehreren Kalaschnikow-Schnellfeuergewehren. Sichergestellte Dokumente erwähnen die Terrororganisationen Al-Qaida und den IS. Zudem gibt es Telefonkontakte nach Syrien. Die Ermittler vermuten, der Student habe geplant, in der Pariser Kirche Saint-Cyr-Sainte-Julitte ein Massaker zu verüben. Die Kirchengemeinde kommt mit dem Schrecken davon. Dann stellt sich heraus: Der gescheiterte Attentäter steht in Verbindung mit Abdelhamid Abaaoud.

Schweigen ist Gold

2015 kristallisiert sich Stück für Stück folgendes Bild heraus: Der Druck auf die Grenzen der Europäischen Union nimmt zu. Der IS droht dem Westen. Terroranschläge häufen sich, während in Deutschland den Behörden die Kontrolle über die immer zahlreicher eintreffenden Asylbewerber entgleitet. Längst spielt keine Rolle mehr, ob ein Flüchtling seinen Pass oder irgendein Ausweispapier mit sich führt oder nicht. Die eintreffenden Personen werden irgendwie erfasst und anschließend auf die oft überfüllten Unterkünfte verteilt. Die damit verbundenen Sicherheitsprobleme werden öffentlich nicht diskutiert.

Selbst Fachpolitiker im Bundestag ziehen es vor zu schweigen oder achten darauf, jedes Wort auf die Goldwaage zu legen. Jede Bemerkung kann im Sommer der heraufziehenden Flüchtlingskrise sehr schnell als »hetzerisch« oder »rassistisch« ausgelegt werden. Eine offene, auf Argumenten beruhende Debatte ohne Beleidigungen oder üble Zwischenrufe findet im Bundestag nicht mehr statt. Diese Erfahrung muss auch die CSU-Bundestagsabgeordnete und aktuelle Vorsitzende des Innenausschusses, Andrea Lindholz, machen: »Jeder falsche Zungenschlag genügte, um in die rechte Ecke gestellt zu werden.« So entwickelt sich das Flüchtlingsthema zu einem politisch ungeheuer aufgeladenen Thema, über das aber nicht mehr offen gesprochen werden kann.

Auch der Präsident der Bundespolizei, Dieter Romann, zieht es inzwischen vor zu schweigen. Den Ärger, den ihm seine ohnehin schon vorsichtig-zurückhaltend formulierte Aussage in einem Interview im März 2015 bringt, vergisst der Behördenchef nicht. Nein, man könne nicht ausschließen, dass sich unter den Schleusern oder den eingeschleusten Personen auch Terroristen befinden, war damals in der *Bild*-Zeitung zu lesen. Aus sachlichen Gründen ist die Aufregung um diese eine Frage und das »Nein« von Dieter Romann nicht nachvollziehbar: Natürlich kann nie etwas ausgeschlossen werden; vor allem, wenn sich diese Gedanken aufgrund der Hinweise geradezu aufdrängen. Dies gilt ganz besonders für Sicherheitsbehörden, die sich immer auf die schlimmstmögliche Alternative einstellen müssen. Sonst drohen böse Überraschungen mit katastrophalen Folgen.

Dazu zählen beispielsweise die Al-Qaida-Anschläge von New York und Washington am 11. September 2001 mit tausenden Toten. Niemand konnte sich damals vorstellen, dass junge

Männer monatelang für ein Attentat trainieren und sogar eine Ausbildung zum Piloten machen. Mit allem rechnen, das auf der Grundlage kluger Analysen vorstellbar ist: Diese Denkweise ist für Staatsschutzbeamte und Mitarbeiter in Nachrichtendiensten eigentlich eine Selbstverständlichkeit. Nur in der Öffentlichkeit darf darüber nicht mehr gesprochen werden.

Im Juli 2015 stellt Dieter Romann in Berlin den Jahresbericht der Bundespolizei vor. Mit dabei ist der oberste Dienstherr des Polizeipräsidenten, Bundesinnenminister Thomas de Maizière. Romann hat keine guten Nachrichten im Handgepäck. Die Bekämpfung der Schleuserkriminalität stellt die Bundespolizei vor immer größere Probleme. 2013 werden 1535 Schleuser festgenommen. 2014 sind es bereits mehr als 2100. 2015 sei mit einer weiteren Steigerung zu rechnen. Allein in den ersten sechs Monaten gehen der Bundespolizei 1500 Schlepper ins Netz. Auch die Anzahl der illegalen Einreisen steige immer weiter an. Alleine in den ersten Monaten des Jahres 2015 registriert die Bundespolizei rund 63 000 unerlaubte Einreisen.

Übereinstimmend erklären Romann und de Maizière auf der Pressekonferenz: Die Bekämpfung des islamistischen Terrorismus bildet inzwischen einen Schwerpunkt der Arbeit der Bundespolizei. Große Sorgen bereiten Romann auch die Ausreisen von IS-Anhängern nach Syrien und in den Nordirak. Nahezu jede Woche verhindert die Bundespolizei im zweiten Halbjahr 2014 eine Ausreise in die Kampfgebiete. Einige dieser Männer kehren wieder zurück. Nach der Einschätzung von Romann bedeuten sie eine besondere Gefahr für Deutschland.

Doch kommen diese an der Waffe ausgebildeten und verrohten Menschen wieder nach Deutschland, um hier im Auftrag des IS oder einer anderen islamistischen Terrororganisation zu morden? Im Jahresbericht der Bundespolizei findet sich beinahe versteckt folgende vielsagende Bemerkung: »Auch unter der Vielzahl von Kriegsflüchtlingen hätten sich kampferfahrene und radikalisierte Personen befinden können. So konnten beispielsweise durch Ermittlungen gegen einen in Deutschland lebenden syrischen Schleuser Erkenntnisse zu dessen Aufenthalt in einem Kampfgebiet gewonnen sowie Waffen, Betäubungsmittel und Dubletten von Kfz-Kennzeichen sichergestellt werden.«[75]

Gegenüber der Öffentlichkeit äußert sich der Bundespolizeipräsident als einziger Chef einer deutschen Sicherheitsbehörde im Krisenjahr 2015 nicht mehr zur Flüchtlingskrise. In den Chor der Schönredner reiht er sich nicht ein. Lautes Schweigen in der Öffentlichkeit kann nicht als Illoyalität ausgelegt werden. Behördenintern äußert sich Romann hingegen sehr wohl zu den wachsenden Sicherheitsproblemen. Seit 2013 weist der Präsident der Bundespolizei in den regelmäßigen behördlichen »Brandberichten« wie auch in beinahe allen quartalsweisen Sicherheitsgesprächen beim Bundesminister des Inneren deutlich und ohne jede Zurückhaltung auf das Thema »ungesteuerte Migration« und die daraus resultierenden Gefahren hin. Teilnehmer dieser illustren Runde sind alle zuständigen Staatssekretäre und Abteilungsleiter des Ministeriums wie auch des Bundeskanzleramtes. Aber auch alle Leiter der Sicherheitsbehörden nehmen an diesen Treffen teil. Das Gleiche gilt für die wöchentlichen Lagen zu den Nachrichtendiensten im Kanzleramt. Niemand in der Bundesregierung könne »sich also darauf berufen, es lägen keine entsprechenden Analysen vor; oder es hätte vorher keine entsprechenden Hinweise gegeben«, berichtet ein Teilnehmer dieser exklusiven Sitzungen. Mit seinen offenen Worten macht sich Romann nicht nur Freunde. Doch wer seine Meinung sagt und sich dabei an den Dienstweg hält, kann disziplinarisch nicht belangt werden. Dieses feine, aber äußerst bedeutsame Detail unterscheidet Romann von seinem Amtsbruder Hans-Georg Maaßen, der ebenfalls vor den Gefahren der unkontrollierten Zuwanderung warnt. Im Gegensatz zu Romann geht Maaßen im Laufe der Zeit immer stärker auf Konfrontationskurs gegenüber dem Bundeskanzleramt. Maaßen vergisst, dass er Beamter und kein Politiker ist. Damit stellt er die Autorität der Regierung infrage und wird schließlich untragbar. Im Herbst 2018 gerät der Präsident des Bundesamtes für Verfassungsschutzes außer Kontrolle. Dabei sollte der Präsident eines Nachrichtendienstes nie auch nur den Eindruck erwecken, er lasse sich von Emotionen leiten. Ansonsten wird er selbst zum Sicherheitsrisiko.

Der Bundespolizeipräsident begeht diesen Fehler nicht. So kann Dieter Romann als Präsident der größten deutschen Polizeibehörde erhobenen Hauptes und unangreifbar im November 2015 als loyaler Beamter in den Spiegel blicken und dennoch sagen: Ich muss keine meiner Aussagen korrigieren.

Ein IS-Terrorist im schwäbischen Flüchtlingsheim

Anfang Februar 2015 überquert ein junger Mann illegal, da er keine Papiere bei sich trägt, die spanisch-französische Grenze bei Perpignan. Die französischen Behörden nehmen ihm die Fingerabdrücke ab. Er wird aufgefordert, Frankreich wieder zu verlassen. Sonst geschieht nichts. Für die Franzosen ist er ein unbeschriebenes Blatt. Der Mann zieht weiter Richtung Deutschland.

Am 19. Februar 2015 registriert ihn die »Landeserstaufnahmeeinrichtung für Flüchtlinge« in Karlsruhe. Wie er in Karlsruhe angekommen ist, sagt der Nordafrikaner nicht. Die zuständigen Mitarbeiter füllen einen Meldezettel aus. Für sie handelt es sich lediglich um einen weiteren Neuankömmling.

Sie können nicht ahnen, dass nur einige Monate später deutsche, spanische und französische Sicherheitsbehörden ihr Augenmerk auf diesen jungen Mann richten werden. Den Fall dieses IS-Terroristen kennt in Deutschland bis heute lediglich eine kleine zum Stillschweigen verpflichtete Gruppe von Staatsdienern. Dabei hätten die Vorgänge um diesen vermeintlichen Flüchtling zu Konsequenzen führen müssen; wenn die Sicherheitsbehörden die richtigen Schlüsse aus dem Fall gezogen hätten und die Öffentlichkeit, wie später in allen anderen brisanten Ermittlungen auch, ausführlich informiert worden wäre. Die

Einreise hunderttausender Migranten ohne eine umfassende Identitätsprüfung wäre dann nur mehr schwer zu erklären gewesen.

Die Asylakte des Mannes ist dünn. Sie besteht lediglich aus ein paar Blättern. Er behauptet, algerischer Staatsbürger zu sein. Als Geburtsdatum gibt er den 13. Januar 1994 an. Unterlagen reicht er anscheinend keine ein. Unter dem Stichwort Geburtsort findet sich in seiner Bescheinigung über die Meldung als Asylsuchender der Eintrag: »Unbekannt.« Wie kann es sein, dass der Mann nicht einmal das Dorf oder die Stadt angeben kann oder will, wo er das Licht der Welt erblickt hat? Eine persönliche Anhörung findet nie statt.

Erneut zeigt sich: Das BAMF ist schon zu diesem Zeitpunkt hoffnungslos überlastet. Die Asylbewerber werden registriert, die Unterlagen abgeheftet. Sonst geschieht wenig. Niemand scheint sich für den Nordafrikaner zu interessieren, der nun als Asylsuchender staatliche Leistungen bezieht. Nur einmal führt die Polizei in Karlsruhe eine »erkennungsdienstliche Behandlung wegen Ladendiebstahls« durch. Diesmal gibt der Mann einen Geburtsort an: Tilimsan. Die Stadt liegt im Westen Algeriens nahe der marokkanischen Grenze; dort, wo sich die Drogenanbaugebiete im Rif befinden und Islamisten seit Jahren durch ihre Aktivitäten auffallen.

Am 1. April wird der Mann zur vorläufigen Unterbringung dem Landratsamt Ludwigsburg zugeteilt. In Möglingen bezieht er ein Zimmer. Die Gemeinde mit ihren gut 11 000 Einwohnern liegt im wohlhabenden Umland der Landeshauptstadt Stuttgart. Breite Straßen verbinden die Pendler mit dem Wirtschaftszentrum im Südwesten der Bundesrepublik. Die Asylunterkunft liegt nicht inmitten der vielen gepflegten Wohnhäuser, sondern am Ortsrand der Gemeinde nahe der Autobahnauffahrt. Ohne Auto ist der lang gestreckte einfache Bau mit dem flachen Giebeldach am Rande eines Industriegebiets nur schwer zu erreichen. Im Sommer 2018 schaue ich mir das Haus an.

Eine schmale Straße führt durch Hecken und Bäume mit

leichter Steigung zu einem weiß gestrichenen Haus. Eine ausgedörrte und schon lange nicht mehr gemähte Wiese umgibt die Unterkunft. An einem weiten, schattigen Baum hängt eine verwaiste rote Plastikschaukel. Am Seiteneingang unter einem Vordach des Wohnheims hängen leere Briefkästen mit den Namen der Bewohner. Daneben ist ein großer, an der Wand festverschraubter Aschenbecher zu entdecken. Auf dem Weg zur Haustür stehen zwei Einkaufswagen und ein durchnässter Karton mit abgelegter Kleidung. Menschen sind weit und breit nicht zu sehen.

Die Unterkunft ist heute ein verlassener Ort. Flüchtlinge leben hier nicht mehr. Einsam steht der Bau in dem Hohlweg mit dem Blick auf einen zweispurigen Autobahnzubringer und sattgelb schimmernde Getreidefelder. Abseitig gelegene Flüchtlingsunterkünfte wie im schwäbischen Möglingen gab und gibt es in Deutschland viele hundert Mal.

Niemand kann zu diesem Zeitpunkt in Deutschland ahnen, dass gegen den vermeintlichen Flüchtling in Spanien mehrere Verfahren laufen. Verschiedene spanische Gerichte schreiben den Mann seit 2012 zur Fahndung aus. Es geht um Drogenhandel, Körperverletzung und Überfälle; nicht aber um islamistischen Terrorismus. Entscheidend in diesem Zusammenhang: Da keine internationalen Bezüge bestehen, werden die Ermittlungsbehörden im Ausland nicht informiert. In Deutschland und Frankreich gilt der Nordafrikaner deshalb als unbeschriebenes Blatt.

Neben einem Whatsapp- benutzt der Mann auch zwei Facebook-Profile. Eines meldet er sogar auf seinen echten Namen an. Die Spanier verfolgen die Auftritte des auffällig tätowierten Mannes in den sozialen Medien. Dort tritt er großmäulig und eitel auf. Er hat Freundinnen. Er nimmt Drogen und trinkt Alkohol. Mal lebt er asketisch, dann hat er wieder diese hervorstechenden religiösen Ausfälle. Dieser Lebensweg ist für Islamisten nicht unüblich. Auch Abdelhamid Abaaoud war ein Krimineller, bevor er zum IS-Terroristen wird.

Ein spanischer Ermittler meint während eines Hintergrundgesprächs in Madrid, der Nordafrikaner zeige »das Profil eines leicht zu manipulierenden Menschen. Er war auffallend aktiv und zeigte sich immer radikaler.« Er sei clever, aber auch geistig recht simpel gestrickt. Mit den richtigen Einflüsterern aus Syrien sei eine Anstiftung zu einem Attentat jederzeit möglich. Auch eine Kurzschlusshandlung sei nicht auszuschließen. Umso alarmierter sind die spanischen Behörden, als sie entdecken, dass der Mann mit einem bekannten Islamisten in Syrien in Verbindung steht. Es handelt sich um ein wichtiges Mitglied der Terrorzelle mit dem Namen »Brigade Al Andalus«.

Am 6. Juli 2015 wird eine Bekannte des Nordafrikaners auf Lanzarote festgenommen. Die Konvertitin rekrutiert für den IS, vermuten die Behörden. Spanische Medien berichten ausführlich über die Verhaftung der Frau. Der Asylbewerber im fernen Deutschland erfährt von der Verhaftung seiner Bekannten auf der fernen Insel im Atlantik. Er fühlt sich verfolgt. Er verhält sich nervös.

Der Nordafrikaner droht auf seinem Facebook-Profil, er wolle als Reaktion auf die Verhaftung seiner Bekannten auf Lanzarote einen Terroranschlag begehen. Als Profilbild benutzt er das Foto eines Anführers des IS-Militärapparates im Irak. Er habe Schusswaffen zur Verfügung. Der Nordafrikaner erklärt, diese gegen jeden einzusetzen, der versucht, ihn am »Erreichen seiner Ziele zu hindern«. Dazu veröffentlicht er ein Foto: Zu sehen sind vier Finger einer ausgestreckten Hand. Darunter sind ganz eindeutig zwei Handfeuerwaffen und ein Magazin zu erkennen.

Die Spanier übermitteln dem Verbindungsbeamten des BKA während eines Gesprächs im Madrider Generalkommissariat für Staatsschutz weitere brisante Informationen: Der Mann benutzt eine deutsche Mobilfunknummer. Es stellt sich heraus: Die Nummer ist auf eine nichtexistierende Person registriert. Warum verschleiert er seine Identität? Allem Anschein nach versucht er, seinen wahren Namen und seinen Aufenthaltsort zu verbergen. Es kann nicht ausgeschlossen werden, stellt das BKA anschließend in einem internen Bericht fest, dass sich der Gesuchte und auch die Waffen in Deutschland befinden.

Doch wo hält er sich auf? Am Montag, den 13. Juli, begeht der vermeintliche Flüchtling einen katastrophalen Fehler, der ihn mehrere Jahre hinter Gitter bringen wird. Es ist fünfzehn Uhr, als er auf sein Facebook-Profil zugreift.

Fernab in Spanien werden die Geokoordinaten registriert. Der Mann ist mehr als unvorsichtig. Er beachtet einfache Vorsichtsmaßnahmen nicht, wie zum Beispiel, sich nur an einem zentralen Platz in Stuttgart oder im Hauptbahnhof einzuloggen und dann schnell wieder zu verschwinden. In einem solchen Fall sind die Geokoordinaten nahezu wertlos. Ein schneller Zugriff ist hier nur möglich, wenn die Polizei sofort zur Stelle sein kann. Wer sich aber regelmäßig in der Nähe eines bestimmten Ortes einloggt, an dem er sich immer wieder aufhält, der kann leicht aufgespürt werden. Dies kann eine Privatwohnung sein, ein Café oder auch eine Flüchtlingsunterkunft. Genau dies geschieht am 13. Juli. Die Koordinaten treffen sich auf einem Feld in unmittelbarer Nähe der Autobahnauffahrt Ludwigsburg-Süd. Die Spanier reagieren sofort. Noch am gleichen Tag übermittelt das zuständige spanische Gericht einen europäischen Haftbefehl. Der Mann soll festgenommen werden und anschließend nach Spanien gebracht werden. Die Spanier erheben schwere Vorwürfe.

Der Nordafrikaner stehe in Kontakt mit dem Administrator eines Facebook-Profils, der Dschihadisten für den Kampf in Syrien und im Irak anwerben will. Der vermeintliche Asylbewerber soll zudem als Kontaktperson für Personen handeln, die in teilweise vom IS beherrschte Länder ausreisen wollen. Eine weitere spektakuläre und in Deutschland völlig unbekannte Information findet sich in offiziellen spanischen Gerichtsdokumenten. Danach behauptet der vermeintliche Flüchtling, er sei der Vertreter des IS in Deutschland. Er versuche Frauen nach Syrien zum IS zu locken. Am 29. Juli 2015 um 19.21 Uhr teilt er einem Ansprechpartner mit, er wolle »einen Angriff in Europa durchführen« als Reaktion auf die Inhaftierung einer Gesinnungsgenossin. Er sagt, es sei sein Wunsch zu sterben. Er fühle sich wie ein sogenannter Glaubenskrieger.

Zunächst können die spanischen und auch die deutschen Behörden nicht ahnen, dass es sich bei dem Gesuchten um einen »Flüchtling« handelt. Der Hinweis der Spanier auf die Autobahnauffahrt bei Ludwigsburg hilft da noch nicht weiter. Aber nur wenige Meter von der Auffahrt entfernt liegt hinter hohen Hecken am Ende einer kleinen Straße die unscheinbare Unterkunft für Asylbewerber. Dort ist der Nordafrikaner seit April registriert.

Der spanische Auslieferungsantrag wird vom zuständigen Oberlandesgericht Stuttgart bearbeitet. Im Urteil finden sich weitere Details: Der gesuchte Mann wolle gerne ein Mitglied der IS-Terrororganisation werden und dorthin ausreisen. Nur leider fehle ihm hierzu das notwendige Geld. Wochenlang wird der Mann beobachtet. Spanische Ermittler unterstützen ihre Kollegen im zuständigen Landeskriminalamt in Stuttgart. Am 4. August rückt ein Mobiles Einsatzkommando der Polizei in Möglingen bei Ludwigsburg an. Diese Spezialeinheit wird nur in besonderen Fällen eingesetzt. Dazu zählen schwerste Straftaten im Bereich der organisierten Kriminalität, aber auch die Bekämpfung des Terrorismus. Auch dies unterstreicht, wie gefährlich der Mann eingeschätzt wird.

Bei der Durchsuchung seiner Unterkunft werden drei Mobilfunktelefone, fünf Telefonkarten, einige wenige Unterlagen sowie 95,– Euro Bargeld sichergestellt. Waffen finden die Beamten nicht. Tags darauf wird der Asylbewerber einer Haftrichterin vorgeführt. Schnell stellt sich heraus: Der Mann hat die deutschen Behörden belogen. Er hat einen falschen Namen angegeben. Auch das Geburtsdatum ist falsch. Seine Geburtsstadt ist nicht das algerische Tilimsan, sondern die marokkanische Küstenstadt Kenitra. Der Terrorverdächtige ist kein Algerier, sondern ein marokkanischer Staatsbürger.

Vor der Haftrichterin im zuständigen Amtsgericht Ludwigsburg räumt er diese Lügen ein. Mit Terrorismus aber will er nichts zu tun haben. Die dokumentierten Facebook-Einträge zum IS habe er nicht geschrieben. Wenig später findet sich in dem Beschluss des Stuttgarter Oberlandesgerichtes die bemerkenswerte Aussage: »Er spreche zwar mit Terroristen, wisse jedoch nichts über diese. Er sei kein Terrorist. Er habe weder Waffen noch beabsichtige er, ein Attentat zu begehen.« Auf keinen Fall will er zurück nach Spanien.

Viele Aussagen des jungen Mannes klingen wirr. In Deutschland habe er weder Freunde noch Familie. Zu seiner Familie in Marokko habe er noch Kontakt über Facebook. Seine Mutter und seine Geschwister würden aber in Frankreich leben. Auch die Ankündigung, er werde so lange in den Hungerstreik treten, bis er nach Marokko komme, hilft ihm nicht. Am 7. August liegt eine Entscheidung des Oberlandesgerichts Stuttgart vor. Der Marokkaner kommt in Auslieferungshaft.

Einen Tag nach der Festnahme des Marokkaners beschäftigt sich das GTAZ mit dem Fall. »Die Festnahme wird aktuell bereits umfangreich in den spanischen Medien thematisiert«, heißt es am Ende des Berichtes. In der deutschen Presse ist die erfolgreiche internationale Zusammenarbeit kein großes Thema.[76]

Als einziges überregionales Medium berichtet die *Frankfurter Allgemeine Zeitung* auf der Titelseite in einem kurzen Einspalter über die Verhaftung. Ein Sprecher des Stuttgarter Landeskriminalamtes sagt der Zeitung: Der Festgenommene »hat den Asylstatus gezielt missbraucht, um in Deutschland unterzutauchen«. Weiter erfährt der Leser, der in »Marokko geborene Mann soll in Spanien als Anwerber von Dschihadisten unterwegs gewesen sein«.[77]

Die Behörden halten den Ball flach. Eine Sprecherin des Bundeskriminalamtes erklärt pauschal, »es gebe keine Hinweise darauf, dass Terroristen als Flüchtlinge getarnt nach Deutschland einreisten«, berichtet wenig später das Online-Portal *heise.de*.[78]

Dies ist eine bemerkenswerte Aussage, die in keiner Weise dem Inhalt der internen Unterlagen entspricht.

Am 3. September wird der Mann mit einem Flugzeug nach Spanien geschafft. Dort warten auf ihn die Polizei und eine Kamera. Das 21 Sekunden kurze Video ist noch heute im Internet zu sehen. Zwei kräftige Polizisten mit Gesichtsmasken holen einen jungen, sehr unsicher wirkenden Mann in T-Shirt und grauer Hose aus einem Lieferwagen. Erneut ist das Medienecho in Spanien groß. In Deutschland ist der Fall des ersten in einer Flüchtlingsunterkunft verhafteten IS-Mannes wiederum kein Thema.

Der Zufall will es, dass Deutschland ausgerechnet am nächsten Tag seine Tore für die Flüchtlinge öffnet und die ersten Sonderzüge am Münchner Hauptbahnhof ankommen. Die Auslieferung und das Video vom Flughafen des ersten in einer Asylbewerberunterkunft festgenommenen IS-Mannes passen nicht zu den schönen Bildern der Flüchtlinge. Die deutsche »Willkommenskultur« vernebelt den Blick auf die wachsende Terrorgefahr. Auch über den Strafprozess berichten deutsche Korrespondenten nicht. Am 17. Februar 2017 wird der geständige IS-Mann in Madrid zu acht Jahren Haft verurteilt. In Deutschland interessiert sich für das Urteil niemand.

Eine Blaupause fürs Wegsehen?

Mit der Auslieferung des Marokkaners an Spanien haken die deutschen Behörden den Fall ab. Die Akte wird geschlossen. Ein Gerichtsverfahren gegen den Mann wegen Betrugs ist ebenso hinfällig. Entscheidend aber ist: Eine intensive Analyse des Falls durch Experten wird ebenfalls nicht angestellt.

Rückblickend ist dieses Verhalten nur schwer nachvollziehbar. In der Person des in Möglingen festgenommenen und in Spanien verurteilten IS-Mannes finden sich eine ganze Reihe von Verhaltensmustern, die immer wieder in Europa festgestellt werden. Der Mann ist nordafrikanischer Islamist und täuscht die überforderten Mitarbeiter in der Landeserstaufnahmestelle in Karlsruhe über seine wahre Identität. Er reist über den Landweg. Nicht einmal sein Geburtsort wird in der Akte vermerkt. Einen Pass oder einen Personalausweis legt er ebenfalls nicht vor, ohne irgendwelche Konsequenzen zu fürchten.

Auffallend ist zudem, dass der Mann mehrere Handys besitzt. Er versucht seinen Aufenthaltsort zu verschleiern. Auch dies ist für Terrorfahnder ein vertrautes Muster. Nicht selten benutzen Terroristen unterschiedliche Handys und wechseln die SIM-Karten regelmäßig aus. Wenig überraschend ist zudem, dass der junge Mann in Zusammenhang mit einem Ladendiebstahl in eine Polizeikontrolle gerät.

Viele gewalttätige Islamisten und IS-Terroristen haben einen kriminellen Hintergrund und fallen zuerst durch Diebstähle auf. Am meisten aber muss die Spitzen der deutschen Behörden wie auch Sicherheitspolitiker folgende Tatsache beunruhigen: Warum setzt sich der IS-Terrorist ausgerechnet nach Deutschland ab? Warum zieht er nicht in ein anderes europäisches Land weiter? Warum taucht er nicht in Spanien unter? Ist Deutschland für Kriminelle und Terroristen so sicher, weil die Kontrollen nicht mehr funktionieren?

Allem Anschein nach verbringt er in Frankreich nur kurze Zeit. Dies ergibt sich aus dem Datum der Registrierung in Karlsruhe. Fortan zieht er in Deutschland seine Fäden und hält Kontakt zu anderen IS-Sympathisanten. Die Asylbewerberunterkunft im schwäbischen Möglingen dient ihm dabei als bequemes und sicheres Quartier. Hier gibt es kostenlose Verpflegung und ein Bett zum Schlafen. Von hier aus kann er sich ungestört bewegen.

Die An- und Abwesenheit von Asylbewerbern in den zugewiesenen Unterkünften wird in Deutschland nicht kontrolliert oder gar protokolliert. Der offensichtliche Zusammenhang zwischen einem Missbrauch des Asylrechts, Kriminalität, Identitätsbetrug und islamistischer Radikalisierung wird im Sommer

2015 außer im GTAZ, und dort auch nur kurz, nicht thematisiert. Verschiedene Sicherheitspolitiker und Mitarbeiter der unterschiedlichsten Sicherheitsbehörden können bei Gesprächen für dieses Buch mit dem Namen des Mannes nichts anfangen.

Paul Mayer kann sich an den Fall des Marokkaners in Möglingen dunkel erinnern. Irgendwelche Sitzungen oder Arbeitsgruppen werden anschließend nicht einberufen: »Wir haben außer der üblichen Meldung nichts mitbekommen. Es gab keine Analysen zu diesem Fall.« Was bleibt, ist der Eintrag im GTAZ-Protokoll, der kaum mehr als die knappe Zusammenfassung der notwendigsten Fakten liefert. Der Staatsdiener Mayer kann den Umgang mit diesem Fall nicht verstehen. Für ihn steht fest: »Das Raster wurde nicht gesehen.«

Helga Müller zählt zu den wenigen Personen, die direkt mit dem Fall befasst sind. Dennoch erinnert auch sie sich nur schemenhaft an diese denkwürdige Verhaftung eines Asylbewerbers unter IS-Terrorverdacht. Der Vorgang wird abgearbeitet und abgelegt. Dann geht es schon wieder weiter zum nächsten Gefährder. Für die lang gediente Staatsdienerin ist der Fall des Marokkaners eine »Blaupause für das Wegsehen«.

Die Angelegenheit »blieb im engen Kreis. Das war der nächste große Fehler.« Die Entscheider im BAMF, also »die wichtigsten Leute in diesem Gefüge als Vorposten der deutschen Sicherheitsarchitektur, wurden nicht auf diesen Fall hingewiesen«. Eine Handreichung dafür, auf was bei der Registrierung und vor allem bei Anhörungen zu achten ist, wird nicht verfasst.

Insider sprechen in diesem Zusammenhang von einem strukturellen Problem der deutschen Sicherheitsarchitektur. Alle Behörden, egal ob Verfassungsschutz oder Polizei, arbeiten die vorliegenden, immer zahlreicheren Fälle nach Recht und Gesetz ab. Der Blick aufs große Ganze fehlt indes. Das liege an der großen Masse der Aufgaben und Einzelfälle.

Nur bei speziellen Studienprojekten werden Namen, Taten und Orte intensiv begutachtet. Doch solch ein Auftrag, den Zusammenhang von Migration und islamistischem Terrorismus zu untersuchen, liegt 2015 nicht vor. Ohne eine intensive Auswertung vorliegender Daten können Analysten in den Behörden nur schwer arbeiten. »Wir können der Politik nur helfen«, meint ein Verfassungsschützer, »wenn wir Fakten haben. Ansonsten sind lediglich Prognosen auf Grundlage von Theorien möglich.«

Im Sommer 2015 hapert es an allem: an Informationen, an der Kreativität in den Behörden und am politischen Willen, Sachverhalte unvoreingenommen und genau untersuchen zu lassen. Leitende Mitarbeiter deutscher Sicherheitsbehörden haben die Schere im Kopf und vermeiden Themen, die ihrer Einschätzung der großen politischen Linie widersprechen, meinen Männer und Frauen der Arbeitsebene. Die Politik hingegen kann darauf verweisen, dass entsprechende Analysen der Dienste nicht vorliegen. Die Katze beißt sich in den Schwanz.

Auch die Polizei wird nicht auf den hochbrisanten Dreiklang: Asyl–Kriminalität–Gefährder hingewiesen. BAMF und Polizeibehörden vor Ort bleiben deshalb blind. »Der Fall wurde nicht seziert« und damit in allen Einzelheiten analysiert, lautet das resigniert klingende Fazit von Helga Müller. Ansonsten »wäre es vielleicht möglich gewesen, andere Personen richtig einzuschätzen und den Fall des Berliner Weihnachtsmarktattentäters Amri zu verhindern«. Der Fall verschwindet im Archiv.

Am 9. Oktober erscheint in der *Thüringer Allgemeinen Zeitung* ein bemerkenswertes Interview mit Bundesinnenminister Thomas de Maizière. Darin äußert sich der Minister auch zur Terrorfrage. »Es gab und es gibt Hinweise von Nachrichtendiensten aus dem Ausland, dass sich Terroristen unter die Flüchtlinge mischen«, erklärt de Maizière der weit verbreiteten Erfurter Regionalzeitung.[79]

Damit sei klar, »wie wichtig die Zusammenarbeit mit anderen Nachrichtendiensten ist«. Natürlich nehmen die deutschen Behörden, meint der Bundesinnenminister, all »diese Hinweise ernst und gehen ihnen nach. Bisher hat sich keiner dieser Hinweise irgendwie bewahrheitet.« Die Journalisten stellen dem Minister eine weitere, ganz einfach zu beantwortende Nachfrage: »Sind Asylbewerber unter Terrorverdacht festgenommen worden?« Thomas de Maizière antwortet mit einem klaren und unmissverständlichen »Nein«.

Anschließend führt er aus: »Wir sind in diesen Fragen aber insgesamt sehr wachsam. Wir wollen Verfahren beschleunigen und tun das auch. Aber bei der Feststellung der Identität müssen wir sehr sorgfältig sein, gerade wenn die Menschen aus Krisengebieten kommen. Die Befragung von Flüchtlingen ist ebenfalls von großem Wert auch für Erkenntnisse über die Situation in den Herkunftsländern.«

Die Wirklichkeit sieht zu dieser Zeit ganz anders aus: Eine Überprüfung der Identität ist bei der enormen Zahl der ohne irgendwelche Identitätspapiere ankommenden Menschen längst nicht mehr möglich. Das System der Befragungen oder Anhörungen hatte de Maizière im Fall der Syrer und Minderheiten aus dem Irak höchstpersönlich durch die Einführung der schriftlichen Anhörungen im November 2014 zerschlagen. Übrig bleibt zudem die Frage: Weiß der Bundesinnenminister wirklich nichts von der Verhaftung des Marokkaners, der die spanischen Behörden wie auch das baden-württembergische Landeskriminalamt wochenlang in Atem hält? Das entsprechende GTAZ-Protokoll ist an Eindeutigkeit nicht zu überbieten. Dort ist der Fall dokumentiert.

Zwei absolute Insider, die die Abläufe im innersten Machtbereich des Bundesinnenministeriums bestens kennen, können da nur mit dem Kopf schütteln. Bei internationalen Ermittlungen, dem Urteil eines Oberlandesgerichtes und der anschließenden Auslieferung an einen engen Verbündeten im Antiterrorkampf wie Spanien werde der Minister natürlich von der zuständigen Fachabteilung informiert. Auf Anfrage erklärt Thomas de Maizière im Gespräch mit dem Autor dieses Buches: »Ich kann mich an diesen Fall nicht erinnern.«

Bundesregierung gibt Entwarnung

Die Verhaftung des Marokkaners widerspricht der mit dem Bundesinnenministerium abgestimmten Sprachregelung. Danach gab es keine belastbaren Hinweise, dass IS-Terroristen als Asylbewerber nach Deutschland kommen. Wie ist das Festhalten an dieser Aussage zu erklären?

Widersprechen Ereignisse dem Lagebild, dann ist die Rede von »Einzelfällen«, erklären Insider. Mit diesem Kunstgriff könne am Lagebild festgehalten werden, auch wenn es nicht mehr dem aktuellen Kenntnisstand entspricht. Genau dies geschieht nach der Festnahme des Marokkaners in Möglingen bei Stuttgart. Gegenüber dem Online-Portal *heise.de* meint das baden-württembergische Landesinnenministerium sogar, es handele sich um einen »sehr speziellen Einzelfall«.[80]

Außenstehende Beobachter verstehen diese Feinheiten behördlicher Kommunikation natürlich nicht. Insider erkennen die Zusammenhänge sehr wohl. Nur wenn es richtig »kracht«, wird das Lagebild geändert oder verändert fortgeschrieben, meint ein Insider. Da zudem eine breite Medienberichterstattung ausbleibt, kann die Verhaftung einfach unter den behördlichen Teppich gekehrt werden. Genau dies passiert nach der Festnahme des IS-Terrorverdächtigen bei Stuttgart. Verständlicherweise hat die Bundesregierung in der immer drängender werdenden Flüchtlingskrise kein Interesse, den Fall in der Öffentlichkeit zu diskutieren.

Dies zeigt auch eine Antwort der Bundesregierung auf eine Anfrage von Abgeordneten der Partei Die Linke.[81] Die Drucksache trägt das Datum 6. August 2015. Nur zur Erinnerung: Die Festnahme bei Ludwigsburg fand zwei Tage zuvor statt. Anlass ist eine ausführliche Anfrage von Abgeordneten der Linken-Bundestagsfraktion. Die Abgeordneten beziehen sich in ihrem umfangreichen Fragenkatalog auf einen aktuellen Artikel der *Welt*. Der Beitrag trägt die beunruhigende Überschrift: »Das nächste große Schlachtfeld ist Europa«. Der Autor des Artikels, Alfred Hackensberger, kommt bei seinen Recherchen zu dem Ergebnis, der IS schleuse systematisch »Kämpfer über Flüchtlingsrouten in die EU«.[82]

Stimmt das, wollen die Abgeordneten von der Bundesregierung wissen? Natürlich könne so etwas nicht völlig ausgeschlossen werden, ist in der ausweichenden Antwort sinngemäß zu lesen. Zudem findet sich ein Hinweis, der in den nächsten Wochen und Monaten immer wieder aufs Neue zu hören sein wird: »In nur wenigen Fällen haben sich in der Vergangenheit auch Mitbewohner der Aufnahmeeinrichtungen mit einem Hinweis auf IS-Zugehörigkeit direkt an die Strafverfolgungsbehörden gewandt, dies mitunter in denunziatorischer Absicht. Eine IS-Zugehörigkeit konnte bislang nicht bestätigt werden.«

Auf den Fall in Möglingen geht die Bundesregierung mit keiner Silbe ein. Stattdessen findet sich in der offiziellen Drucksache die bemerkenswerte Antwort: Es liegen »keine belastbaren Hinweise vor, wonach sich IS-Mitglieder gezielt unter Flüchtlinge und / oder Asylsuchende mischen bzw. sich selber als solche ausgeben, um einen Aufenthaltsstatus in Deutschland oder anderen europäischen Ländern zu erlangen. Auch liegen keine bestätigten Erkenntnisse zum Aufenthalt von IS-Mitgliedern oder Sympathisanten in deutschen Flüchtlings- oder Asylaufnahmeeinrichtungen vor.«

Eine Sicherheitslücke bestehe also nicht. Vielmehr werden Asylbewerber erfasst und im »Rahmen des automatisierten Datenabgleichs« durch die zuständigen Behörden überprüft: »Sicherheitsrelevante Erkenntnisse, die im laufenden Asylverfahren auftreten«, melde das Bundesamt für Migration und Flüchtlinge an die zuständigen Sicherheitsbehörden. Die Bundespolizei stehe im Rahmen ihrer Aufgabenwahrnehmung in engem Informationsaustausch mit den zuständigen Sicherheitsbehörden. Auch diese Feststellung kann als Entwarnung auf der ganzen Linie verstanden werden.

Ulla Jelpke, die streitbare Innenpolitikerin der Linken im

Bundestag, kann sich bestätigt fühlen. Die Antwort der Bundesregierung klingt wie ein Dementi des Artikels in der *Welt*. Es gebe offensichtlich in Deutschland genug IS-Sympathisanten. Der IS brauche kaum den gefährlichen und zeitaufwendigen Weg von Flüchtlingen auf sich zu nehmen, um hier Zellen zu schaffen, meint Jelpke gegenüber der *taz* und fordert: »Der Verfassungsschutz und andere Schnüffelbehörden haben bei der Flüchtlingsaufnahme nichts zu suchen. Sie sollen die Flüchtlinge gefälligst in Ruhe lassen, anstatt diesen eh' schon traumatisierten Menschen durch eine Sicherheitsbefragung, die nichts mit dem Asylverfahren zu tun hat, Angst einzujagen.«[83]

Das fehlende Teil im Puzzle des Terrors

Am Spätnachmittag des 21. August 2015 steht ein Mann mit einer großen Tasche am Bahnhof Bruxelles-Midi. Er wartet auf den Schnellzug nach Paris. Während der Fahrt sucht der Passagier die Bordtoilette in Wagen 12 auf. Der Zug befindet sich inzwischen im belgisch-französischen Grenzgebiet. Auf der Toilette lädt der Reisende zwei Waffen: eine Pistole und eine Kalaschnikow. Dieses sehr zuverlässige russische Schnellfeuergewehr wird immer wieder von IS-Terroristen verwendet.

Der Mann ist ein IS-Anhänger. Etwa um achtzehn Uhr verlässt er die Toilette. Er ist 26 Jahre alt und marokkanischer Abstammung. Sicherheitsbehörden in Europa kennen ihn. Er gilt als gefährlich. Wie so viele andere Nordafrikaner zieht er ungehindert in Europa hin und her. Am 21. August wird er zum Terroristen. Zurück im Wagen, eröffnet er das Feuer. Mitreisende erkennen sofort den Ernst der Lage. Drei junge Amerikaner stürzen sich todesmutig auf den Attentäter. Sie überwältigen und fesseln ihn. Die Polizei nimmt den Mann später fest. Anschließend stellt sich heraus: Auch der Attentäter im Thalys-Zug 9364 von Amsterdam nach Paris gehört zur IS-Terrorgruppe von Abdelhamid Abaaoud.

Weitere brisante Erkenntnisse kommen noch hinzu: Der überwältigte Attentäter stammt wie so viele andere IS-Terroristen aus dem belgischen Molenbeek. Seine Geburtsstadt ist Tétouan, nahe der marokkanischen Mittelmeerküste in der Rif-Region. Diese regionalen Bande alarmieren Terrorismusforscher. Die Rif-Connection ist kein Zufall, stellt Andrew Hussey von der London University in der *Times* fest, sondern »eines der deutlichsten Merkmale des islamistischen Terrors der letzten zehn Jahre in Europa«.[84]

Das gescheiterte Attentat auf den Schnellzug ist das letzte Glied einer Erkenntniskette: Das Feuergefecht im belgischen Verviers bildet lediglich den Anfang einer Reihe verhinderter Attentate. Dazu gehört auch der gescheiterte Versuch eines IT-Studenten im Frühsommer 2015, in einer Kirche in Paris mit einer Kalaschnikow ein Massaker zu verüben. Der junge Mann schießt sich aus Versehen selbst ins Bein.

Dann folgen die glaubwürdigen Aussagen des IS-Rückkehrers Reda Hame. Wenige Tage später kann dank des Heldenmutes von Mitreisenden der IS-Überfall im Thalys nach Paris verhindert werden. Die französischen Behörden sind sich jetzt sicher: Im Zentrum all dieser mitunter glücklich verhinderten Anschläge des IS steht eine brandgefährliche, zu allem fähige Person, die sich zwischen Syrien und Europa wie ein Fisch im Wasser hin und her bewegt. Ihr Name lautet: Abdelhamid Abaaoud.

Dies zeigt auch der umfassende, 434 Seiten starke Bericht der französischen Nationalversammlung zum Terrorjahr 2015. Hochkarätige Persönlichkeiten der französischen Sicherheitsdienste werden hierzu angehört. Dazu zählt der damalige Präsident des französischen Auslandsnachrichtendienstes, Bernard Bajolet. Der Chef des Dienstes mit dem Namen DGSE[85] ist Karrierediplomat und ausgewiesener Kenner der arabisch-islamischen Welt. Er dient als Botschafter in islamisch geprägten Ländern wie dem Irak, Jordanien und Algerien. Den DGSE leitet Bernard Bajolet zwischen 2013 und 2017.

In seiner Anhörung vor der Nationalversammlung in Paris

äußert er sich auch dazu, wie Abaaoud ins Visier der französischen Dienste geriet. Auslöser sind die Ereignisse im Januar 2015 in Belgien. Danach habe seine Behörde die Gruppe um Abaaoud nach dem gescheiterten Anschlag in Verviers beobachtet. Der DGSE habe Belgien geholfen, das Attentat zu verhindern. Doch um Abaaoud und seine Aktivitäten genauer unter die Lupe zu nehmen, fehlen den französischen Diensten die Mittel. Es gebe genug Franzosen, die sich dem IS anschließen, mit Terror drohen und wie im Januar 2015 in Paris Menschen ermorden. Abaaoud aber ist Belgier und tritt zunächst in Frankreich nicht in Erscheinung. Deshalb ist er für die Regierung in Paris lediglich ein ausländischer Gefährder unter vielen anderen. Eine Priorität besitzt der Fall nicht.

Erst im August 2015 ändern die französischen Behörden ihre Einschätzung Abaaouds von Grund auf. Dies bestätigt vor der Pariser Nationalversammlung der damalige Leiter des DGSI. Hinter dieser Abkürzung verbirgt sich der französische Inlandsnachrichtendienst. 2015 leitet der lang gediente Polizist und Nachrichtendienstoffizier Patrick Calvar die Behörde. Im Sommer stellt der DGSI die Gefährlichkeit von Abaaoud fest und weist darauf hin, dass er in verschiedene gescheiterte Projekte verstrickt ist.

Frankreich befürchtet jetzt einen Anschlag unter der Federführung des Belgiers. Der aussagewillige IS-Rückkehrer Reda Hame nennt sogar mögliche Anschlagziele; zum Beispiel ein Rockkonzert. In Frankreich finden jedes Jahr hunderte vergleichbarer Ereignisse statt. Sollen alle abgesagt werden? Unvorstellbar: Die nicht überprüfbare, unpräzise Aussage eines einzelnen Mannes kann nicht zu solch schwerwiegenden Folgen für das Lebensgefühl eines ganzen Landes führen.[86]

Die Behörden haben nur eine Chance. Abaaoud und seine Gefolgsleute müssen gefasst werden, bevor sie wieder zuschlagen. Doch bislang scheitern alle Bemühungen, den Belgier zu lokalisieren. Er taucht auf und verschwindet wieder. Er lässt sich sogar für die IS-Propaganda fotografieren. An jedem einzelnen Tag kann es geschehen. Einem Mann, der grinsend am Steuer eines Fahrzeugs sitzt und Leichen hinter sich herschleift, ist alles zuzutrauen. Wo werden sie versuchen, diesmal zuzuschlagen: in Belgien, in Frankreich, in Deutschland? Werden diesmal besser trainierte Killer zur Waffe greifen? So wie in Brüssel im Frühjahr 2014, als ein Mann im Jüdischen Museum wahllos Menschen ermordet. Der Killer telefonierte vor dem Anschlag lange mit Abaaoud.[87]

IS-Terroristen mit Kalaschnikow-Sturmgewehren im Anschlag: Für europäische Sicherheitsbehörden ist dies eine Schreckensvorstellung. So beginnt im August 2015 hinter den Kulissen ein Rennen gegen die Zeit, während immer mehr Flüchtlinge auf wackeligen Booten nach Griechenland übersetzen. Antiterrorexperten in ganz Europa sehen die Bilder im Fernsehen und stellen sich die Frage: Auf welchen Wegen werden Abaaouds Zellen nach Europa kommen? Tauchen sie ab? Oder bleiben sie in Syrien?

Die Kontrollen auf den Flughäfen, das zeigt auch die Verhaftung des mutmaßlichen IS-Mannes in Warschau im Juni 2015, funktionieren. Nummern erbeuteter Pässe sind den Behörden bekannt. Aber auf dem Flüchtlingstreck durch den Balkan herrscht das blanke Chaos.

Die griechische Drehtür des IS-Terrors

Leros zählt zu den schönsten Inseln der griechischen Ägäis. Touristen schwärmen von diesem Ferienparadies. Urlaubskataloge preisen diese besondere Ecke der Ägäis in überschwänglichen Worten. Wohin man auch schaut, begegnen den Besuchern bezaubernde Naturschönheiten: Endlos »grüne Ebenen erstrecken sich langsam weit ins Meer hinein«. Die Wellen der Ägäis rollen freudig in Buchten und windgeschützte Häfen hinein, schwärmt die Werbeplattform *discovergreece* im Internet.[88]

Die kleine Insel hat noch eine weitere Besonderheit: Leros

liegt nur wenige Kilometer vom türkischen Festland entfernt. Dort warten im Sommer 2015 hunderttausende Menschen aus Syrien und dem Irak auf ihre Weiterreise nach Europa. In Küstenorten der türkischen Ägäis bieten Geschäftemacher zuhauf Schwimmwesten an. Ihre Kunden sind keine Touristen, sondern Menschen, die für viel Geld einen Platz in einem überfüllten Schlauchboot kaufen. Im Laufe des Jahres bringen immer mehr Schlepper aus der Türkei immer mehr Flüchtlinge auf diese und andere griechische Inseln.

Dieser Trend spiegelt sich in einem weiteren, internen GASIM-Bericht wider, der Mitte August 2015 fertiggestellt wird. Danach verschiebt sich der »Brennpunkt« der Einreisen zunehmend von der zentralmediterranen auf die ostmediterrane Route. Griechenland sei inzwischen zum »Haupteinreiseland illegaler Migration in die EU geworden und hat Italien in dieser Eigenschaft abgelöst«.

Im Juli 2015 erreicht der »Migrationsstrom« aus der Türkei einen neuen Monatshöchstwert. Betroffen sind vor allem die Inseln der Ägäis. Tagtäglich transportieren Fähren die Menschen weiter Richtung Piräus. Von dort bringen sie Busse ins Athener Stadtzentrum. Hier leben die Flüchtlinge unter freiem Himmel und sind auf private Unterstützung angewiesen. Griechenland sei, stellt der GASIM-Bericht unter Berufung auf das Auswärtige Amt fest, eine »›Drehtüre‹ für die Weiterreise der Migranten nach Mitteleuropa«.

Diese »Drehtüre« werden auch IS-Mörder mehrmals benutzen. Am 3. Oktober 2015 landen auf der Insel Leros 198 Flüchtlinge. Den griechischen Behörden fallen zwei Männer auf. Sie haben dubiose syrische Pässe dabei. Die Papiere sind auf die beiden syrischen Allerweltsnamen Ahmad Almohammad und Mohammad Almahmod ausgestellt. Einer der beiden Pässe weist eine Zahlenfolge auf, wie in zahlreichen weiteren bekannten gefälschten Pässen. Der zweite gehört einem getöteten syrischen Soldaten. Dennoch geschieht nichts. Die beiden Männer können weiterziehen.

Die griechischen Behörden sind offensichtlich zu nachlässig bei den Kontrollen. Ein Vorwurf lässt sich daraus dennoch nur schwerlich ableiten: Griechenland ist im Sommer und Herbst 2015 schlichtweg überfordert; so wie alle anderen Staaten auf der Flüchtlingsroute auch. Das europäische Grenzsicherungssystem ist gescheitert. Die vollmundigen Ankündigungen der EU führen nicht zu mehr Sicherheit. Die Tore Europas stehen weit offen.

Mazedonische Behörden registrieren einen der beiden Männer. In Serbien beantragt er sogar Asyl. Ganz offensichtlich legt er es darauf an, möglichst oft namentlich identifziert zu werden; so als wolle er überall eine Visitenkarte zurücklassen. Den Grund für dieses Verhalten wird er einige Wochen später vor dem Stade de France im Norden von Paris liefern.

Abdelhamid Abaaoud ist zu diesem Zeitpunkt höchstwahrscheinlich bereits wieder in Europa. Schlepper in der Türkei sollen ihn unterstützen. Wieder einmal schafft er es, durch das Netz der Sicherheitsbehörden zu schlüpfen. Auch der polizeibekannte und später gescheiterte Thalys-Attentäter kommt ohne Probleme nach Belgien, stellt ein niederschmetternder Vermerk des EU-Koordinators für die Terrorismusbekämpfung vom 5. Oktober 2015 fest.[89] Das knapp vereitelte Attentat auf den Thalys-Zug zeige erneut, wie notwendig politische Vorgaben durch den Europäischen Rat sind. Fortschritte müssen rascher erzielt werden. Das Profil des Thalys-Attentäters bestätige, wie wichtig und relevant die Fragen sind, die Gegenstand der Arbeiten der EU sind.

Dann folgt eine Auflistung von Pannen, die den katastrophalen Zustand der EU-Terrorabwehr dokumentieren: Laut dem Vermerk ist der Attentäter »viel innerhalb Europas gereist«. Er »ist in die Türkei geflogen und auf dem Landweg (über die Balkanroute) zurückgekehrt, hat die Waffen in Brüssel gekauft, sein Zugticket bar bezahlt und sich vor der Tat im Internet Predigten angesehen und angehört«. Selbstkritisch räumt der Koordinator für die Terrorismusbekämpfung ein: »Der Informationsaustausch zwischen den Strafverfolgungsbehörden und den Sicherheitsdiensten war problematisch.«[90]

Der Bundesregierung ist seit Langem bekannt, dass auf europäischer Ebene mehrfach die Befürchtung geäußert wird, »sog. foreign fighters könnten als Flüchtlinge in die EU gelangen«.[91] Selbstkritische Äußerungen wie vom EU-Koordinator zur Terrorismusbekämpfung sind in Deutschland aber nicht zu hören.

Auch Abdelhamid Abaaoud, der einen Teil der Wegstrecke mit dem Thalys-Attentäter zurücklegt, profitiert von diesen massiven Sicherheitslücken auf der Balkanroute. Dies zeigen verschiedene Recherchen. Am 4. August fährt Abaaoud mit dem Auto nach Wien. Von dort geht es weiter Richtung Westen. Vermutlich führt die Route quer durch Deutschland. Einer der bekanntesten und gefährlichsten Terroristen des IS reist unentdeckt mitten in Europa und niemand hält ihn auf.

»Wenn Abaaoud in der Lage war, von Syrien nach Europa zu gelangen, dann bedeutet das, dass es im gesamten europäischen System Fehler gibt«, sagt der französische Außenminister Laurent Fabius einige Monate später.[92] Abaaouds Aufenthaltsort konnte nie ermittelt werden: Erst nach den Attentaten am 13. November »entdeckte man seine Anwesenheit auf französischem Boden«, stellt der Bericht der Untersuchungskommission der Französischen Nationalversammlung fest.[93]

Politik im Krisenmodus

Der brisante GASIM-Bericht zur Grenzöffnung

Der noch immer behördeninterne GASIM-Report für die höchst dramatischen Tage vom 7. bis 18. September 2015 ist ohne Zweifel ein zeithistorisches Dokument. Schonungslos beschreibt und analysiert der Bericht die katastrophale Lage in Europa wie auch die aktuellen Entwicklungen auf den Flüchtlingsrouten Richtung Deutschland nach der sogenannten Öffnung der Grenze am 4. September. Immer wieder weisen die Autoren auf Sicherheitsprobleme hin. Migranten werden auf der langen Strecke nach Deutschland teilweise oder überhaupt nicht registriert: »Aufgrund der außerordentlich dynamischen Lageentwicklung ist die Migrationslage von einem erheblichen Dunkelfeld geprägt«, stellt der Report fest, »da ein nicht unerheblicher Teil der Migranten in den Ländern entlang der Balkanroute nicht erfasst / registriert wird.«

Dramatische Ausmaße habe zudem die Schleuserkriminalität angenommen. Ein Ende dieser Massenbewegungen sei nicht abzusehen. »Die wohlwollende Aufnahme der Migranten / Flüchtlinge v. a. [vor allem] in Deutschland dürfte sich unter den bereits seit längerer Zeit in der Türkei befindlichen Flüchtlingen herumsprechen und könnte zu weiteren Wanderungsbewegungen aus der Türkei in Richtung Westeuropa führen«, stellt der Bericht fest.

Insbesondere der »sprunghafte Anstieg der Seeanlandungen in Griechenland« beschäftigt die GASIM-Analysten in Potsdam. Mehr als die Hälfte der unerlaubten Grenzeintritte in das Schengen-Gebiet finden an diesem Abschnitt statt. Nach der illegalen Einreise aus der Türkei stelle die Migration über die

Balkanroute den »klaren Brennpunkt« dar. Nicht nur aus der Türkei, sondern auch aus Syrien und dem Libanon werden syrische, afghanische, pakistanische und irakische Staatsangehörige auf die griechischen Inseln geschleust.

Dort verzehnfachen sich die Aufgriffe im Vergleich zum Vorjahr. Allein im August erreichen tagtäglich 3800 Menschen die griechischen Inseln aus der Türkei. Es gebe aber auch immer mehr Betrüger, die sich lediglich als syrische Staatsangehörige ausgeben und ohne entsprechende Papiere anlanden. »Es habe sich mittlerweile unter den Migranten herumgesprochen, dass die Anerkennungsquote in Deutschland für syrische Staatsangehörige hoch sei.« Aus diesem Grund lernen Menschen, die ohne Dokumente einreisen, beispielsweise die syrische Nationalhymne auswendig. Sie machen sich mit der syrischen Geografie bekannt. Ziel sei es, »eine entsprechende Legende aufzubauen«, um sich so als Syrer auszugeben.

Fährschiffe bringen die Migranten von den Inseln immer schneller aufs griechische Festland. Griechenland will und kann sie nicht im eigenen Land versorgen. Nach der Ankunft in Piräus findet, so die Erkenntnis der deutschen Beamten im GASIM-Center in Potsdam, »keine weitere Registrierung und Versorgung statt. Die Migranten treten daher meist ohne zeitliche Verzögerung ihre Weiterreise in Richtung mazedonische Grenze an.«

Auch in Mazedonien ist die Registrierung der ankommenden Menschen mangelhaft. Nach inoffizieller Schätzung der mazedonischen Grenzpolizei, des Flüchtlingswerks der Vereinten Nationen und nichtstaatlicher Organisationen »liegt die Anzahl der Einreisen doppelt bis dreifach so hoch wie durch Registrierungen angegeben«, stellt der GASIM-Report fest. Die mazedonischen Behörden seien »nicht in der Lage, die Landgrenze zu Griechenland wirksam gegen unerlaubte Grenzübertritte zu schützen, zumal die Migranten auf griechischer Seite nicht an der Ausreise bzw. dem Grenzübertritt gehindert werden«.

Laut dem mazedonischen Asylrecht können sich die Migranten nach erfolgter Registrierung bis zu 72 Stunden legal im Land bewegen und müssen sich dann entweder bei der nächstgelegenen Asylaufnahmeeinrichtung melden oder weiterziehen. Die überwiegende Mehrheit entscheidet sich für Letzteres. Sonderzüge pendeln zwischen der griechisch-mazedonischen und der serbischen Grenze. Wer Geld hat, nimmt sich ein Taxi oder fährt in einem Bus mit. Transitmigration nennen die GASIM-Mitarbeiter diese Entwicklung.

Nach der Fertigstellung des ungarischen Grenzzaunes rückt der Balkanstaat Serbien immer stärker ins Blickfeld der Migranten. In dem Bericht ist von »Ausweichbewegungen« von Serbien über Kroatien die Rede. In diversen sozialen Netzwerken werde von einer Durchquerung Ungarns abgeraten. Kroatische Behörden wollen von Migranten erfahren haben, dass Hilfsorganisationen in Mazedonien und Serbien Hinweise geben, über Kroatien auszuweichen. In Serbien erfolgt ebenfalls eine Registrierung. Ein Abgleich in internationalen Fahndungssystemen findet nicht statt. UNHCR-Angaben zufolge überqueren im September täglich an die 300 Flüchtlinge die Grenze von Bulgarien nach Serbien. Die Grenzübertritte erfolgen zumeist über die grüne Grenze, stellt der Bericht fest.

Kroatien registriert die ankommenden Flüchtlinge, so gut es eben geht. Das EU-Land hält wegen der vielen Menschen sieben seiner acht Grenzübergänge zu Serbien geschlossen. Das kroatische Innenministerium erklärt, das Land könne keine weiteren Flüchtlinge mehr aufnehmen. »Migranten, die die Registrierung verweigerten, werden als illegale Einwanderer behandelt«, stellt der GASIM-Bericht lakonisch fest. Was dies bedeutet, beschreiben die Autoren des Reports nicht. Den Migranten werden auch Fingerabdrücke abgenommen. Eine Eurodac-Erfassung findet nicht statt. Wie in den anderen Ländern der Balkanroute will in Kroatien, von einzelnen Ausnahmen abgesehen, keiner der Durchreisenden einen Asylantrag stellen.

Nach der Aufnahme der Flüchtlinge, die in Budapest strandeten, verlagert sich der Schwerpunkt an die deutsch-österreichische Grenze. Salzburg, das nahe der Grenze liegt, dient als »Drehscheibe« der Weiterreise. Allein im Raum Salzburg sollen sich im September 20000 Migranten aufhalten. Viele dieser Menschen kommen mit Bussen und Taxis sowie in Autos von Privatpersonen an. Möglichst schnell wollen sie dann einen Platz in einem der Züge nach Deutschland ergattern. Die Situation am Salzburger Hauptbahnhof wird von der GASIM-Arbeitsgruppe weiterhin als »kritisch und angespannt« eingeschätzt. Alleine am Wochenende vom 11. bis 13. September kommen mehr als 32000 Personen mit der Bahn an. In der Woche vom 10. bis zum 17. September reisen mehr als 9000 Menschen in Zügen und Fähren weiter nach Dänemark und Schweden.

Nach Tagen des völligen Chaos führt Bundesinnenminister Thomas de Maizière am 13. September 2015 ab 17.30 Uhr »die Kontrollen an den Binnengrenzen auf Grundlage des Schengener Grenzkodexes« wieder ein. Dazu wird der Bahnverkehr zwischen Österreich und Deutschland zunächst für zwölf Stunden eingestellt. Doch was bringen Kontrollen, wenn die einreisenden Personen keine Papiere mit sich führen und dies keinerlei Auswirkungen auf ihr Asylverfahren hat?

Wie viele dieser Menschen Schlepper für ihre Dienste bezahlen, ist unbekannt. Laut der Meinung von Experten wird die Zahl vermutlich in die hunderttausende gehen. Mit gutem Grund: Ohne Schlepper ist es nahezu unmöglich, die Überfahrt von der Türkei auf die Inseln Griechenlands zu wagen oder die verschlungenen Pfade zu den grünen Grenzen der Balkanroute aufzuspüren. Auch dieses Phänomen ist nicht neu. In verschiedenen internen Berichten wird bereits 2014 auf den Zusammenhang zwischen einer Schleusung und der Flüchtlingsbewegung hingewiesen.

Längst kommen nicht mehr nur Flüchtlinge nach Deutschland. Auch diese unbequeme Wahrheit wird der Öffentlichkeit verschwiegen. Diese illegale Migration diene »der Verschleierung von Tat und Tätern«, stellt der GASIM-Bericht fest. Diese

Zusammenhänge zwischen illegaler Migration und anderen »Kriminalitätsfeldern scheinen« vielfältig zu sein, »sind jedoch statistisch nicht belegbar«. Im Klartext: Die völlig unkontrollierten Grenzen laden Kriminelle geradezu ein, sich Richtung Bundesrepublik abzusetzen.

Politische Auswirkungen zeigt auch der dramatische GASIM-Bericht vom September 2015 nicht. Die deutsche und europäische Politik ist wie gelähmt. Dies alles ärgert Helga Müller bis heute. Sie kann sich in solchen Momenten nicht mehr halten. Dann steht sie auf und schaut kurz aus dem Fenster auf den langen Balkon nebenan; so als müsste sie abklären, dass auch wirklich kein Fremder mithört.

Doch auf dem Balkon steht lediglich eine Putzfrau und unten auf der Straße parkt kein verdächtiges Auto. Dann kommt sie schnell zur Ruhe und rettet sich in ihren berufsbedingten Sarkasmus: »Was interessierten uns diese Berichte? Es gab keine präventiven Handlungsanleitungen auf Grundlage der GASIM-Berichte. Stattdessen wurden wir mit Dienstanweisungen zugemüllt.« Die regelmäßig aus Potsdam eintreffenden Depeschen sind für Helga Müller deshalb eine »schöne Lektüre«, mehr aber auch nicht.

In Deutschland spielt die Sicherheitsfrage in diesen dramatischen Tagen und Wochen vor und nach der sogenannten Öffnung der Grenzen eine immer geringere Rolle. Dies zeigen weitere Entscheidungen und Anregungen aus dem Berliner Innenministerium. So treffen am 21. August Bundesinnenminister Thomas de Maizière und der immer stärker unter Druck stehende BAMF-Präsident, Manfred Schmidt, die gemeinsame Entscheidung, das Dublin-Verfahren für syrische Staatsangehörige auszusetzen.

Damit kann jeder, der nach Deutschland kommt und behauptet, Syrer zu sein, vorerst hierbleiben. Ein Asylverfahren macht damit im Grunde keinen Sinn mehr. Eine Abschiebung in das Bürgerkriegsland ist unvorstellbar. Eine Rückführung in das europäische Land, das der Migrant zuerst betritt, ist mit dem freiwilligen Verzicht Deutschlands auf das Dublin-Verfahren nun nicht mehr möglich. Dies gilt auch für Kriminelle und aus dem Strafvollzug entlassene Personen, die sich als Syrer ausgeben und sich nun in der Bundesrepublik befinden. Am 21. Oktober wird das Dublin-Verfahren dann wieder »vollumfänglich aufgenommen«. Diese Episode dokumentiert erneut den Entscheidungswirrwarr der Bundesregierung.

Verkehrte Welten: schwarz-grüner Parteienstreit um die innere Sicherheit

Ende August 2015 warnt ausgerechnet der einzige grüne Ministerpräsident der Bundesrepublik, Winfried Kretschmann, im *Focus*, es brauche »neben der üblichen gesundheitlichen Untersuchung zwingend eine Identifizierung und eine erkennungsdienstliche Behandlung – eine umfassende Sicherheitsüberprüfung also«. Deutschland könne »nicht das Risiko eingehen, dass Terroristen vom Islamischen Staat als Flüchtlinge nach Deutschland kommen«.[94] Wie zu erwarten, hagelt es Kritik von der Nichtregierungsorganisation »Pro Asyl«.

Überraschend klingen hingegen die Äußerungen des damaligen innenpolitischen Sprechers der Unionsfraktion im Deutschen Bundestag und heutigen Innenstaatssekretärs, Stephan Mayer. Der CSU-Politiker stellt sich hinter die weiche Linie der Bundesregierung. Er wiegelt ab. Es gebe keine Schwachstellen bei der Überprüfung von Flüchtlingen. Schon jetzt werde jeder »Asylbewerber, der in Deutschland einen Antrag stellt, sicherheitsüberprüft«, sagt Mayer der *taz* und ergänzt: »Zu einer systematischen und gezielten Nutzung des Asylsystems durch islamistische Terroristen liegen den Sicherheitsbehörden derzeit keine Erkenntnisse vor.«[95]

Eine verkehrte Welt: Während der grüne Ministerpräsident zur Vorsicht rät, sieht einer der einflussreichsten Sicherheitspolitiker der Unionsfraktion keine Sicherheitslücke. Die Diskussion um den hochbrisanten Zusammenhang zwischen der öffentlichen Sicherheit und der Zuwanderung wird zum Spielball innenpolitischer Reibereien. Auch Mitarbeiter deutscher Sicherheitsbehörden lesen diese Aussagen und legen die Zeitungen anschließend kopfschüttelnd zur Seite. Als gehe es um ein Debattenthema und nicht um Herausforderungen größter Bedeutung. Sie kennen die Fakten und Vorfälle in den Unterkünften. Immer wieder sind es insbesondere Asylbewerber aus Nordafrika, die sich verdächtig machen und den Ermittlern schlaflose Nächte bereiten; so wie der bei Stuttgart verhaftete IS-Mann. Zudem gibt es weitere Hinweise, die in deutschen Behörden große Besorgnis auslösen.

Laut einem internen Aktenvermerk soll im März 2015 ein Asylbewerber auf die Innenwand einer Flüchtlingsunterkunft in Recklinghausen in Nordrhein-Westfalen eine Zeichnung des »Islamischen Staates« gemalt haben. Im September durchsucht die Polizei die Unterkunft des Nordafrikaners und dreier weiterer Personen. Die Beamten entdecken unter einer Matratze eine versteckte Schusswaffe. Bei der Waffe handelt es sich wahrscheinlich um eine Gaspistole, stellt der Polizeibericht fest. Alles nur Zufälle? Walid Salihi nennt sich der junge Mann aus Nordafrika. Im Januar 2016 wird er weltweit Schlagzeilen machen. Dann wird auch der Vorfall vom März 2015 in einem völlig neuen Licht erscheinen.

Große Sorgen bereitet hingegen den bayerischen Behörden der Fall eines Islamisten russischer Herkunft. Der Mann hat seit 2008 einen österreichischen Reiseausweis für Flüchtlinge. Er kämpfe für den Islam und sei IS-Anhänger. Er wolle Rache an Europa und Amerika nehmen. Der Russe behauptet, er wolle sich gegebenenfalls in die Luft sprengen, stellt ein Behördenvermerk der Regierung von Oberbayern vom 9. Juni 2015 fest. Bereits Ende Dezember 2014 fällt der Mann auf, als er in einem Raiffeisenmarkt in Baden-Württemberg unweit der Grenze zu Österreich 50 kg Düngemittel kaufen will. Düngemittel können zur Herstellung von Sprengstoff verwendet werden. Bei einem Aufgriff am 9. Januar 2015 führt der russische Islamist eine Liste mit den Namen verschiedener chemischer Substanzen mit sich.

Es gibt weitere Fälle. Auch deshalb können viele Mitarbeiter der Sicherheitsbehörden die verharmlosenden Aussagen der Bundesregierung nicht nachvollziehen. Doch was sollen sie machen? Sie können nicht einfach so an Abgeordnete herantreten. Ein solches Vorgehen ist untersagt. Auch wenn es schwerfällt: Sie müssen ihr Wissen für sich behalten. Sonst drohen ihnen strafrechtliche Konsequenzen bis hin zu einer Haftstrafe.

Fassungslos müssen sie zusehen, wie die Bundesregierung unverdrossen an ihrer Linie festhält und die Öffentlichkeit immer wieder wissen lässt: Es gebe keinen Zusammenhang zwischen dem Zustrom so vieler Migranten und dem islamistischen Terrorismus. Zur Bundesregierung gehört auch die konservative CSU.

CSU-Streit um die Flüchtlingspolitik

Für die CSU war und ist die innere Sicherheit ein Thema von höchster Bedeutung. Bei Umfragen wird der Partei in diesem Zusammenhang stets eine sehr hohe Kompetenz zugesprochen. Dies unterscheidet die CSU von ihrer Schwesterpartei CDU, der SPD und selbstverständlich von den Grünen. 2015 trägt der Freistaat die Hauptlast der ankommenden Flüchtlinge. In Bayern findet die Erstversorgung und Weiterleitung von hunderttausenden Menschen in andere Bundesländer statt. Die unzähligen freiwilligen und hauptamtlichen Helfer können stolz sein, dass sie trotz der widrigsten Umstände nie die Kontrolle verlieren, wenn es darum geht, den Migranten bei der Ankunft so gut wie möglich zur Seite zu stehen. Gleiches gilt für die bayerische Kommunal- und Landespolitik wie auch für die vielen Staatsdiener, die unter den schwierigsten Umständen ihren Dienst verrichten.

Doch mit der Flüchtlingskrise gerät die Sicherheitspolitik der seit Jahrzehnten in Bayern regierenden Partei ins Schlingern. Die CSU verliert den Faden. Seitdem schwankt die konservative bayerische Partei zwischen Koalitionstreue und der völligen Absage an Angela Merkels Flüchtlingspolitik. Aus München sei die Ansage gekommen, »Härte zu zeigen«, in Berlin kippte die Partei dann immer wieder um, meint ein Mitglied der CSU-Landesgruppe im Bundestag. Dieser wechselnde, unentschiedene Kurs der CSU lässt sich seit dem Krisenjahr 2015 immer wieder aufs Neue beobachten. Die Flüchtlingskrise bringt die CSU aus der Erfolgsspur. Verheerende Wahlniederlagen sind die Folge.

Am entscheidenden Freitagabend, den 4. September 2015, ist der bayerische Ministerpräsident und CSU-Vorsitzende Horst Seehofer nicht zu erreichen. Die Kanzlerin öffnet die Grenzen ohne seine Zustimmung. Der Hauptstadtkorrespondent der *Welt am Sonntag*, Robin Alexander, hat in seinem Buch ›Die Getriebenen‹ im Detail die dramatischen Tage hinter den Kulissen der Politik analysiert.

Am folgenden Samstag berät sich das CSU-Präsidium auf einer eiligst einberufenen Schaltkonferenz. Seehofer informiert das Präsidium. Er hält die Grenzöffnung für einen unmöglichen Zustand. Die Damen und Herren im engsten Führungsgremium der Christsozialen äußern ebenfalls ihre Bedenken in ausführlichen Wortbeiträgen. Auch die Sicherheitsfrage spielt auf der langen Schaltkonferenz eine Rolle. Doch bei der Fraktionsrunde im Kanzleramt, die am nächsten Abend in Berlin tagt, kommt es nicht zu dem befürchteten Eklat. Seehofer scheut zu diesem Zeitpunkt die direkte Konfrontation mit der Kanzlerin. Die Entscheidung Angela Merkels zur Grenzöffnung wird nicht infragegestellt. Eine Koalitionskrise wird vermieden.

Stattdessen kommt es zu einer weiteren, brisanten CSU-Schaltkonferenz. Seehofer spricht jetzt von einer Notsituation, die sich aber keinesfalls wiederholen dürfe. Ein weiteres Moment kommt hinzu: Seehofers schärfster Rivale Markus Söder gilt seit Langem als Kritiker von Merkels Flüchtlingspolitik. Seehofer sei von seiner Gegnerschaft zu Söder so besessen gewesen, »dass er alles darunter stellte«, meint ein führender CSU-Politiker.

Noch am 15. Juli 2015 auf dem Festakt anlässlich des 200. Jahrestages der Begründung der Israelitischen Kultusgemeinde München und Oberbayern hält Seehofer ein flammendes Plädoyer für die Aufnahme von Flüchtlingen. Er attackiert Söder, ohne diesen beim Namen zu nennen. Doch jedem der zahlreichen Festgäste im Jüdischen Zentrum in München ist klar, wer da gemeint ist. In dieser persönlich aufgeladenen Gemengelage wird die Vermittlung einer seriösen Sicherheitspolitik schwierig.

Den konservativen CSU-Politiker und ehemaligen Innenminister Hans-Peter Friedrich rühren die Bilder der ankommenden Menschen. In seinem Wahlkreis bemüht er sich, Asylbewerber beruflich zu integrieren. Als ehemaliger Innenminister weiß er aber auch um die Risiken der Entscheidung vom 4. September. Der Oberfranke kennt zudem die Bedenken und Sorgen, die viele Beamte aus dem Sicherheitsbereich mit sich herumschleppen. Er teilt diese Ansichten. Bereits 2013 während der Koalitionsverhandlungen der Union mit der SPD forderte Friedrich weitergehende Befugnisse für Deutschlands Sicherheitsbehörden. In der Terrorbekämpfung könne Deutschland »von Israel lernen«, meinte Friedrich schon 2011.

Auch andere CSU-Politiker machen sich Sorgen. Doch nur die wenigsten, darunter der langgediente Münchner Bundestagsabgeordnete Hans-Peter Uhl, wagen es, diese weniger schöne Seite der deutschen Asylpolitik offen anzusprechen oder kritisch zu hinterfragen. Auch Hans-Peter Friedrich zählt zu diesem kleinen Kreis von Parlamentariern, die ihre Stimme erheben. Am Mittwoch, den 9. September veröffentlicht die *Passauer Neue Presse* ein Interview mit ihm.[96]

Die Grenzöffnung ist für Friedrich nichts anderes als »eine beispiellose politische Fehlleistung«. Ein »Weiter so« könne es nicht mehr geben: »Die Bewältigung des Flüchtlingszustroms ist das eine, eine ganz andere und viel wichtigere Frage aber ist, wie ein weiteres Anschwellen der Flüchtlingswelle nach Deutschland verhindert werden kann«, sagt Friedrich der niederbayerischen Regionalzeitung. »Die Entscheidung, die Flüchtlinge aus Ungarn unkontrolliert und unregistriert ins Land zu lassen«, meint Friedrich, »wird verheerende Spätfolgen zeitigen.« Von Nordafrika bis in die Flüchtlingslager Jordaniens werde dies als Signal verstanden: »Deutschland macht die Türen auf.«

Gleichzeitig macht sich Friedrich Sorgen um die innere Sicherheit der Bundesrepublik. Selbst Deutschland schaffe es nicht mehr, alle Flüchtlinge zu registrieren: »Wir brauchen dringend eine bessere Sicherung unserer Außengrenzen und gleichzeitig die Errichtung von Aufnahme- und Registrierungszentren außerhalb der Grenzen der EU, um eine ungesteuerte Zuwanderung nach Europa zu verhindern«, sagt Friedrich. »Die Flüchtlinge müssen bereits vor den Grenzen Europas registriert und soweit wie möglich überprüft werden.« Erst Jahre später einigt sich die EU auf Maßnahmen, die stark an Friedrichs Vorschläge vom September 2015 erinnern.

Friedrich warnt zudem vor den Gefahren des islamistischen Terrorismus. Es sei »völlig unverantwortlich«, dass jetzt Zigtausende nach Deutschland kommen »und man nur unzuverlässig genau abschätzen kann, wie viele davon IS-Kämpfer oder islamistische Schläfer sind. Ich hoffe, dass dieses nicht noch zu einem bösen Erwachen führen wird«. Er ist überzeugt, kein anderes Land der Welt würde »sich so naiv und blauäugig einer solchen Gefahr aussetzen«. Friedrichs Interview wirbelt mächtig Staub auf. Er ist der erste Bundestagsabgeordnete, der seinen Unmut nicht nur öffentlich zu Gehör bringt, sondern auch Lösungsvorschläge macht. Auf der Rückfahrt nach Berlin sieht Friedrich, wie im Leipziger Bahnhof auf einem der großen Monitore aus dem Interview zitiert wird. In der Hauptstadt fassen viele Abgeordnete seine Thesen als Affront auf. Ein CDU-Abgeordneter ruft Friedrich, als er gerade am Paul-Löbe-Haus beim Reichstag vorbeigeht, den Satz zu: »Du liegst falsch mit deinen Thesen!«

Kaum ein Kollege oder eine Kollegin stehen Friedrich zur Seite. Der CDU-Abgeordnete und Vorsitzende des Auswärtigen Ausschusses, Norbert Röttgen, hält seine Kritik sogar »für völlig unberechtigt. Die Bundeskanzlerin, die Bundesregierung haben genau das Richtige getan«. Eine Terrorgefahr durch die vielen nicht registrierten Flüchtlinge sieht er nicht. In einem Interview mit den ARD-*Tagesthemen* stellt Röttgen fest: »Man muss das eine, die terroristische Bedrohung, die wir ohnehin haben, und die Hilfsbedürftigkeit von vielen Menschen unterscheiden. Die Vermischung von beidem halte ich für absolut unzulässig.«

Auch die Vorsitzende der CSU-Landesgruppe im Bundestag, Gerda Hasselfeldt, distanziert sich öffentlich von ihrem Fraktionskollegen. Die lang gediente Parlamentarierin gilt als Vertraute der Kanzlerin. Sie sorgt dafür, dass die CSU-Abgeordneten weitestgehend auf Linie bleiben. Nur hinter den verschlossenen Türen gibt es leidenschaftliche Debatten. Abgeordnete äußern die Sorge, das »alles holt uns immer wieder ein«.

Viele Bürger wollten eine andere Politik. Asyl, Kriminalität, Angst vor Überfremdung: Alles hänge mit allem zusammen, heißt es. In Bayern wird der Ton in der CSU schärfer. In Berlin bleibt es hingegen verhältnismäßig ruhig. Kein CSU-Parlamentarier wagt den »Aufstand«. Mehrere Abgeordnete führen dies auf den Einfluss von Gerda Hasselfeldt zurück. Zusammen mit dem Vorsitzenden der CDU / CSU-Fraktion im Bundestag, Volker Kauder, bilde sie das »Schutzkommando Merkel« unter den Unionsabgeordneten. Beide bemühen sich nach Kräften, jeden Schaden von der Kanzlerin abzuwenden.

Friedrich wird sogar unterstellt, es gehe ihm nicht um die Sache, sondern lediglich um persönliche Rachegelüste an Angela Merkel, weil er nicht mehr Minister sei: »Du bist ja nur beleidigt, weil du entlassen wurdest«, muss er sich vorhalten lassen. Mehrere Mitglieder der CSU-Landesgruppe können sich an diese Aussage erinnern.

Der sprachlose Bundestag und die Angst vor dem Generalverdacht

Die große Mehrheit der Unionsfraktion unterstützt im Sommer und frühen Herbst 2015 den Kurs der Bundeskanzlerin Angela Merkel. In der CDU gibt es nur vereinzelte Stimmen, die es wagen, öffentlich gegen die Flüchtlingspolitik der Regierung Stellung zu beziehen. Dazu gehören Abgeordnete wie Clemens Binninger, Armin Schuster und Wolfgang Bosbach. Für ihn ist bis heute die »Öffnung der Grenzen für die Flüchtlinge die wichtigste innenpolitische Entscheidung seit der Wiedervereinigung«.

Auch der Innenausschuss des Bundestages beschäftigt sich immer wieder mit der Sicherheitsproblematik. Ein Thema von überragender Bedeutung sind Fragen nach dem Zusammenhang zwischen dem IS-Terror und der Zuwanderung von vielen tausenden Flüchtlingen allerdings nicht. Die Mitglieder der Unionsfraktion können oder wollen ihre eigene Regierung nicht zu hart angehen. Dies widerspräche parlamentarischen Gepflogenheiten. SPD, Grüne und Linke unterstützen beinahe uneingeschränkt die Flüchtlingspolitik der Bundeskanzlerin.

Zudem registrieren die Parlamentarier der C-Parteien, wie eindeutig und einmütig sich der Vorsitzende der katholischen Bischofskonferenz und der Ratsvorsitzende der Evangelischen Kirche Deutschlands auf die Seite der Kanzlerin stellen. Das Wort der Kirchenfürsten gilt nach wie vor bei weiten Teilen der CDU- und CSU-Bundestagsabgeordneten.

Das betrifft auch das Kirchenasyl. Unter der Führung von Albert Schmid schaffte das BAMF das sogenannte Kirchenasyl ab. Weder der damalige Bundesinnenminister Otto Schily noch Bundeskanzler Gerhard Schröder galten als Unterstützer des sogenannten Kirchenasyls. Deswegen konnte Schmid so handeln. 2015 geben die Kirchen wieder den Ton an. Das BAMF trifft mit Vertretern der evangelischen und katholischen Kirche eine rechtlich nicht verbindliche Verfahrensabsprache zum Kirchenasyl. Doch laut einem internen BAMF-Vermerk beendet die Kirche »in der Regel das Kirchenasyl nicht, wenn das Bundesamt der Auffassung der Kirchenvertreter nicht folgt«. Mit anderen Worten: Die Kirchen und nicht die Vertreter des Rechtsstaates haben das letzte Wort.

»Die vorbehaltlosen Befürworter dieser Flüchtlingspolitik waren die Humanisten, die anderen waren die ›Bösen‹«, kommentiert Wolfgang Bosbach die Lage. So gibt es im gesamten Bundestag keine einzige Fraktion oder Gruppe von Parlamentariern, die das Thema Sicherheit in der Flüchtlingskrise mit Nachdruck anspricht und dabei die wachsenden Bedenken der Bevölkerung aufgreift.

Hans-Peter Friedrich meldet sich am 15. Oktober im Bundestag noch einmal zu Wort. Er weist auf die zunehmenden Probleme in der Flüchtlingskrise hin, als er sagt: »Jeder Staat muss in der Lage sein, sein Staatsgebiet und seine Grenzen zu schützen, sonst verliert er seine Sicherheit, seine Staatlichkeit und das Vertrauen seiner Bürger.« Immer wieder unterbrechen Abgeordnete der Linken- und der Grünen-Fraktion die Rede. Das Protokoll vermerkt Zwischenrufe wie: »Schämen Sie sich!« oder: »So ein Quatsch!«, »Der ist echt im Lagerkoller!« wie auch: »Brandstifter!«. In einer Kurzintervention stellt der Abgeordnete Klaus Ernst von der Fraktion Die Linke die Frage: »Wollen Sie – das wäre ja die Konsequenz, Herr Friedrich –, dass irgendwann an den Grenzen geschossen wird, um die Grenzen zu sichern?«[97]

Zu einer funktionierenden parlamentarischen Demokratie gehören eine starke Opposition und selbstbewusste Abgeordnete, die kraft ihres Mandates ihre Stimme erheben. Demokratie lebt vom Streit der Demokraten und leidenschaftlichen Debatten. Doch diese Diskussionskultur gibt es auf dem Höhepunkt der Flüchtlingskrise nicht mehr. Eine mitreißende, aber auch alle Probleme und Herausforderungen ansprechende und leidenschaftliche Rede ist von der Regierungschefin ebenfalls nicht zu hören. Dieses sich immer weiter ausbreitende politische Vakuum füllt stattdessen eine rechtspopulistische Partei mit provozierenden Meinungsäußerungen. Im Bundestagswahljahr 2017 verändert sich die Parteienlandschaft der Bundesrepublik Deutschland.

Insbesondere der unkritische Umgang mit den sicherheitspolitischen Herausforderungen der Flüchtlingskrise führt zu viel Kritik an der Politik und den Medien, die in weiten Teilen den Kurs der Kanzlerin unterstützen. Rechtspopulisten nutzen diese Entwicklungen aus, um in den virtuellen Welten des Internets Journalisten pauschal als Angehörige der »Lügenpresse« und demokratisch gewählte Abgeordnete als Mitglieder von »Systemparteien« zu denunzieren und zu diffamieren.

Die große politische Gewinnerin der Flüchtlingskrise ist die AfD. Nach internen Führungsquerelen galt die Partei bereits als abgeschrieben. Dann gelingt der AfD in wenigen Monaten ein Aufstieg in bisher nie bekannte Höhen. In der repräsentativen Umfrage des »ARD-DeutschlandTREND« vom Juli 2015 kommt die AfD auf 5 Prozent.[98] Fünf Monate später steht die Partei bei 10 Prozent und erreicht damit den bislang höchsten Wert.[99] »Natürlich verdanken wir unseren Wiederaufstieg in erster Linie der Flüchtlingskrise«, sagt der stellvertretende AfD-Parteichef, Alexander Gauland, im Dezember 2015 dem *Spiegel*: »Man kann diese Krise ein Geschenk für uns nennen. Sie war sehr hilfreich.«[100]

Das Kanzleramt und die leerlaufende Flüchtlings-Pipeline

Das Innenministerium ist mit der Bewältigung der Krise überfordert. Das Bundeskanzleramt übernimmt das Management der Flüchtlingskrise. »Ich stand – wie übrigens auch alle meine Behörden und alle meine Mitarbeiter – unter massivem Druck: Durch das Trommelfeuer der veröffentlichten Meinung, der Bundesländer, des Parlaments und auch aus der Regierung.« So beschreibt Thomas de Maizière diese höchst anstrengenden Wochen und Monate. »De Maizière sollte funktionieren und hat auch funktioniert.« So charakterisiert hingegen ein Spitzenpolitiker der Unionsfraktion die Rolle des Innenministers. Der Bundesinnenminister erscheint fortan eher als nachgeordneter Erfüllungsgehilfe denn als Macher; so beschreiben Insider die neue Rolle des Ministers.

Den Vorwurf, er sei kaltgestellt worden, weist Thomas de Maizière zurück: »Es gab keine ›Entmachtung‹. Vielmehr habe ich selbst eine bessere Arbeitsteilung der Ressorts angeregt. Denn bis dahin lief die gesamte operative Arbeit in der Flüchtlingskrise vollständig über das Innenministerium. Die anderen Ministerien haben sich zunächst einen ›schlanken Fuß‹ gemacht.« Erst mit dem Beschluss des Kanzleramtes »wurden dann auch die anderen Ressorts auf breiter Ebene eingebunden; darunter das Verteidigungs- und das Verkehrsministerium. Alleine wäre diese Aufgabe vom Innenministerium nicht zu schaffen gewesen.« Für de Maizière zählen dazu auch die Gespräche mit der Türkei, »die zunehmend über das Kanzleramt liefen. Das Kanzleramt koordinierte alles, wie es nun einmal seine ureigene Aufgabe ist.«

Der neue starke Mann ist seit dem 7. Oktober Kanzleramtsminister Peter Altmaier. Der Saarländer ist fortan für die »politische Gesamtkoordinierung aller Aspekte der Flüchtlingslage« verantwortlich. Der freigestellte EU-Beamte gehört dem Deutschen Bundestag seit 1994 an. 2005 wird Altmaier Parlamentarischer Staatssekretär im Bundesinnenministerium. Doch als Sicherheitspolitiker empfahl sich der Jurist Altmaier nie. In seiner Amtszeit redet er Sicherheitsprobleme der Flüchtlingskrise klein oder diskutiert diese in Talkshows weg. Merkel selbst sei das »Thema Sicherheit zuwider«, meint ein Spitzenpolitiker, der die Kanzlerin persönlich kennt. Sie schätze die Chefs der Sicherheitsbehörden nicht. Diese hätten eine enge Perspektive. Sie aber sehe stets »das große Ganze«.

Wenige Tage nach der Ernennung zum Flüchtlingskoordinator begrüßen die Bundeskanzlerin und ihr Staatsminister Altmaier am 13. Oktober die »AG Innen«. Hinter dieser Abkürzung verbirgt sich eine Arbeitsgruppe von 17 Innenexperten der beiden Unionsparteien. Laut der *Welt am Sonntag* behauptete Altmaier, der Flüchtlingszustrom werde von allein abebben: »›Ihr müsst euch das so vorstellen wie eine Pipeline, die leerläuft.‹« Anfang nächsten Jahres werde es aus der Leitung nur mehr tröpfeln. Altmaiers Aussage stößt auf Widerspruch bei mehreren Mitgliedern der Arbeitsgruppe: »›Das tröpfelt überhaupt nicht.‹ Das Problem werde eher größer.«[101]

Genau dies ist im Herbst 2015 der Fall, wie die GASIM-Berichte immer wieder dokumentieren. Entscheidend aber ist die Haltung des Kanzleramtes, nicht die Realität. Auch andere Innenpolitiker können sich noch heute mit Grausen an die völlig an den Fakten vorbeiführende Pipeline-Aussage Altmaiers erinnern. Die Asylkrise wird nun vor allem als logistische Herausforderung betrachtet. Selbstverständlich spielt unter diesen Vorzeichen die öffentliche Sicherheit nur mehr eine geringe Rolle in der Flüchtlingspolitik.

Die regierungstreue Interviewoffensive von BKA und BND

Im Kern geht es nach wie vor um zwei entscheidende Fragen: Schickt der IS Terroristen nach Deutschland und Europa? Und wenn ja: Auf welchem Weg kommen diese Leute? Das BKA und der BND legen sich im Herbst 2015 in Interviews ziemlich eindeutig fest. Die beiden Behördenchefs geben Entwarnung. Die Einschätzungen ihrer Mitarbeiter, dass Terroristen sehr wohl die Dienste von kriminellen Schleppern nutzen könnten, spielen keine Rolle mehr.

Den Anfang macht BND-Präsident Gerhard Schindler. Der Verwaltungsjurist kann auf eine lange Karriere im Sicherheitsbereich zurückblicken. Als junger Mann diente er in der Bundeswehr und verpflichtete sich beim Bundesgrenzschutz, aus dem später die Bundespolizei hervorgeht. 1985 wechselte er ins Bundesinnenministerium als Referent in der Abteilung Zivile Verteidigung. Es folgte ein Abstecher in den Verfassungsschutz. Im Wendejahr 1989 kehrt er ins Ministerium zurück. Er beschäftigt sich mit der Terrorismusbekämpfung und ist 2008 der Abteilungsleiter Öffentliche Sicherheit. Ende 2011 wird er Präsident des BND. In Schindlers Amtszeit fällt der NSA-Skandal, den er nur angeschlagen übersteht. Regierungskritische Aussagen sind von ihm deshalb nicht zu erwarten. Auffallend kurz nach der Grenzöffnung gibt der BND-Chef der *Bild*-Zeitung ein Interview.[102] Allem Anschein nach will oder soll er kritische Äußerungen kraft seines Amtes vorbeugend »einfangen« und in eine andere, positive Richtung lenken. Der BND untersteht direkt dem Bundeskanzleramt.

Das Interview erscheint mit der Überschrift »Flüchtlinge sind keine Terroristen« und kann als vorauseilende Kampfansage an die Kritiker der Politik der offenen Grenzen von Bundeskanzlerin Angela Merkel verstanden werden. In dem Gespräch mit den *Bild*-Journalisten präsentiert sich Schindler folgerichtig als sichtlich betroffener Mensch. Schindlers beinahe rührselig klingende Äußerungen wollen überhaupt nicht zu dem sonst so nüchtern argumentierenden Juristen passen. Sie fügen sich aber sehr wohl harmonisch in die große politische Linie der Bundesregierung ein: Die immer stärker zunehmende Flüchtlingsbewegung sei eine humanitäre und keine sicherheitspolitische Herausforderung.

Im völligen Gleichklang mit der Bundesregierung erklärt Schindler, die Flüchtlingskrise sei »ein riesiges menschliches Drama und eine der größten Herausforderungen, vor der wir alle gemeinsam stehen«. Höchstpersönlich habe er am Mittelmeer erleben müssen, »wie sich Flüchtlinge mitten im Meer mit Rettungsringen über Wasser gehalten haben«. Illegale Migration sei ein Aufklärungsziel des BND. Dazu verfasse der deutsche Auslandsnachrichtendienst Berichte für die Bundesregierung, erklärt Schindler und ergänzt: »Wenn ich darin die Schilderungen über Durst, Hunger und Gewalt lese, die diese armen Menschen über sich ergehen lassen müssen, macht mich das betroffen. Es ist aber [...] eine ganz andere Erfahrung, wenn man das Flüchtlingselend aus allernächster Nähe erlebt.«

Die größte Gefahr für Deutschland gehe von sogenannten Rückkehrern aus, meint Schindler. Eine Rückkehr über das Mittelmeer und dann weiter über den Balkan oder Italien hält Schindler lediglich für vorstellbar: »Wir haben derzeit keine konkreten Hinweise darauf, dass unter den Flüchtlingen aus dem Nahen Osten und Afrika Terroristen sind. Allerdings kann man auch nicht gänzlich ausschließen, dass Terroristen die vorhandenen Schleuserstrukturen nutzen.« Für den BND-Präsidenten aber ist es »unwahrscheinlich, dass Terroristen die waghalsige Bootsflucht über das Mittelmeer nutzen, um nach Europa zu gelangen. Das können sie mit gefälschten oder gestohlenen Papieren und einem Flugticket im Zweifel viel leichter haben.«

Nahezu wortgleich äußert sich der Präsident des Bundeskriminalamtes, Holger Münch, gegenüber dem ARD-Fernsehmagazin *Monitor*. Vor laufender Kamera meint Münch: »Wenn Sie schauen, welchen Risiken man sich auch aussetzt, wenn man zum Beispiel über das Mittelmeer nach Deutschland kommt, dann glaube ich, gibt's einfachere Möglichkeiten, um hierherzukommen, wenn man das planen würde.«[103] Dafür brauche es keinen »Flüchtlingsstrom, den man nutzen muss«, erklärt er den *Monitor*-Reportern und legt sich weiter fest: »Das andere ist, dass der IS normalerweise auf seine Propaganda auch setzt, um die hier im Land befindlichen radikalisierten Personen anzusprechen.« Mit anderen Worten: Die Diskussion über die Landroute bringe nichts, da der IS höchstwahrscheinlich ohnehin keine Terroristen nach Deutschland entsende.

Natürlich würde das Bundeskriminalamt allen Hinweisen nachgehen. Nur habe sich in keinem Fall bestätigt, »dass Mitglieder einer terroristischen Vereinigung aus Syrien oder Irak hier nach Deutschland kommen, um gezielt Anschläge zu begehen«. Ein solcher Hinweis habe sich bislang nicht bestätigt. Entscheidend in dieser Aussage ist das Wort »gezielt«: BKA-Präsident Münch schließt damit, ohne es ausdrücklich zu sagen, nicht aus, dass islamistische Terroristen nach Deutschland kommen könnten. Dies würde auch den vorliegenden Informationen nach den Festnahmen in Möglingen, Warschau und Paris wie auch den internen Warnungen von US-Diensten definitiv widersprechen.

In weiten Teilen der veröffentlichten Meinung und in der Politik werden diese sprachlichen Feinheiten nicht wahrgenommen. Dort verfestigt sich in zahlreichen Äußerungen und Artikeln der Eindruck, der immer größer werdende Flüchtlingsstrom stelle kein Sicherheitsrisiko dar. So schließt sich im Herbst 2015 ein Kreis. Umso größer ist der Schock, als einige Monate später schwerbewaffnete Sondereinheiten der Polizei immer häufiger IS-Terrorverdächtige in deutschen Flüchtlingsunterkünften verhaften.

Das Rumoren in den Sicherheitsbehörden

Totaler Bullshit

Wer Mitarbeiterinnen und Mitarbeiter deutscher Sicherheitsdienste auf die öffentlich gemachten Aussagen der Präsidenten von BND und BKA im Herbst 2015 anspricht, kann die unterschiedlichsten Reaktionen beobachten. Die einen machen eine wegwerfende Handbewegung, verziehen ihr Gesicht und fangen an zu schimpfen. Andere bekommen eine versteinerte Miene. Einige schweigen vielsagend oder lächeln, ohne ein Wort zu sagen. Ähnlich reagieren Experten im westlichen Ausland oder im Nahen Osten. Auch dort wird natürlich zur Kenntnis genommen, was führende Beamte deutscher Sicherheitsdienste und auch Minister zur Flüchtlingskrise erklären.

Als der Mitarbeiter einer Sicherheitsbehörde Paul Mayer im Herbst 2015 die Erklärungen der Behördenchefs im Fernsehen sieht und ihre Ausführungen zur Landroute hört, ist er fassungslos. Gleiches gilt für die bundesdeutschen Spitzen- und Landespolitiker, die nicht müde werden, die Bevölkerung zu beruhigen, und die behaupten: Man dürfe diese Menschen nicht unter Generalverdacht stellen. Beim Lesen des Pressespiegels, also der täglichen Auswertung der als meinungsbildend eingeschätzten Zeitungen, kann er seinen Augen nicht trauen. Denn in seinem Arbeitsalltag sammelt er viele Erfahrungen mit Ausreisenden Richtung Syrien. Das Thema bringt den sonst sehr kontrollierten Staatsdiener sichtlich in Rage: »Wie sind denn die Salafisten ausgereist? Die kauften sich Autos unter dem Deckmantel einer Hilfsorganisation. Einige saßen in Krankenwagen auf dem Weg nach Syrien.« Andere »sind manchmal einfach so verschwunden. Das geht nicht über den Flughafen.

Da werden alle kontrolliert.« Genauso unkontrolliert »sind sie dann auch wieder aufgetaucht. Das war nichts Neues.«

Helga Müller vertritt eine ähnliche Meinung. Auch für sie ist der Landweg die plausibelste Möglichkeit für die IS-Terrormiliz, Attentäter nach Europa zu schleusen: »Wie sollen die denn sonst kommen? Mit dem Fallschirm?« Den Hinweis auf die gefälschten Pässe macht sie wütend. Das sei »dummes Zeugs und totaler Bullshit«. Schließlich werden »die meisten gefälschten und gestohlenen Pässe identifiziert«. Dies ist seit den Warnmeldungen der Bundespolizei bekannt und steht sogar in der Zeitung.

Auch Helga Müller beobachtet mit Argwohn die Medien: »Was uns damals auffiel, waren Aussagen von Politikern und Behördenchefs, die völlig an der Realität vorbeigingen. Denn wo kann sich ein böser Bube am besten verstecken? Natürlich in der Masse!« Da müsse er dann überhaupt kein Papier vorweisen und »kann ohne jegliche Kontrolle einreisen. Irgendwann wird er dann registriert oder er verschwindet einfach.«

Zudem lagen ihr schon damals Aussagen von Leuten vor, die angaben, bei Al-Qaida zu sein: »Die kamen auch über den Landweg. Die wenigsten sind mit Pässen gekommen.« Den Verfassungsschutzpräsidenten Hans-Georg Maaßen will sie von ihrer Kritik ausnehmen: »Der versuchte«, meint Helga Müller, »die Aussagen abzuschwächen und bei einer realistischen Lageeinschätzung zu bleiben.«

Tatsache ist aber auch, dass sich im Herbst 2015 selbst höchste Beamte des Sicherheitsapparates große Sorgen machen. Sie alle können bis heute nicht offen über ihre Gedanken und vor allem ihr Wissen sprechen. Sie alle unterliegen der Geheimhaltungspflicht. An die Öffentlichkeit können sie sich nicht wenden. Dies wäre ein schwerwiegendes Dienstvergehen. Kein deutscher Beamter will den »Märtyrer spielen«. Doch der Leidensdruck ist anscheinend riesengroß.

Ende Oktober 2015 berichtet die *Welt* über ein ungezeichnetes Papier, das unter hochrangigen Sicherheitsbeamten des

Bundes kursiert. In dem sogenannten »non-paper« wird massive Kritik an der Flüchtlingspolitik der Bundesregierung geübt. Die Integration hunderttausender »illegaler Einwanderer in Deutschland sei angesichts der Zahl und der bereits bestehenden Parallelgesellschaften gar nicht möglich«, ist da zu lesen.

Stattdessen »›importieren wir islamistischen Extremismus, arabischen Antisemitismus, nationale und ethnische Konflikte anderer Völker sowie ein anderes Rechts- und Gesellschaftsverständnis‹«, zitiert die Zeitung aus dem Papier. In dem anonymen Dokument findet sich eine eindeutige Warnung: »›Die deutschen Sicherheitsbehörden sind und werden nicht in der Lage sein, diese importierten Sicherheitsprobleme und die hierdurch entstehenden Reaktionen aufseiten der deutschen Bevölkerung zu lösen.‹« Ein mit Sicherheitsfragen vertrauter Spitzenbeamter wird mit der Aussage zitiert: »Der hohe Zuzug von Menschen aus anderen Weltteilen wird zur Instabilität unseres Landes führen«. Die Zuwanderung produziere »Extremisten, die bürgerliche Mitte radikalisiert sich, weil sie diese Zuwanderung mehrheitlich nicht will und ihr dies von der politischen Elite aufgezwungen wird«.[104] Viele dieser Aussagen sind heute bittere Realität. Die Gesellschaft ist gespalten wie seit den Tagen der Studentenrevolte in den späten 1960er-Jahren nicht mehr.

Fachpolitiker wie Clemens Binninger von der CDU, ehemaliger Polizeikommissar und Mitglied im Innenausschuss des Deutschen Bundestages, können die Sorgen der Sicherheitsbeamten nachvollziehen. Doch auf politischer Ebene passiert nichts. Die Warnungen der Sicherheitsbeamten verhallen ungehört. Sie stehen einer Armada von beschwichtigenden Interviews von Behördenchefs, Experten und Spitzenpolitikern aus Bund und den Ländern gegenüber, die offen sprechen können.

Lediglich der ehemalige Staatssekretär und frühere BND-Präsident August Hanning reiht sich offen in den Chor der Kritiker ein. Vorwürfe an die Adresse der Chefs der Sicherheitsbehörden oder die Politik äußert er nicht. Stattdessen entwirft er an seinem Schreibtisch einen Zehn-Punkte-Plan zur Lösung der »›gegenwärtigen Migrationskrise‹«. Der langjährige Sicherheitsexperte fordert eine sofortige Schließung der deutschen Grenze für Migranten ohne Einreiseerlaubnis. Menschen aus sicheren Herkunftsländern sei das Asylverfahren zu verweigern.

Stattdessen wünscht sich Hanning eine umfassende »Verbesserung des Schutzes der Außengrenzen der Europäischen Union« wie auch die »Schaffung von Unterkünften außerhalb der EU-Außengrenzen«. Unter Punkt eins und damit für Hanning am wichtigsten findet sich die Forderung, die Bundeskanzlerin bzw. -regierung möge erklären, »dass die Aufnahmekapazitäten in Deutschland bis auf Weiteres erschöpft sind und Deutschland keine zusätzlichen Migranten mehr aufnehmen kann«. Hannings Plan wird in Zeitungen des Springer-Konzerns veröffentlicht. Die Vorschläge des Staatssekretärs wie auch des BND-Präsidenten außer Dienst klingen bis heute brandaktuell. Auswirkungen auf die Flüchtlingspolitik hat der Zehn-Punkte-Plan nicht.

Das Gegenteil ist der Fall: Nach dem *Welt*-Artikel und dem Vorstoß Hannings herrscht zwischen dem Kanzleramt und den Sicherheitsdiensten Eiszeit, schreibt der Journalist Robin Alexander. »Hanning wird zur Persona non grata, der Austausch mit den Chefs« der Sicherheitsdienste »beschränkt sich auf das notwendige Minimum.«[105] Hanning bleibt eine Einzelstimme.

Erneut zeigt sich: Stiftungen oder unabhängige Institute, sogenannte Think Tanks, die Ansichten und Meinungen der Sicherheitsdienste jenseits der Amtslinie öffentlich vertreten und Kontakte zu vergleichbaren Institutionen in den USA unterhalten, existieren in Deutschland nicht. Insbesondere Verfassungsschützer und BND-Mitarbeiter sind somit zum öffentlichen Schweigen verdammt. Lediglich unter dem Schutzschirm der Anonymität können sie mit Journalisten, denen sie trauen, sprechen.

Helga Müller und Paul Mayer teilen unabhängig voneinander dieselben Ansichten. Auch sie wissen im Herbst 2015 nicht, wie sie sich zu verhalten haben. »In den Familien gab es heftige Diskussionen über Sinn und Zweck dieser nunmehr geduldeten, wiewohl illegalen Zuwanderung, die zu Zwistigkeiten und zu unüberbrückbaren Konflikten führten.« Wie die Mehrheit der Deutschen folgen auch die Familien dem Mainstream, meint Helga Müller.

Die Kinder und Ehepartner haben nicht das Insiderwissen und sind 2015 wie die meisten ihrer Landsleute durch »die einseitige Berichterstattung beeinflusst«, meint Helga Müller sichtlich genervt. Man habe »ja nicht die Akten zu Hause auf den Küchentisch knallen können«. Im Amt gibt es sogar »Überlegungen, Politiker im Landtag oder Bundestag direkt bei Veranstaltungen anzusprechen oder anzuschreiben. Aber eine bereits damals stark ausgeprägte Furcht vor den Konsequenzen, wie dem Dienstrecht, hielt uns davon ab.«

Immer öfter beobachten Helga Müller und Paul Mayer hingegen, wie sich Kollegen von der etablierten Politik ab- und der erstarkenden AfD zuwenden. Helga Müller kennt einige Mitarbeiter, die sich in ihrem Berufsleben immer wieder mit sicherheitspolitisch sensibelsten Vorgängen beschäftigten und mit dem Gedanken spielen, sich der AfD anzuschließen. Ein »Kollege«, erinnert sich Müller, »ging aus purer Verzweiflung im Herbst 2015 zu einer Sitzung der AfD, die schon damals unisono mit Rechtsextremisten und Nazis gleichgestellt wurde«. Dort trifft er »auf viele besorgte Bürger und Rentner, die um ihre Existenz fürchteten«. Gleichzeitig stellt er fest, dass sich Personen herumtreiben, »die im Kollegenkreis bekannt waren« als Beobachtungsobjekte. Verbittert zieht sich der Mann zurück. »Ihm blieb«, erinnert sich Helga Müller, »die absolute Ahnungslosigkeit« von Leuten im Gedächtnis haften, »die lediglich ›Ausländer raus‹ und ›Abschottung‹ forderten.«

Sozialwissenschaftliche Studien über die Anzahl von AfD-Anhängern in deutschen Sicherheitsbehörden oder Bundeswehr liegen nicht vor. Hinter vorgehaltener Hand aber wird über dieses Problem in den Behörden sehr wohl gesprochen.

Für Aufsehen sorgte der Fall eines AfD-Funktionärs, der im sächsischen Verfassungsschutz arbeitete.[106] Vermutlich ist er nicht der einzige Verfassungsschützer mit AfD-Parteibuch.

Der sicherheitspolitische Balanceakt des Hans-Georg Maaßen

Hans-Georg Maaßen stammt wie so viele Spitzenbeamte des Bundes seiner Generation aus dem Rheinland. Er führt den Inlandsnachrichtendienst von 2012 bis 2018. Wie sein Amtskollege im Bundespolizeipräsidium macht der promovierte Jurist Maaßen im Bundesinnenministerium Karriere. Dort leitet er den Stab Terrorismusbekämpfung in der Abteilung Öffentliche Sicherheit. Diese Abteilung kann als das zentrale Scharnier der deutschen Sicherheitsarchitektur zwischen der Politik und den Behörden charakterisiert werden. Seine Berufung zum Präsidenten des Verfassungsschutzes mit Sitz in Köln verdankt er dem damaligen Bundesinnenminister Hans-Peter Friedrich von der CSU.

Bereits als junger promovierter Ministerialbeamter fiel Maaßen durch seine große Sachkenntnis, sein Selbstbewusstsein wie auch seine Geradlinigkeit auf. Das verschaffte dem Rheinländer viel Respekt; darunter auch bei Bundesinnenminister Otto Schily von der SPD.

Weggefährten sagen Maaßen einen gewissen Hang zur Provokation nach. Das meint auch ein Politiker, der ihn persönlich gut kennt und eng mit ihm zusammengearbeitet hat. In der Tat fällt Maaßen immer wieder durch scharfe Kommentare und Aussagen auf. Beispiele gibt es mehr als genug. So bezeichnet Maaßen wie Nachrichtendienstler in den USA im April 2014 den NSA-Enthüller Edward Snowden als »Verräter«. Ein Interview in der *Bild*-Zeitung zur hitzig geführten Debatte, ob in Chemnitz nun »Hetzjagden« stattfanden oder nicht, kostete ihn das Amt. Als dann noch eine Rede Maaßens bekannt wird, in der er sich als Opfer linksradikaler »Kräfte in der SPD« bezeichnet, lässt ihn Bundesinnenminister Horst Seehofer fallen und versetzt ihn in den einstweiligen Ruhestand.

Wichtig im Zusammenhang mit Maaßens Äußerungen zur Flüchtlingskrise ist erneut die Zeitschiene: Im März 2015 erstattet Maaßens Behörde mehrere Strafanzeigen. Auslöser ist die Veröffentlichung von internen Papieren aus seinem Haus in einem Nachrichtenblog. Das später eingestellte Verfahren richtet sich gegen Journalisten und bringt Maaßen viel Kritik ein. Sein Präsidentenstuhl wackelt.

Auch der Ruf seiner Behörde ist angeschlagen. Die Pannen und Fehler des Verfassungsschutzes in Zusammenhang mit der Mordserie des NSU, des sogenannten »Nationalsozialistischen Untergrunds«, stürzen Maaßens Behörde in eine tiefe Krise. Auch wenn der Skandal nicht in seine Amtszeit fällt: Der Ansehensverlust des Inlandsnachrichtendienstes ist enorm. Es gibt in Deutschland ernsthafte Diskussionen, in denen die Auflösung von BND und Verfassungsschutz gefordert wird.

Die Arbeit des NSA-Untersuchungsausschusses zu den Abhöraktivitäten der amerikanischen National Security Agency, abgekürzt NSA, belastet die Arbeit des Bundesamtes für Verfassungsschutz erneut. Die deutschen Dienste sind auf die Zusammenarbeit mit den Amerikanern angewiesen. Das weiß auch Maaßen.

All diese Kontroversen haben nichts mit der Flüchtlingskrise zu tun. Dennoch nehmen sie dem Präsidenten des Verfassungsschutzes die notwendige Beinfreiheit, um zumindest mit Worten, so wie der Bundespolizeipräsident Dieter Romann, Kritik an der Flüchtlingspolitik der Bundesregierung zu üben. Eine offen zur Schau gestellte Abkehr von der offiziellen Linie der Bundesregierung kann Maaßen unter diesen Vorzeichen nicht wagen.

Ein viel beachteter Artikel der Zeitung *taz* vom August 2015 trägt die Überschrift: »Der angezählte Unruhestifter.«[107] Maaßen gibt in Interviews zumindest ganz vorsichtig Entwarnung. Doch im Gegensatz zu seinen Amtskollegen im BND und im BKA hält sich Maaßen mit eindeutigen Erklärungen zurück und lässt sich immer eine Hintertüre offen. Diese Haltung lässt sich auch an Interviews ablesen, die er der großen Regionalzeitung *Rheinische Post*[108] und dem *Deutschlandfunk* im September 2015 gab.

Es war schließlich seine Behörde, die im Dezember 2014 das BAMF unter anderem vor IS-Anhängern warnte, die sich unauffällig als Flüchtlinge getarnt auf den Weg nach Europa machen könnten. »Wir wissen«, teilt der oberste deutsche Verfassungsschützer der Zeitung *Rheinische Post* mit, »dass verschiedene islamistische Organisationen Anschläge auch in Deutschland durchführen würden, wenn sie könnten. Das ist der IS, das ist aber auch der Al-Qaida-Ableger Jabhat-al-Nusrah.« Anschließend schränkt Maaßen seine Aussagen gleich wieder ein: »Wir sind vielen Hinweisen nachgegangen, auch zu Anschlagsteams auf dem Weg nach Deutschland. Diese waren aber nicht belastbar. Ich halte dieses Szenario auch für weniger wahrscheinlich.«

Auch gegenüber dem *Deutschlandfunk* verfolgt Maaßen diese Linie: abschwächen, ausweichen und sich nicht festlegen. Der Verfassungsschutz wisse, dass der IS und andere Terrororganisationen beabsichtigen, Anschläge durchzuführen. Es sei für seine Behörde natürlich immer wieder eine Frage, »ob unter den vielen Flüchtlingen, die nach Deutschland kommen, auch mögliche Attentäter sein könnten. Bislang haben wir keine Belege dafür – Gott sei Dank –, aber ich kann es nicht gänzlich ausschließen«.[109]

In der Öffentlichkeit werden Maaßens Aussagen teilweise als Entwarnung fehlinterpretiert: Nein, durch die Flüchtlingswelle erhöht sich das Terrorrisiko nicht. Diese Botschaft wird bis zu den Anschlägen von Paris im November 2015 immer wieder verbreitet. Von den internen Diskussionen in den deutschen Sicherheitsbehörden erfahren die Deutschen nichts.

Kein Mensch außerhalb der Politik und der Behörden erfährt zudem, dass sich Hans-Georg Maaßen hinter den Kulissen des Berliner Politikbetriebs viel eindeutiger positioniert. Immer wieder weist er dort auf die Gefahren der massiven Zuwanderung von Menschen aus dem Nahen Osten hin. Auch die CSU-Bundestagsabgeordnete und amtierende Vorsitzende des Innenausschusses des Deutschen Bundestages, Andrea Lindholz, erinnert sich, dass Maaßen vor den Terrorgefahren durch die Flüchtlingswelle »immer gewarnt« und von »Anfang an gemahnt« habe. Bei den CSU-Kollegen seien die Aussagen Maaßens immer ein Thema gewesen.

Verfassungsschützer unerwünscht

In Deutschland ist jegliche Zusammenarbeit mit dem Verfassungsschutz freiwillig. Weder die Landesämter noch das Bundesamt sind befugt, Personen vorzuladen. Festnahmen durch Mitarbeiter von Nachrichtendiensten sind in Deutschland unzulässig, im Unterschied zum französischen Inlandsdienst. Bevor der Verfassungsschutz aktiv werden kann, muss eine Person oder ein Verein als »Beobachtungsobjekt« eingestuft werden.

Flüchtlingsunterkünfte und Flüchtlinge gehören nicht dazu. Somit hat der Verfassungsschutz keine Möglichkeit, genauer hinzuschauen. In der Politik wird diese Tatsache lange nicht als Problem eingeschätzt. Der einhellige Tenor lautet: Flüchtlinge stellen kein Sicherheitsrisiko dar. Wir wollen diese armen Menschen nicht noch einmal traumatisieren. Niemand wolle die Flüchtlinge unter Generalverdacht stellen.

Nur wenn ein sogenanntes »Beobachtungsobjekt« vor einer Unterkunft gesehen wird, dann kann der Inlandsnachrichtendienst aktiv werden. Das kann beispielsweise ein Mitglied einer islamistischen Organisation sein. Dazu zählen auch Salafisten. Sehr schnell stellen deutsche Verfassungsschutzbehörden fest, dass prominente Angehörige dieser extremistischen Auslegung des Islam Flüchtlinge umgarnen und in Unterkünften Werbung machen. So warnt der Leiter des nordrhein-westfälischen Verfassungsschutzes, Burkhard Freier, vor den Aktivitäten der Islamisten: »Vordergründig bieten die Salafisten Hilfe und Rat an, tatsächlich sollen Flüchtlinge mit dem salafistischen Milieu in Deutschland in Kontakt gebracht werden.«[110] Hans-Georg Maaßen weist in mehreren Interviews auf dieses Problem hin. Insbesondere unbegleitete jugendliche Flüchtlinge könnten »eine leichte Beute der Islamisten sein«. In Nordrhein-Westfalen versucht der Verfassungsschutz Mitarbeiter von Unterkünften auf dieses Problem hinzuweisen und über die »Methoden und Hintergründe dieser Annäherungsversuche« aufzuklären.[111] Beim Thema Salafismus funktioniert der Verfassungsschutz als Frühwarnsystem der Demokratie.

Der bereits mehrmals zitierte Insider sieht dennoch ein strukturelles Problem: In allen anderen Fällen, wo keine Einstufung als »Beobachtungsobjekt« vorliegt, bleibt der Verfassungsschutz nahezu blind.

Liegen aber beispielsweise Hinweise von einem Flüchtlingshelfer vor, dann kann der Sachverhalt aufgeklärt werden. Im Normalfall wird ein Beschaffer losgeschickt. Das sind oft Männer und Frauen, die vor ihrem Wechsel zum Nachrichtendienst im Polizeidienst arbeiteten. Wie die Bezeichnung »Beschaffer« bereits andeutet, haben diese Mitarbeiter die Aufgabe, vor Ort Informationen zu sammeln. Es kann aber passieren, dass der Hausherr der Einrichtung oder Unterkunft einfach Nein sagt. Bei Flüchtlingsunterkünften geschieht das, so Insider, im Jahr 2015 nicht selten. Der Verfassungsschutz genießt in Deutschland kein hohes Ansehen. Heimleiter ignorieren Sicherheitsfragen und weisen dem Besucher die Tür. In diesem Fall kehrt der Beschaffer mit leeren Händen zurück ins Amt.

Nun besteht die Möglichkeit, einen V-Mann mit Legende, mit einer falschen Identität, loszuschicken. Hierzu ist eine Genehmigung des Vorgesetzten notwendig. Beschaffungsaufträge laufen über verschiedene Abteilungen. Einfach ist dieses Vorgehen nicht. Jeder leitende Mitarbeiter versucht, sich so gut wie möglich abzusichern. Auch der Verfassungsschutz ist zuerst einmal eine Behörde. »Das am stärksten verbreitete Lebensgefühl beim höheren Dienst ist Angst«, meinen Insider.

Zudem stapeln sich auf den Schreibtischen der leitenden Mitarbeiter die echten Fälle. Die Behauptung, man habe ja nichts zu tun, sei falsch. Das Gegenteil ist der Fall. Die Gefährderzahlen gehen seit Jahren nach oben. Die Arbeitsbelastung mit den ganz konkreten Fällen ist hoch: »Die sind alle mit Vorgängen zugedeckt.« Die Motivation, neue Arbeitsfelder zu erschließen, ist dementsprechend niedrig. Es sei besser, »kein neues Fass aufzumachen, solange das alte nicht überläuft«.

Unterkünfte für Flüchtlinge gelten deshalb bis Ende 2015 in den Ämtern als sehr sensibles oder beinahe geschütztes Umfeld. Deswegen sei es besser, die Finger davon zu lassen. »Am Abend sieht man dann im Fernsehen die glücklichen Flüchtlingskinder, den Minister und die eigenen Behördenchefs«, die keinen Zusammenhang zwischen der steigenden Terrorgefahr und den vielen Flüchtlingen sehen. Für die Politik und die veröffentlichte Meinung gibt es keinen Grund, genauer hinzuschauen: Wieso soll ein leitender Mitarbeiter des Verfassungsschutzes unter diesen Vorzeichen die Initiative ergreifen und ein extra »Zuckerstückchen suchen, das sich blitzschnell in eine Stinkbombe verwandeln kann«?

Paul Mayer erschließt sich bis heute nicht, wie wenig sich die Politik 2015 für die Flüchtlingsproblematik aus sicherheitspolitischer Sicht zunächst interessierte: »Es gab nur pauschale Lagebilder zu Flüchtlingen. Erst später kam von ganz ›oben‹ der Auftrag, Erkenntnisse in Zusammenhang mit Flüchtlingen zu sammeln. Aber da war das Kind bereits in den Brunnen gefallen.« In der Flüchtlingskrise wurden keine Gefahren für die Sicherheit erkannt. »Es gab Massen an Informationen, aber nichts zu den Flüchtlingen.«

Studien zu radikalisierten Asylbewerbern, zum Problem des Antisemitismus und des Hasses auf Christen wie auch Eziden unter muslimischen Migranten werden nicht in Auftrag gegeben. Erst nichtstaatliche und mitunter ausländische Organisationen wie das in Berlin mit einem Büro vertretene American Jewish Committee werden diese Wissenslücke füllen.[112] Keine Rolle spielt auch zunächst die Frage, ob sich unter den vielen hunderttausenden Flüchtlingen Sympathisanten des IS befinden, die auf verschlungenen Wegen durch Bargeldtransfers über vertraute Personen Gelder Richtung Syrien oder den Irak schicken.

Der Staatsdiener Mayer sitzt zu Hause am Esstisch. Immer wieder macht er Pausen. Er steht auf, holt sich etwas zum Trinken. Diese Jahre waren auch für ihn sehr anstrengend. Seine Behörde stand zunächst außen vor: »Wir waren am Anfang das Stiefkind. Wir wurden nicht mit einbezogen. Man wollte uns nicht vor Ort haben, weder in den Unterkünften noch bei den Anhörungen.« Mitarbeiter von Sicherheitsbehörden sollten möglichst nicht auftauchen, meint er: »Es hieß dann schon mal, dass ja die Flüchtlinge in ihren Herkunftsländern so schlechte Erfahrungen mit Sicherheitsbehörden gemacht hätten und man sie nicht erschrecken wollte.« Eine Ausnahme bildeten Polizeibeamte, die bei Vorfällen selbstverständlich in die Unterkünfte gingen.

Mayer kann sich gut daran erinnern, dass Beschaffer nicht in Erstaufnahmelagern vorbeischauen konnten. Diese Anweisung kommt allen Anschein nach von ganz oben. Es handelte sich seiner Meinung nach um eine beabsichtigte Zurückhaltung: »Unsere arabisch sprechenden Mitarbeiter haben das nicht verstanden. Die wollten zu Aufklärungszwecken vor Ort Gespräche führen, um sich einen Überblick zu verschaffen, um Stimmungen wahrzunehmen.«

Einfach mal so in einer Unterkunft vorbeischauen, einen Tee trinken und in arabischer Sprache mit den Flüchtlingen reden ist nicht möglich. Es verstößt gegen die Vorschrift. Der Mitarbeiter muss sich in diesem Fall ausweisen und wie jeder andere Besucher einer Unterkunft um Einlass bitten. Die deutsche Verfassungsschutzrealität hat mit den üblichen Spionageklischees nichts zu schaffen. Der Verfassungsschutz ist eine Behörde und keine Spielwiese für 007-Agenten. »Man wollte auch die Flüchtlinge nicht erschrecken.« Verdeckt reinzugehen ist ebenfalls nicht möglich. Die Unterkünfte sind kein Beobachtungsobjekt und deshalb für die Mitarbeiter von Paul Mayer tabu. Er zuckt kurz mit den Schultern: »Kein Auftrag, keine Aufklärung: So einfach war das damals.«

Die meisten Hinweise kommen von entsetzten Mitarbeitern oder ehrenamtlichen Helfern in Flüchtlingsunterkünften. Behördliche Hinweise kommen vor allem von der Polizei nach Straftaten. Fallbezogene Informationen werden diese Daten genannt. Ab und an kommen dann noch brisante Anhörungen vom BAMF dazu. Doch das sind alles nur sporadische Auskünfte.

Selbstkritisch räumt Mayer ein: »Auch bei gemeinsamen Flurgesprächen waren kriminelle Flüchtlinge zunächst kein Thema. Am Anfang waren Sicherheitsfragen überhaupt nicht relevant. Nur später bei den Urteilen haben wir dann mitbekommen, dass verdammt viele Syrer Kriminelle oder Extremisten sind.« Mayer trinkt einen Schluck Kaffee. Vorsichtig stellt er die Tasse auf den Tisch. Draußen scheint die Sonne auf sorgfältig gepflegte Vorgärten: »Wir haben nur sehr wenig gewusst, weil wir nicht die Möglichkeiten hatten nachzuschauen. Das war nicht gewollt.« Anschließend macht er eine kurze Pause. Er atmet tief durch und meint: »Im Grunde muss ich sagen: Wir waren außen vor. Der Verfassungsschutz im Flüchtlingsheim: Das passte nicht ins politische Bild.«

Bedrohlich unvollständige Lagebilder

Intern sind die Sicherheitsbehörden mitunter sehr wohl in der Lage, die Probleme in Zusammenhang mit der Flüchtlingskrise vielschichtiger darzustellen. Dies zeigt der BKA-Lagebericht vom 16. Oktober 2015 zum sogenannten Hinweisaufkommen zu Flüchtlingen und Asylbewerbern mit mutmaßlichen Bezügen zum islamistischen Terrorismus. Entgegen der öffentlichen Darstellung der Bundesregierung weist der BKA-Bericht auf die »besondere Lage« und »zahlreiche Anknüpfungspunkte« für politisch motivierte Kriminalität in Verbindung mit dem »Flüchtlingszustrom« hin. Dies umfasse auch den Bereich des islamistischen Terrorismus. So gebe es vermehrt Einzelhinweise auf mutmaßliche ehemalige Kämpfer terroristischer Organisationen.

Mitte Oktober 2015 liegen dem BKA hierzu 93 Einzelhinweise vor. Bei 53 dieser Hinweise soll es sich laut BKA mutmaßlich um Syrer handeln. Darunter befinden sich auch Personen, die verdächtigt werden, als Kämpfer terroristischer Organisationen im Ausland zu sein. Dazu zählen islamistische Terrororganisationen wie der IS. 75 Hinweise befinden sich zu diesem Zeitpunkt noch in Bearbeitung.

Die Ermittlungen gestalten sich außerordentlich schwierig. Zumeist liegen nur vereinzelte Informationen vor. In der Regel fehlen die Personalien, also Angaben zu Namen oder Geburtsdatum. Dies erschwere die Identifizierung wie auch die Feststellung des aktuellen Aufenthaltsortes erheblich. In manchen Fällen sei es unmöglich, die Person zu finden. Diese Herausforderung ist auch dem zuständigen Minister sehr wohl bekannt: »Das zentrale Problem bestand darin, dass keine ›Referenzunterlagen‹ zu den Personen vorlagen«, erinnert sich der oberste Dienstherr des BKA, Thomas de Maizière. Das bedeutet: Zu den auffälligen Personen liegen keine Informationen vor.

Etwas weiter hinten in dem internen BKA-Bericht findet

sich ein bemerkenswerter Satz mit der vorsichtig zurückhaltenden Formulierung: »Bislang liegen unverändert keine Erkenntnisse auf ein gezieltes Einschleusen von Kämpfern bzw. Angehörigen terroristischer Organisationen im Flüchtlingsstrom nach Deutschland mit dem Ziel der Begehung von Anschlägen in Deutschland vor.«

Wichtig in diesem Zusammenhang ist die Verwendung des Ausdrucks »Erkenntnis«: Dahinter verbergen sich in der Sprache deutscher Sicherheitsbehörden gültige, überprüfte und somit gesicherte Angaben. Hinweise hingegen sind noch nicht oder nie überprüfbare Informationen. »Außenstehende denken nicht an diese Sprachregelung« und verstehen deshalb die Bedeutungsschwere einer Aussage nicht, meint ein ehemaliger Referatsleiter einer deutschen Sicherheitsbehörde. In diesem konkreten Fall kann dies bedeuten: Dem BKA oder einer anderen Sicherheitsbehörde liegen sehr wohl Hinweise auf IS-Terroristen unter den Flüchtlingen vor, die in Deutschland Anschläge verüben wollen. Nur sind diese Informationen nicht überprüft.

Unter diesen Vorzeichen ist auch die zurückhaltend formulierte Sprachregelung des Bundesinnenministeriums vom 21. September 2015 zu lesen, die sich ebenfalls in dem BKA-Bericht wiederfindet. Danach erhalten die Sicherheitsbehörden des Bundes und der Länder »in diesem Zusammenhang auch Hinweise auf Personen, die in Verbindung zu militanten Gruppen in Krisenregionen gestanden [sind] oder für diese gekämpft haben sollen«. Diesen Hinweisen gehen die Polizei und die Verfassungsschutzbehörden in jedem Einzelfall unverzüglich und umfassend nach. Doch angesichts der hohen Flüchtlingszahlen sei es »auch weiterhin möglich«, dass sich darunter »Mitglieder militanter Gruppen oder Einzelpersonen extremistischer Gesinnung befinden könnten«.

In der Sprachregelung des Bundesinnenministeriums heißt es zudem, es lägen keine belastbaren Erkenntnisse vor, »dass dschihadistische Gruppierungen die Flüchtlingsströme zielgerichtet zur Infiltration des Bundesgebietes durch Einzeltäter oder Gruppen genutzt haben«. Dann folgt eine weitere Einschränkung, die keineswegs in das nach außen stets in freundlichen Farben gemalte Bild der vielen nach Deutschland kommenden Menschen passt: Es müsse, räumt das Bundesinnenministerium ein, »angesichts des immensen Zustroms und der unvollständigen Erkenntnisse und Hintergründe zu irregulär einreisenden Personen berücksichtigt werden, dass das Lage- und Erkenntnisbild unvollständig ist und Lücken aufweist«.

Mit anderen Worten: Die deutschen Sicherheitsbehörden haben keinen Überblick, wer in die Bundesrepublik einreist. Aussagen über die vielen Migranten sind somit nur punktuell möglich. Die Sicherheitsarchitektur funktioniert nicht mehr. Die Abhängigkeit von ausländischen Behörden nimmt hingegen zu. Denn mitunter liegen den großen US- oder anderen ausländischen Nachrichtendiensten die ersehnten Referenzunterlagen von Migranten aus dem Nahen Osten sehr wohl vor. Diese Abhängigkeit findet sich im letzten Satz der Sprachregelung verklausuliert zwischen den Zeilen: Danach stehen die deutschen Sicherheitsbehörden auch »mit europäischen und internationalen Partnern in engem Austausch. Sie sind im Rahmen des Asylverfahrens eng eingebunden.«

Gegenüber der Öffentlichkeit wird diese weitaus vorsichtigere und vermutlich auch ehrlichere Lagebeschreibung von der Bundesregierung nicht offensiv vertreten. Warum eigentlich nicht? Die Gefahren liegen im Herbst 2015 ja auf der Hand. Doch für die Bundesregierung gibt es den mündigen Bürger, der sich selbst eine eigene Meinung bilden und der auch mit Risiken leben kann, anscheinend nicht. Mit dieser Taktik des Schönredens geht die Bundesregierung ein hohes Risiko ein. Eine solche Politik kann nur funktionieren, wenn keine größeren Probleme entstehen. Das Gegenteil ist der Fall. Wenige Wochen später muss Berlin eine Position nach der anderen streichen.

Masse statt Klasse: Frank-Jürgen Weise übernimmt das BAMF

Am Vormittag des 17. September werden die Mitarbeiter der BAMF-Zentrale in das Foyer mit den wuchtigen Treppen gebeten. Der Präsident habe eine wichtige Mitteilung zu machen. Die Nachricht spricht sich im Amt wie ein Lauffeuer herum. Die Männer und Frauen der Nürnberger Asylbehörde wissen längst, worum es geht: Der beliebte, aber glücklose Behördenleiter Dr. Manfred Schmidt nimmt seinen Hut. Es gebe gute und schlechte Tage, sagt der Leiter des örtlichen Personalrates: Dies sei ein schlechter.

Dann ergreift Schmidt kurz vor den versammelten Kolleginnen und Kollegen das Wort. Viele der Anwesenden schauen ernst. Zu den Hintergründen seines Rückzugs äußert sich Schmidt nicht. Er will stattdessen seinen Untergebenen Mut machen: »Haut rein! Zeigt es ihnen da draußen«, sagt er: »Lasst euch jetzt nicht unterkriegen!« Dann verlässt der in Nürnberg allseits geschätzte Verwaltungsjurist sein Amt. Schmidt geht, damit de Maizière bleibt, raunt es an diesem sonnigen Vormittag durch die BAMF-Zentrale.

Für lang gediente Mitarbeiter im BAMF stellt der Abgang von Schmidt den großen Bruch dar. »Nicht wenige haben danach den Glauben an den Rechtsstaat verloren«, meint ein BAMF-Insider: »Man hat es gemerkt; einige haben gesagt: ›Scheiß drauf! Wir sind eh' nur kleine Lichter und die machen sowieso, was sie wollen, und wir müssen schauen, dass wir das Geld nach Hause bringen.‹«

Einen eigenen neuen Präsidenten wird es so schnell nicht geben. Als Nachfolger wird der nach wie vor amtierende Chef der Bundesarbeitsagentur, Frank-Jürgen Weise, auserkoren. Er soll nun zusätzlich als *Leiter* das BAMF führen. Über Sicherheitsfragen spricht vor der Amtsübernahme niemand mit Weise, weder der frühere Präsident noch der langjährige BAMF-Vizepräsident. Auch die Vertreter der Sicherheitsbehörden melden sich bei Weise nicht direkt, und das, obwohl bekannt ist, dass sich Frank-Jürgen Weise vor allem auf die organisatorischen Aspekte des Flüchtlingsmanagements konzentrieren muss. Sicherheitsfragen spielen so keine überragend wichtige Rolle. Wie auch: Niemand warnt den neuen Leiter, der als Mann des Kanzleramtes in Nürnberg die Zügel in die Hand nimmt.

Frank-Jürgen Weise ist Mitglied einer freien evangelischen Gemeinde und gilt wie Thomas de Maizière als »zuverlässiger Umsetzer und Arbeiter«, sagt ein Politiker, der beide persönlich gut kennt. Das Kanzleramt habe an Weises Patriotismus appelliert, meint ein weiterer ehemaliger Spitzenpolitiker. Der Manager und Oberst der Reserve soll die als träge und unorganisiert verrufene Behörde umorganisieren und vor allem bessere Statistiken produzieren. Bliebe alles beim Alten, dann sei mit einer Bearbeitungszeit von mindestens acht Jahren bei rund einer Million Asylanträge zu rechnen.

Der neue Leiter krempelt das BAMF und die Außenstellen um. Er stellt fest, dass die Datenverarbeitung, auch IT genannt, völlig überlastet ist. Doch ohne eine funktionierende IT und Computer hilft es gar nichts, wenn mehr Personal eingestellt wird. Weise gelingt es unter den schwierigsten Umständen, die IT Schritt für Schritt zu modernisieren und die Asylbehörde ins Laufen zu bringen. Etatzwänge und Kürzungen für IT gibt es nun nicht mehr. Im Gegensatz zu seinem Vorgänger kann Weise aus dem Vollen schöpfen.

Hilfe von den Sicherheitsbehörden erhält das BAMF nicht. Die Geheimhaltung der eigenen Infrastruktur sei ihnen wichtiger gewesen als die Zusammenarbeit mit dem BAMF, meint jemand, der es wissen muss. So setzen Weise und sein Team auf die bei der Bundesagentur für Arbeit bewährte Informationstechnologie. Vorkehrungen wie Hightechverschlüsselungssysteme von E-Mails gibt es im BAMF aber nur zum Teil. Anfang 2017 erklärt Weise in einem bemerkenswerten Interview mit der Zeitschrift *loyal* des Reservistenverbandes: »Der Auftrag war die Reduzierung der Bearbeitungsdauer der Anträge sowie der Abbau des Antragsstaus.« Für Weise bedeutet mehr Schnelligkeit auch mehr Sicherheit. Die vielen jungen Männer, die untätig herumsitzen und auf ihre Entscheidung warten, betrachtet der neue Leiter der Asylbehörde durchaus als Sicherheitsrisiko.

Bei Neubesetzungen mit Führungsverantwortung verpflichtet Reserveoffizier Weise gerne Bundeswehrangehörige und verdiente Mitarbeiter aus der Arbeitsagentur. Zudem kommen Unternehmensberater ins Haus. Die unterschiedlichsten Firmen werden das BAMF beraten. Masse statt Klasse heißt fortan in Nürnberg vorrangig die Devise. Nicht Sicherheit, sondern die Schnelligkeit der Bearbeitung hat jetzt absolute Priorität. Die »Leiharbeiter« aus der Arbeitsagentur, die fortan im BAMF Spitzenpositionen besetzen, haben meistens keinerlei Erfahrungen mit Sicherheitsfragen.

In Nürnberg prallen nun verschiedene Unternehmenskulturen aufeinander: hier das alte, mitunter sehr bürokratische, aber dafür stets gesetzeskonforme Amt, dort die Macher mit ihrem Leitwolf Weise, die vor allem schnelle Ergebnisse sehen wollen. Gegenüber dem Personalrat geht Weise auf Konfrontationskurs, nachdem eine Strategie der Umarmung nicht gefruchtet hat. Die Amtsleitung und der BAMF-Personalrat sehen sich mehrmals vor dem zuständigen Verwaltungsgericht im nahen Ansbach. Meist obsiegt der Personalrat. Konsequenzen gibt es dennoch nicht. Die Personalpolitik wird fortgesetzt.

Im BAMF beginnt es zu brodeln. Die Stimmung sei »gelinde gesagt unterirdisch«, stellt ein Mitarbeiter in einer Mail fest: »Angst und Unsicherheit sind überall zu spüren. Die Beschwerden und Hilferufe häufen sich in beängstigendem Maße.« Der Druck, gute Zahlen zu produzieren, nehme immer weiter zu. Während einer Telefonkonferenz wird mitgeteilt, die Außenstellen müssen bis zum Ende des Jahres 50 000–80 000 Anträge entscheiden.

Ein kurz zuvor in die Nürnberger BAMF-Zentrale gewechselter Spitzenbeamter gebraucht während dieser Konferenz heftige Worte. Das Ziel müsse erreicht werden, »sonst mache ich Sie als Leiter der Außenstelle einen Kopf kürzer«. Nachzulesen ist das Zitat in internen E-Mails der Asylbehörde. Der Staatsdiener ist in deutschen Behörden kein Unbekannter. Im Laufe seiner Karriere in unterschiedlichen Funktionen erwirbt sich der Beamte den wenig schmeichelhaften Spitznamen eines »Terminators«. Als »diensttuender Apparatschik« exekutiere er stets den Willen des Innenministeriums. Das geschmacklose »Kopf kürzer«-Zitat kursiert im BAMF. Konsequenzen gibt es keine. Der BAMF-Leiter Frank-Jürgen Weise schätzt den Beamten.

Die Sorgen und der Dauerstress der überlasteten BAMF-Mitarbeiter spielen auch in Berlin keine Rolle. Längst geht es um viel größere Herausforderungen und personalpolitische Entscheidungen auf höchster Ebene. Scheitert Weise, dann scheitert Merkel.

BAMF-Massenabfertigungen ohne Sicherheit

Das Personal wird in Windeseile massiv aufgestockt. Die neuen Kollegen auf Zeit erhalten eine Blitzeinweisung von wenigen Tagen. Dann sollen sie Anträge bearbeiten. Zusätzlich wechseln Mitarbeiter anderer Behörden zeitweise ins BAMF. Sie kennen die Arbeitsabläufe in Ämtern. Asylanträge sehen sie aber zum ersten Mal. Gemeinsam sollen sie nun hunderttausende Fälle bearbeiten. Die Massenverpflichtungen ohne entsprechende Ausbildung führen beinahe automatisch zu Qualitätseinbußen.

Fehlentscheidungen in Asylanträgen sind die Folge. In den Bescheiden reihen sich Textbausteine aneinander. Der Autor dieses Buches konnte zahlreiche dieser Dokumente einsehen. Solange die Bescheide für die Asylantragsteller positiv waren, spielte das keine Rolle. Wer geht schon gegen eine Entscheidung im eigenen Sinn vor?

Altgediente Mitarbeiter nehmen mit Sorge zur Kenntnis, dass den neuen Mitarbeitern jegliche Sensibilität für Sicherheitsfragen fehlt. Die so wichtigen Länderkenntnisse entnehmen sie Lageberichten, Leitsätzen oder Texthandbüchern, in denen derartige Probleme meist nur kurz angeschnitten werden oder völlig fehlen. So übersieht ein neuer Mitarbeiter die Brisanz der Aussage, als drei Syrer angeben, sie hätten sich während der Herrschaft des IS in Rakka aufgehalten. Rakka gilt als Machtzentrum des IS in Syrien. Wer dort wohnt, kann über das Leben, über Verbrechen oder sogar über Führungskräfte im Islamischen Staat berichten. Nur durch Glück kann Schlimmeres verhindert werden. Eine lang gediente und erfahrene Mitarbeiterin ist während der Anhörung dabei.

Seit vielen Jahren ist das BAMF innerhalb der deutschen Sicherheitsarchitektur die erste Behörde, die Informationen zu Asylbewerbern sammeln kann. Im Herbst 2015 fällt dieser Vorposten beinahe komplett weg. Jede Kontrollfunktion wird bewusst auf Sparflamme gestellt, allen Sicherheitsbedenken zum Trotz. Sonst wäre das BAMF komplett zusammengebrochen, und »das hätte die Bevölkerung nicht verstanden«, meint ein Insider mit besten Beziehungen zu den deutschen Sicherheitsdiensten: »Deshalb musste so getan werden, als würde es laufen. Dabei war das Kind bereits in den Brunnen gefallen.« Viele Aufgaben werden nur mehr virtuell erledigt. Das Riesenloch im BAMF setze die anderen Sicherheitsbehörden schachmatt. Nicht identifizierte Straftäter reisen als Asylbewerber durch Europa. Nur mehr »die Hülsen«, meint der Experte, »sind noch da. Das Ding läuft leer. Die Bürokratie dreht sich im Leerlauf.«

Selbstverständlich werden diese Probleme auch behördenintern zur Kenntnis genommen. Es ist ein offenes Geheimnis, dass das BAMF und die Sicherheitsbehörden des Bundes eng zusammenarbeiten. Von großer Bedeutung ist hierbei der bestehende »automatisierte Datenabgleich« mit dem BKA und dem Bundesamt für Verfassungsschutz.

Die Auswertung der Daten hilft dem BAMF, Betrüger, die

sich in verschiedenen Ländern als Asylbewerber melden, zu entlarven. Parallel findet das sogenannte »Asylkon« statt. Hier wird mit dem BKA und anderen Sicherheitsbehörden des Bundes und der Länder abgeglichen, ob zu der betreffenden Person Informationen vorliegen. Liegen keine Identitätspapiere vor und verwendet der Migrant noch dazu unterschiedliche Namen, dann stoßen die deutschen Behörden schnell an ihre Grenzen.

Das BAMF wertet aber auch Hinweise von Anhörungen aus. Weitere Erkenntnisse von Sicherheitsbehörden fließen in die Asylverfahren ein. In der gemeinsamen Arbeitsgruppe »Status« wird im GTAZ versucht, Islamisten oder auch Personen mit einem islamistisch-terroristischen Hintergrund schnell zu identifizieren und Maßnahmen »zur Abwehr einer Gefährdung der öffentlichen Sicherheit« zu ergreifen. Dieses aufeinander abgestimmte Räderwerk kann aber nur funktionieren, wenn zu den eingereisten Personen schnell und vor allem verlässliche Daten vorliegen. Nur dann kann eine Überprüfung funktionieren. Ansonsten klaffen Sicherheitslücken.

Genau das sei im Herbst 2015 zu beobachten gewesen, warnt ein weiterer interner Behördenbericht vom Oktober 2015. Die Verfasser beklagen die »hohe Anzahl« der »bislang nicht registrierten Personen in Deutschland«. Erst nach einer »Registrierung während der Asylantragstellung beim BAMF« könne durch den automatisierten Datenabgleich eine Überprüfung erfolgen. »Diese Sicherheitslücke« könne erst Schritt für Schritt geschlossen werden, meinen die Autoren. Rückblickend ist dies eine sehr positive Einschätzung: Wie viele Menschen in dieser Zeit in die Illegalität großer deutscher Ballungsräume abtauchen, ist bis heute unbekannt.

Eindringlich klingt zudem die Warnung der Sicherheitsexperten im BAMF vor den Folgen der schriftlichen Anhörungen. Zurzeit können »nur im begrenzten Umfang Erkenntnisse zu den Antragstellern aus den Staaten Syrien, Irak und Eritrea an die Sicherheitsbehörden« zur Verfügung gestellt werden. Wie bereits berichtet: Für diese hochproblematischen Länder gilt dieses Verfahren seit dem Spätherbst 2014 bzw. März 2015. In dem Verfahren erfolgen, wie bereits dargestellt, keine Anhörungen. Stattdessen wird lediglich ein Fragebogen ausgefüllt. Erneut weisen die Experten im BAMF darauf hin: Unter Sicherheitsaspekten bleibe »eine persönliche Anhörung des Antragstellers wünschenswert. Sie sollte nicht durch einen Fragebogen ersetzt werden«.

Folgen zeigt auch diese mehr als höflich formulierte Anregung aus dem BAMF nicht. Das System der schriftlichen Anhörungen läuft weiter. Im Durcheinander des Krisenherbstes lassen sich groteske Vorkommnisse beobachten, die jegliche Sicherheitsvorkehrungen außer Acht lassen. In anderen Fällen sind es die sogenannten Sprachmittler, die für die vielen Analphabeten unter den Asylbewerbern die Fragebögen ausfüllen. »Sprachmittler« sind Personen, die angeben, eine Sprache übersetzen zu können. Mit ausgebildeten Dolmetschern sind diese massenhaft rekrutierten Hilfskräfte in keiner Weise gleichzusetzen. Dennoch spielen ausgerechnet diese Personen oft eine entscheidende Rolle in den Asylverfahren.

Die Nerven liegen blank

Treibende Kraft der sicherheitspolitisch nach wie vor höchst umstrittenen schriftlichen Anhörungen ist der Bundesminister des Inneren, Thomas de Maizière. Im Spätsommer will er die ohnehin schon wenigen Fragen zulasten der Sicherheit weiter zusammenstreichen. Auslöser ist ein Besuch des Ministers im Lager Friedland im Landkreis Göttingen am 25. August. Wenige Tage zuvor erhöht der Minister die Prognose ankommender Flüchtlinge für das Jahr 2015 auf 800 000. Das Lager Friedland ist ein historischer Ort. Deutsche Flüchtlinge und Vertriebene aus den ehemaligen Ostgebieten fanden hier seit dem Ende des Zweiten Weltkrieges eine Zuflucht.

Die Einrichtung ist nur für rund 700 Personen ausgelegt. Jetzt drängen sich hier mehr als 3000 Menschen. Viele müssen auf den Gängen schlafen oder sind notdürftig in Verwaltungsgebäuden untergebracht. Friedland sei ein Beispiel für die gelebte Willkommenskultur in Deutschland, meint de Maizière hingegen gegenüber der Presse: »Hier gibt es eine alte Tradition, die wird jetzt in neuer Weise herausgefordert, das ist schon bewegend.«[113]

In Friedland gibt es aber auch eine große Außenstelle des BAMF. Allem Anschein nach ist der Minister mit dem Zustand der Antragsbearbeitung von Asylbewerbern nicht zufrieden. Darüber spricht Thomas de Maizière nicht in der Öffentlichkeit.

Einen Tag später wendet sich stattdessen der Leitungsstab des Bundesinnenministeriums »vorsorglich« an das zuständige Referat für Asylrechtsfragen. Der Minister habe sich in Friedland »über die Praxis zum Fragebogen gewundert«. Die Fragen erscheinen doch zumindest zum Teil verzichtbar, bewirken aber im Ergebnis eine Verfahrensverzögerung von rund sechs Wochen. Der Leitungsstab wolle wissen, ob die Möglichkeit bestehe, den Fragebogen »zu straffen«.

Noch am gleichen Tag geht bei den »lieben Kolleginnen und Kollegen« im BAMF die entsprechende Mail ein. Die Asylbehörde soll eine Stellungnahme abgeben. Ganz konkret geht es um die vom »Herrn Minister erfragten Möglichkeiten der Verfahrensverkürzung, die sich ggf. aus einer Straffung des Fragebogens ergeben« können.

Wie schon im Herbst 2014 melden die Sicherheitsexperten im BAMF erneut ihre Bedenken an. Eine Straffung des Syrien-Fragebogens lehnen sie ab. Bereits durch »den Verzicht auf Anhörungen syrischer Antragsteller sind erhebliche Sicherheitslücken entstanden«. Damit nicht genug: »Die Warnhinweise der Sicherheitsbehörden zu Antragstellern mit IS-Bezug haben in den letzten Monaten zugenommen.«

Das neue gestraffte Verfahren macht für Mitarbeiter des Sicherheitsreferates wenig Sinn. Die Idee, »insbesondere auch auf Wunsch der Sicherheitsbehörden« aufgenommene Fragen in einem gesonderten Fragebogen mitzugeben, werde wenig Erfolg haben. Warum sollen Asylbewerber weitere Angaben machen? Bislang erhalte das BAMF durch die Fragebogen monatlich rund 150 Hinweise auf Kriegsverbrechen. Das BAMF leite diese an das BKA weiter. Die Ermittlungsarbeit des für Kriegsverbrechen zuständigen Generalbundesanwaltes werde mit dieser Maßnahme wesentlich unterstützt. Mit der Klarstellung erringt das Sicherheitsreferat einen Teilsieg. Zumindest einige Sicherheitsfragen bleiben Bestandteil des Formulars. Grundsätzliche Änderungen gibt es nicht. Das Innenministerium ist nicht bereit, auf die schriftlichen Anhörungen zu verzichten.

Neben dem gewaltigen Antragstau gibt es ein weiteres, stetig drängenderes Problem: Immer häufiger stellen die deutschen Sicherheitsbehörden fest, dass sich viele ankommende Migranten nicht registrieren lassen. Stattdessen reisen sie einfach zu unbekannten Zielen weiter. Der BAMF-Leiter, Frank-Jürgen Weise, nennt Zahlen. Danach seien 290 000 Flüchtlinge in Deutschland noch nicht registriert.[114]

Ohne die Bereitschaft, sich in die Obhut der Behörden zu geben, sei eine geordnete Verteilung innerhalb Deutschlands nicht möglich, beklagt auch der Innenminister immer wieder: »Es gibt kein Wahlrecht eines Asylbewerbers auf Wohnsitznahme in Deutschland«, äußert de Maizière Anfang Oktober nach einem Termin im BKA. Seit August habe sich laut dem Innenminister die Situation deutlich verändert. Viele Flüchtlinge kooperieren nicht mehr mit der Polizei und anderen Behörden. Es komme auch zu immer mehr Gewalttätigkeiten in den Unterkünften. Die ohnehin bis zum Anschlag belastete Polizei muss dann eingreifen.

Maßnahmen gegen die unkontrollierte Weiterreise von Flüchtlingen werden nicht ergriffen, obschon die Sicherheitsfrage immer deutlicher im Raum steht. Als Thomas de Maizière darauf hinweist, dass sich viele Flüchtlinge fälschlicherweise als Syrer ausgeben, hagelt es massive Kritik. Der Spielraum für öffentliche Kritik am Verhalten einiger Flüchtlinge ist im Sommer und Herbst selbst für den Innenminister sehr eng. »Die allermeisten haben zunächst so getan, als ob alle Asylbewerber – egal welcher Herkunft – Opfer von Bürgerkrieg und politischer Verfolgung wären«, meint Thomas de Maizière heute. Den entscheidenden Schritt wagt der Innenminister nicht. Nie stellt der Bundesinnenminister die Autorität der Bundeskanzlerin infrage. Nie ist von Thomas de Maizière ein Wort der Kritik an Angela Merkels Amtsführung zu hören.

Der Brandbrief des BAMF-Personalrates

Anfang November entscheidet sich der Personalrat des BAMF zu einem außergewöhnlichen Schritt. Die Vertreter von tausenden Mitarbeiterinnen und Mitarbeitern der Asylbehörde wollen der Amtsleitung öffentlich in einem Brief an Frank-Jürgen Weise widersprechen. Wochenlang schwieg der Personalrat. Doch nach verschiedenen die dramatische Lage beschönigenden Äußerungen des neuen Chefs und seiner Pressestelle gibt es in Nürnberg kein Halten mehr.

Den letzten Anstoß zum lauten Protest geben ein Beitrag des ARD-Politmagazins *Panorama* und eine offizielle Broschüre des BAMF mit dem Titel ›Information zu unserem Auftrag und zu seiner Umsetzung‹. Der Personalrat empört sich vor allem über den letzten Absatz des Heftchens. Dort werde behauptet, dass nach den getroffenen Maßnahmen die Bevölkerung in Deutschland nunmehr wieder die Gewissheit haben könne, es gebe ein geordnetes rechtsstaatliches Asylverfahren. In dem TV-Beitrag wird aus einer offiziellen Stellungnahme des BAMF zitiert. Danach finde eine Identitätsüberprüfung der Asylbewerber statt. In Zweifelsfällen werde die Identität von Flüchtlingen »sehr genau« geprüft. Dies geschehe mit Fragen zu geografischen Merkmalen und einer Sprach- und Textanalyse.

Der Personalrat hingegen sieht »systemische Mängel«, die

»mit einem rechtsstaatlichen Verfahren nicht vereinbar sind«. Diese Fehler betreffen vor allem die sogenannte »Schnellschuss-Qualifizierung« der neu verpflichteten Entscheider und die intern immer wieder hart kritisierten schriftlichen Verfahren für Syrer und Angehörige irakischer Minderheiten. Diese Praxis sei einzig und allein den vielen Anträgen geschuldet. »Dabei ist auch nach der Erfahrung der Bearbeiter davon auszugehen«, stellt der Personalrat fest, »dass es einen hohen Anteil von Asylsuchenden gibt, die eine falsche Identität angeben, um eine Bleibeperspektive mit der Möglichkeit des Familiennachzugs etc. zu erhalten.«

Unverantwortlich aus der Sicht des Personalrats sei zudem der Einsatz von Mitarbeitern der Bundesagentur für Arbeit, Praktikanten und abgeordneten Mitarbeitern aus anderen Behörden. Diese werden nach einer lediglich drei- bis achttägigen Einarbeitung als Entscheider eingesetzt. Die neuen Mitarbeiter sind angehalten, »massenhaft Bescheide zu erstellen«. Die ursprünglich vom Bundesamt angesetzte Einarbeitungszeit werde von drei Monaten auf weniger als eine Woche reduziert. Die Entscheidung verlaufe so: »Syrer ist, wer sich schriftlich im Rahmen einer Selbstauskunft als Syrer bezeichnet« und im Fragebogen an der richtigen Stelle ein Kästchen ankreuzt. Nur der Dolmetscher müsse das dann noch bestätigen.

Die Dolmetscher stammen aber meistens nicht aus Syrien und sind zudem im Regelfall nicht »auf die Rechtsordnung der Bundesrepublik Deutschland vereidigt«. Letztlich werde »diesen Dolmetschern alleine die Prüfung des Asylgesuchs – soweit es sich um die Prüfung der Staatsangehörigkeit und mithin des Verfolgerstaates handelt – überlassen«. Eine Anhörung finde fast nie statt; selbst bei Asylsuchenden, die keinerlei Papiere vorlegen. Liegen Ausweisdokumente vor, dann werden diese nur selten geprüft. Der Brandbrief des Personalrats bestätigt die Befürchtungen des amtsinternen Sicherheitsreferates vom Herbst 2014 in allen Einzelheiten.

Die brisanteste Aussage des Briefes findet sich versteckt im hinteren Teil. Es handelt sich um einen einzigen Satz. Doch diese knappe Bemerkung steht in völligem Widerspruch zu den zentralen, öffentlichen Aussagen deutscher Spitzenpolitiker und Chefs deutscher Sicherheitsdienste zur Terrorgefahr durch die Landroute und die Flüchtlingsströme.

In Deutschland ist dies ein einmaliger Vorgang. Nie zeigten die Warnungen eine Wirkung. Doch dann gibt es im November 2015 für den Personalrat kein Halten mehr. Die BAMF-Personalvertreter nehmen nicht hinter vorgehaltener Hand, sondern in einem offenen Brief Stellung zur gefährdeten Sicherheit der Bundesrepublik Deutschland.

Unter den BAMF-Mitarbeitern ist die Resonanz auf den Brief gewaltig. Dies zeigen dutzende interne E-Mails, in denen dem Personalrat gedankt wird. Viele dieser E-Mails bestätigen die Aussagen des offenen Briefes. Das schriftliche Verfahren ohne jegliche Prüfung, stellt eine Zuschrift fest, habe »bereits in einem gesicherten Fall dazu geführt, dass wir einen vermeintlichen Syrer bestandskräftig die Flüchtlingseigenschaft zuerkannt haben, obwohl dieser im Besitz eines vom IS gestohlenen Passes war«.

In einer weiteren E-Mail beklagt der oder die Verfasserin, man »erlebe tagtäglich, was es bedeutet, wenn mit nur fünf Tagen Ausbildung über Asylanträge entschieden wird«. Mit Rechtsstaatlichkeit habe das nichts mehr zu tun. In einer anderen E-Mail ist zu lesen: »Es ist erschreckend, was für ein Chaos überall herrscht. Der Blinde wird vom Einäugigen eingearbeitet und bald sind wir ein Heer von Dilettanten.«

Der Sprecher des BAMF weist die Vorwürfe in einem TV-Interview vehement zurück. Natürlich gebe es immer eine abstrakte Gefahr. Aber das Amt und seine Leitung »haben durch die erkennungsdienstliche Behandlung, durch Datenabgleich mit dem Bundeskriminalamt und natürlich mit der Arbeit unserer Sicherheitsbehörden Schritte unternommen, um die Gefahr zu minimieren«.

Auch der neue Leiter des BAMF, Frank-Jürgen Weise, widerspricht dem Personalrat. Deutschland könne ohne Weiteres jedes Jahr 800 000 Flüchtlinge aufnehmen, sagt Weise der Wochenzeitung *Die Zeit*. Alles sei »eine Frage der Logistik und der Bürokratie: Registrierung, Verteilung, Jobvermittlung«. Das sei machbar, findet Weise, »›und deshalb wird es jetzt auch gemacht‹«. Er meint sogar: »›Die Deutschen sollten sich freuen. Deswegen so ein Gedöns zu machen, finde ich nicht richtig.‹«[115] Erneut offenbart sich, wo die Schwerpunkte des neuen Chefs im BAMF liegen: Anträge abarbeiten und der Kanzlerin damit den Rücken freihalten.

Der Artikel mit dem Aussagen Weises erscheint am 12. November und damit einen Tag nach der Veröffentlichung des offenen Briefs. Zur Sicherheitsproblematik findet sich in dem Zeitungsbeitrag von Weise kein Wort. Tags darauf wiederholt die Bundeskanzlerin Angela Merkel in einem ausführlichen Interview mit dem ZDF ihren inzwischen berühmten Satz: »Ich glaube, dass wir das schaffen werden.« Zur Sicherheitsfrage äußert sich auch die Bundeskanzlerin in der Sendung nicht.

Zur gleichen Zeit freuen sich zehntausende Menschen in Paris auf das Wochenende. Sie wollen ein Rockkonzert besuchen, in einem Restaurant essen gehen oder das Freundschaftsspiel Frankreich gegen Deutschland anschauen. 130 von ihnen werden den Freitagabend nicht überleben. Die schlimmsten Befürchtungen des BAMF-Personalrates werden an diesem Tag Wirklichkeit.

Deutschland in der Terrorfalle

Abdelhamid Abaaoud: der Massenmörder von Paris

Das Stade de France ist das größte Stadion Frankreichs. Große Fußball- und Rugbyspiele werden hier ausgetragen. Im Juli 1998 gewinnt die französische Nationalmannschaft im weiten Rund des Stade de France zum ersten Mal die Fußballweltmeisterschaft. Am 13. November 2015 freuen sich 70 000 Fans auf das Freundschaftsspiel Frankreich gegen Deutschland. Das Spiel beginnt kurz nach einundzwanzig Uhr. Unter den Ehrengästen befinden sich Frankreichs Staatspräsident François Hollande und der deutsche Außenminister Frank-Walter Steinmeier.

Etwa zur gleichen Zeit steuert ein junger Mann einen Kleinwagen durch die Straßen von Paris. Im Auto sitzen drei weitere Personen. Ihr Ziel ist das Stadion. Der Mann am Steuer ist einer der gefährlichsten Terroristen Europas. Er ist durch alle Fahndungsnetze geschlüpft. Er gehört zur Gruppe um Abdelhamid Abaaoud. Unerkannt gelangte er im Sommer über die Flüchtlingsroute nach Westeuropa. Auch die anderen jungen Männer in dem Auto kommen über die Landroute nach Frankreich.

In der Nähe des voll besetzten Stadions steigen drei junge Männer aus dem Auto. Der Kleinwagen wird später in der Nähe einer Synagoge gefunden.

Eine gute Viertelstunde nach Spielbeginn ist im Stadion plötzlich ein lautes Geräusch zu hören. Millionen Menschen sitzen zu Hause vor den Bildschirmen und hören den Krach. Der deutsche Fernsehkommentator spricht von einer Explosion. Die Stimmung ist an diesem Tag ohnehin angespannt. Gegen das Hotel der deutschen Mannschaft gibt es eine Bombendrohung. Später stellt sich heraus: Es ist ein falscher Alarm. Drei

Minuten später knallt es erneut. Viele Menschen sehen sich ängstlich um, sagt der Kommentator. Das Spiel geht weiter.

Für die Sicherheitskräfte vor dem Stadion ist sehr schnell klar: Drei Selbstmordattentäter zündeten innerhalb einer guten halben Stunde ihre am Körper befestigten Sprengsätze. Zwei Bomben explodierten direkt vor dem Stadion. Ein dritter Attentäter bringt seine Bombe bei einer McDonald's-Filiale in der Nähe des Stadions zur Explosion.

Vier Menschen und die drei Terroristen kommen ums Leben. Vermutlich bringen die Attentäter die Bomben vor dem Stadion zur Explosion, weil sie es nicht schaffen hineinzugelangen. Denn einer der Terroristen besitzt eine Eintrittskarte für das Länderspiel. 15 Minuten nach dem Anpfiff will er das Stadion betreten. Beim vorgeschriebenen Sicherheitscheck wird seine Sprengstoffweste entdeckt. Er versucht zu fliehen. Um 21.20 Uhr bringt er die Weste vor dem Tor D des Stadions zur Detonation. Zehn Minuten später folgt die nächste Explosion. Sieben Minuten vor zehn bringt sich der letzte Selbstmordattentäter um. Dem aufmerksamen Sicherheitspersonal ist zu verdanken, dass vor dem Stadion nicht noch Furchtbareres passiert.

Gregor Mathias rekonstruiert in seinem Buch über den Krieg Frankreichs gegen den islamistischen Terrorismus[116] minutiös die Ereignisse und die Folgen dieser Nacht. Ein interner Bericht des Bundeskriminalamtes dokumentiert aus der Sicht einer deutschen Ermittlungsbehörde die Stunden an diesem Freitagabend. Laut diesem Bericht liegt unter der Leiche eines der Attentäter vor dem Stade de France ein syrischer Reisepass. Der Pass ist auf einen gewissen Ahmad Almohammad aus der nordwestsyrischen Stadt Idlib ausgestellt. Was hat das zu bedeuten?

Ein Teil des Rätsels wird noch in dieser Nacht gelöst. Sicherheitsbehörden in ganz Europa befinden sich augenblicklich im Alarmzustand, als die ersten Meldungen aus Paris eintreffen. Drei Selbstmordattentäter in einer europäischen Hauptstadt: Was folgt als Nächstes? Der BND erhält noch vor Mitternacht eine Mitteilung zu dem merkwürdigen Pass. Absender ist der serbische Auslandsnachrichtendienst. Die Serben haben erste beunruhigende Nachrichten: Eine Person mit dem Namen Ahmad Almohammad ist in Serbien aktenkundig. Der syrische Reisepass wird am 7. Oktober 2015 im Aufnahmezentrum für Flüchtlinge im südserbischen Preševo registriert. Das Geburtsdatum und der angegebene Name des Vaters stimmen mit den Daten überein, die der französische Inlandsdienst an den BND übermittelt.

Die Serben schicken weitere hochbrisante Informationen. Danach passierten an eben diesem 7. Oktober 2015 über 9000 Flüchtlinge das Aufnahmezentrum. Aus »Kapazitätsgründen sei nur ein geringer Teil dieser Personen biometrisch erfasst worden«. Der Besitzer des in Paris aufgefundenen Passes zählte nicht dazu. Eine schnelle Klärung, ob es sich bei dem Toten um diesen mysteriösen Syrer Ahmad Almohammad handelt, ist damit nicht sofort möglich. Trotz dieser unvollständigen Informationen steht damit ein ungeheuerlicher Verdacht im Raum: Bei den Attentätern handelt es sich um Terroristen, die als Flüchtlinge über die Landroute nach Europa gekommen sind. Sollte sich dies bewahrheiten, dann muss das Innenministerium die Sicherheitspolitik neu ausrichten.

Während die drei Selbstmordattentäter vor dem Fußballstadion sich und ihre Opfer mit in den Tod reißen, geht im Zentrum von Paris das Nachtleben weiter seinen gewohnten Gang. Die Lokale im 10. und 11. Arrondissement sind gut besucht. Es ist Freitagabend. Nachtschwärmer lieben diese beiden Pariser Stadtviertel. Um 21.25 Uhr hält ein schwarzer SEAT an der Kreuzung Rue Alibert und Rue Bichat. Hier befinden sich eine Bar und ein Restaurant. Plötzlich springen drei junge Männer aus dem Auto. Sie sind mit Sturmgewehren bewaffnet. Sie schreien »Allahu Akbar« und eröffnen das Feuer. Heute ist klar: Einer der Mörder ist Abdelhamid Abaaoud. Laut den Aussagen von Überlebenden des Massakers soll er sogar noch die Verwundeten angegriffen haben.

Auch Abaaouds Mittäter kommen über die Landroute zurück nach Europa. Sie sind laut ersten Meldungen für den Tod von 40 Menschen verantwortlich. In wenigen Minuten feuern sie mit ihren Kalaschnikows 650 Schuss Munition ab. Mit ihrem SEAT bewegen sie sich durch die Stadt. Sieben Minuten später ermorden sie fünf Menschen in einer weiteren Bar. Um 21.36 Uhr hält der SEAT vor der Bar »Le Belle Équipe« im 11. Arrondissement. Bei diesem Angriff sterben 19 Menschen. 15 werden verletzt. Nur wenige Minuten später kommt es im Restaurant »Voltaire« am gleichnamigen, bei Touristen in aller Welt beliebten Boulevard zu einem Selbstmordanschlag. Der Attentäter kommt ums Leben. Drei Menschen werden verletzt. Abdelhamid Abaaoud und ein weiterer Mann entkommen in ihrem schwarzen SEAT.

Der nächste Tatort ist rund sieben Kilometer vom Stade de France entfernt. In der Konzerthalle La Bataclan im nordöstlichen Stadtzentrum von Paris gibt die US-Rockband »Eagle of Death Metal« ein Konzert. Im Saal drängen sich circa 1 500 Besucher. Das Rockkonzert ist ausverkauft. Um 21.40 Uhr kommen drei junge Franzosen an. Sie sind das dritte Mordkommando an diesem Abend. Die drei Muslime arabischer Herkunft sind Anhänger des IS. In Syrien schlossen sie sich der Terrororganisation an. Auch sie sind auf der Landroute nach Frankreich zurückgekehrt.

Zwei dieser IS-Terroristen stürmen »Allahu Akbar« rufend in den Konzertsaal. Mit ihren Kalaschnikows eröffnen sie sofort und zielgerichtet das Feuer. Sie sollen sich beim Morden amüsiert haben, berichten Überlebende. Ein dritter Attentäter wartet vor einem Notausgang. Ein Wachmann öffnet die Tür. Dann eröffnet auch der dritte Terrorist das Feuer. Die IS-Männer ermorden 90 Menschen; an die 100 werden verletzt.

Es dauert zwei Stunden, bis französische Spezialeinheiten das Bataclan stürmen und die überlebenden Geiseln befreien. Zwei Attentäter bringen am Körper befestigte Sprengstoffgürtel noch zur Explosion. Die Polizei erschießt ihren Komplizen. Die

Terrorwelle ist gestoppt. Doch ganz Frankreich steht unter Schock. Nie zuvor haben Terroristen so viele Menschen in Paris getötet. Die Regierung verhängt für den Großraum der Millionenmetropole den Ausnahmezustand. 1 500 Soldaten unterstützen die Polizei. An den französischen Außengrenzen finden Kontrollen statt. Schnell stellt sich heraus: Nicht alle Terroristen sind tot. Wie viele Attentäter sind entkommen? Niemand weiß, was sie vorhaben. Befinden sich weitere Mitglieder der Terrorzelle unerkannt in Europa?

Noch in der Nacht des 13. November übermittelt der marokkanische Nachrichtendienst den Namen Abdelhamid Abaaoud an die französischen Partner. Seit dem mörderischen Al-Qaida-Terroranschlag in Casablanca 2003 befinden sich marokkanische Islamisten in Europa im Visier des Dienstes. Alle Täter in Casablanca sind Marokkaner. Doch der Planer des Anschlags lebt damals im belgischen Molenbeek.[117]

Minute für Minute wird offensichtlicher, dass der Belgier marokkanischer Herkunft aus Molenbeek, Abdelhamid Abaaoud, der Drahtzieher des Terrors in Paris ist. Ebenso klar wird, dass die Terroristen über die Landroute aus dem IS-Gebiet nach Europa eindringen. In Griechenland auf der Insel Leros oder in Serbien lassen sie sich mit falschen Namen registrieren. Der Anführer der Terroristen aber bleibt unsichtbar. Abaaoud meidet jedes Risiko. Auch unter falschem Namen könnte man ihn identifizieren. Er ist seit dem Propagandaartikel vom Februar 2015 in der IS Zeitschrift *Dabiq* viel zu bekannt. Am Sonntag findet die französische Polizei den schwarzen SEAT in dem Pariser Vorort Montreuil. Die Jagd auf Abaaoud beginnt.

Zu diesem Zeitpunkt liegt bereits ein Bekennerschreiben zu den Attentaten vor. Ein Internetforum verbreitet eine Stellungnahme des IS in arabischer Sprache. Sogenannte Soldaten des Kalifats haben den »abstoßenden Hort der Prostitution, des Lasters und des Trägers des Banners des Kreuzzuges in Europa« erfolgreich angegriffen. Das BKA hält die Erklärung für authentisch. Die Ermittler vermuten sehr schnell koordinierte Anschläge. Die Täter beim Fußballstadion und in der Konzerthalle Bataclan benutzen die gleichen Sturmgewehre vom Typ Kalaschnikow. Alle Selbstmordattentäter tragen identisch angefertigte Sprengstoffwesten.

Steckt der sogenannte Islamische Staat hinter den Attentaten? Vieles spricht dafür. Das BKA will sich noch nicht festlegen. Die Konsequenzen sind schwerwiegend: »Sollte sich eine Organisationssteuerung durch den IS bewahrheiten«, stellt ein interner Bericht des Bundeskriminalamtes fest, dann »wäre dies allerdings der erste gesichert durch den IS gesteuerte Anschlag in Westeuropa.« Eine ganze Reihe von Indizien »deuten jedenfalls auf gut ausgebildete und zu allem entschlossene Täter sowie eine längere hoch konspirative Tatplanung hin«.

Nach Paris ändert sich zunächst nichts

Am Morgen des 16. November schreibt eine Mitarbeiterin einer Unternehmensberatung an ihre Ansprechpartnerin im BAMF eine E-Mail. Der neue Leiter des BAMF, Frank-Jürgen Weise, hält große Stücke auf ihre Firma. Die Unternehmensberaterin hat ihren Arbeitsplatz in Berlin. Sie hofft, die BAMF-Mitarbeiterin könne auf ein »schönes Wochenende« zurückblicken. Dann kommt sie zur Sache. Die junge Beraterin hat mehrere Fragen zum schriftlichen Verfahren.

Von einem Entscheider, teilt sie mit, komme der Vorschlag, man könne bei einem »Verzicht auf den schriftlichen Fragebogen bei Syrern Zeit einsparen«. Die Beraterin will wissen, ob man theoretisch auf den Fragebogen verzichten dürfe. Bedeute dies dann, »dass direkt nach der Aktenanlage ein Bescheid erstellt werden könne«? Natürlich will die junge Dame aus Berlin auch wissen, ob ein solches Vorgehen aus der Sicht der Ansprechpartnerin »wünschenswert« sei oder ob der »Fragebogen wichtige Funktionen« erfülle.

Mit einer Mischung aus Fassungslosigkeit, Entsetzen und

völligem Unverständnis nehmen Mitarbeiter im BAMF die Anfrage aus Berlin zur Kenntnis. Allein schon der Hinweis auf das schöne Wochenende zeugt angesichts der vielen Toten in Paris von wenig Einfühlungsvermögen. Eine ganze Reihe von BAMF-Mitarbeitern hat den Samstag und den Sonntag am Schreibtisch verbracht.

In der Asylbehörde ist die Anspannung nach den Anschlägen in Paris riesengroß. Experten durchforsten Datenbanken auf der Suche nach dem Namen, der auf dem mysteriösen syrischen Pass genannt wird. Die Suche endet erfolglos. Der Mann ist in Deutschland nicht feststellbar. Das kann die Mitarbeiterin der Unternehmensberatung nicht wissen. Sie sollte aber in der Lage sein, die Bedeutung des Fragebogens richtig einschätzen zu können. Ihre Mail beweist das Gegenteil.

Wenige Minuten später erreicht die Unternehmensberaterin eine knappe Antwort. Auf den schriftlichen Fragebogen könne keinesfalls verzichtet werden: »Was soll denn überhaupt noch geprüft werden, wenn keinerlei Aussagen über den Antragsteller vorliegen?« Die Unternehmensberaterin versteht. Die Angelegenheit ist damit vom Tisch. Die E-Mail der jungen Dame aus Berlin zieht dennoch weite Kreise. Fassungslos lesen altgediente Mitarbeiter die Mail: »Die will uns sagen, wie wir besser arbeiten sollen?«

Auch diese kleine Episode zeigt, worum es im Krisenjahr 2015 wirklich geht: Die Asylanträge müssen abgearbeitet werden. Die Zahlen müssen stimmen. Alles andere ist zweitrangig. Dann kommt es zu den Massenmorden von Paris und die Bundesregierung muss handeln. Plötzlich steht der Zusammenhang zwischen der öffentlichen Sicherheit und der Flüchtlingsfrage im Raum.

Bayerns damaliger Finanzminister und heutiger Ministerpräsident Markus Söder von der CSU ist der Erste, der sich zu Wort meldet. Am Samstagmittag nach den Anschlägen twittert der mächtige CSU-Politiker »#ParisAttacks ändert alles. Wir dürfen keine illegale und unkontrollierte Zuwanderung zulassen.« Bereits in den Wochen und Monaten zuvor hatte Söder immer wieder auf die Flüchtlingsproblematik hingewiesen und die Errichtung von Grenzzäunen angeregt. Aus der getweeteten Sicherheitsdiskussion entwickelt sich in Windeseile eine harsche partei- und personalpolitische Kontroverse. In einem Interview mit der *Welt am Sonntag* kritisiert Söder auch die Bundeskanzlerin: »Die CSU steht zur Kanzlerin, aber es wäre gut, wenn Angela Merkel einräumen würde, dass die zeitlich unbefristete Öffnung der Grenzen ein Fehler war.«[118]

Der CSU-Vorsitzende und damalige bayerische Ministerpräsident Horst Seehofer ist am Freitagabend, als die ersten Meldungen aus Paris eintreffen, im Kanzleramt. Für die Vorsitzenden der beiden Schwesterparteien sei sofort klar gewesen, »dass die Union hier zusammensteht. Und deshalb unterstützen wir die Kanzlerin«, erklärt Seehofer. Den Vorstoß seines Finanzministers weist er zurück: »Es sei ›eine völlig unangemessene Reaktion‹ in diesen Stunden, in denen alle Demokraten zusammenstehen müssten, ›die Kanzlerin in den Fokus der Kritik zu nehmen‹ […] man müsse die Flüchtlingsfrage ›sauber trennen‹ von der Bekämpfung des Terrorismus«.[119]

Die Aussagen zahlreicher weiterer deutscher Spitzenpolitiker gehen in die gleiche Richtung. Die Öffentlichkeit wird mit Allgemeinplätzen beruhigt. Die Massenmorde von Paris sollen keinen Einfluss auf die Flüchtlingspolitik haben. Bundesinnenminister Thomas de Maizière äußert die »dringende Bitte als verantwortlicher Politiker«, dass jetzt »nicht vorschnell irgendein Bogen zur Debatte um das Thema Flüchtlinge geschlagen« werden solle. Söder rudert zurück. Sein Vorstoß führt zu keiner ernsthaften Diskussion über Sicherheitsfragen. Das Gegenteil ist der Fall.

Der Vorsitzende des CDU-Landesverbandes in Nordrhein-Westfalen, Armin Laschet, empört sich: Es sei »unverantwortlich«, die Morde von Paris mit dem Asylschutz und der Zuwanderungsdebatte in Verbindung zu bringen. Verteidigungsministerin Ursula von der Leyen betont in Berlin, es sei nicht zulässig, »die große Zahl der Flüchtlinge in einem Atemzug mit Terrorgruppen zu nennen«. Diese Menschen seien geflohen, »weil sie vom IS oder Assad auf unglaublich brutale Art und Weise verfolgt wurden«. Die stellvertretende CDU-Parteivorsitzende, Julia Klöckner, mahnt zur Besonnenheit: Flüchtlinge aus Syrien und dem Irak fliehen ja gerade vor dem Terror, »den wir in Paris gesehen haben«.[120]

Der stellvertretende SPD-Parteichef Ralf Stegner sagt dem *Tagesspiegel* die interpretationsfähigen Worte »Paris ändert nicht alles«. Eine Änderung der Flüchtlingspolitik sei nicht erforderlich. Jan Korte, der stellvertretende Fraktionsvorsitzende der Linken im Deutschen Bundestag, vertritt eine ähnliche, nur etwas pointiertere Meinung: »Den Terror von Paris mit der Flüchtlingsdebatte zu vermischen, wie es von Söder bewusst gemacht wurde, ist unchristlich, unsozial und unverschämt. Diese Menschen fliehen ja gerade vor dem Terror.«[121]

Natürlich sind alle diese Aussagen nachvollziehbar. Die Attentate von Paris wühlen die Menschen auf. Der Hass der Mörder ist zutiefst beängstigend. Gleichzeitig zeigen die Reaktionen der Spitzenpolitiker aber auch, wie schnell nach der Mordserie versucht wird, sich parteipolitisch zu positionieren und eine Diskussion über die immer deutlichere Verbindung von Terror und der unkontrollierten Flüchtlingsbewegung zu unterbinden.

Die Folgen dieser Politik werden sich in den folgenden Landtagswahlen und der Bundestagswahl 2017 zeigen. Die Regierungsparteien CDU, CSU und SPD werden massiv Stimmen verlieren. Aber auch die Linke zählt zu den großen Verlierern der Umwälzungen im deutschen Parteiensystem. Die SED/PDS-Nachfolgepartei hat ihre Hochburgen in den neuen Bundesländern. Dort sehen überdurchschnittlich viele Menschen die Flüchtlingspolitik der Bundesregierung kritisch. In der Landtagswahl 2016 in Sachsen-Anhalt und der Bundestagswahl 2017 in den neuen Bundesländern wird die Linke viele Stimmen an die AfD verlieren.

Der Innenausschuss des Deutschen Bundestages lässt sich über die Anschläge von Paris informieren. Doch offene Debatten werden im Bundestag weiterhin nicht geführt. Erneut zeigt sich, dass die Sicherheitspolitik aus dem parlamentarischen Raum in die nicht öffentlich tagenden Ausschüsse gedrängt wird. Die Sorgen und Fragen vieler Menschen werden nicht aufgegriffen. Stattdessen wiegeln selbst Kabinettsmitglieder mit Zugang zu sensiblen Informationen ab. So meint der damalige Bundesminister der Justiz, Heiko Maas von der SPD, am 16. November in einem Interview mit dem *ARD-Morgenmagazin*: »Es gibt keine Verbindung, keine einzige nachweisbare Verbindung zwischen dem Terrorismus und den Flüchtlingen.«

Eine Frage drängt sich dabei besonders auf: Haben die Spitzen in Bund und Ländern damals Angst vor einer Radikalisierung der eigenen Bevölkerung? Völlig zu Recht beobachten im ausgehenden Jahr 2015 Politiker und Sicherheitsexperten die hohe Anzahl brutaler fremdenfeindlicher Angriffe auf Flüchtlingsunterkünfte. Doch eine breite gewalttätige und rechtsextremistische Bewegung gegen den Zustrom von Flüchtlingen gibt es in Deutschland nicht. An der ersten sogenannten Pegida-Demonstration nach den Attentaten in Paris am 16. November 2015 nehmen laut *Spiegel* nicht sehr viel mehr Menschen teil als sonst auch.

Der Chef des Innenministeriums, Thomas de Maizière, bleibt erstaunlich lange bei seiner Linie. Noch am 18. November behauptet er im ZDF: »Bisher gibt es keinen Hinweis, dass sich Terroristen als Flüchtlinge ausgeben. Wenn es sich ändert, ist es anders. Aber bisher ist es nicht so.« Sogar in der *Bild am Sonntag*-Ausgabe vom 22. November findet sich die Aussage des Bundesinnenministers: »Es gab und gibt Hinweise, dass sich Terroristen unter die Flüchtlinge mischen, aber bislang keinerlei Bestätigung dafür. Wir gehen jedem Hinweis nach.«[122] Warum hielt der Innenminister so lange an seiner inzwischen überholten Einstellung fest: »Ich wollte keine vorschnellen Bewertungen zu den Anschlägen in Frankreich abgeben, noch dazu ›von außen‹,« sagt Thomas de Maizière drei Jahre später. »Umgekehrt hätte ich mir auch eine Einmischung aus dem Ausland verbeten.«

Ein weiterer Punkt käme hinzu: »Generell war ich der Meinung, dass man öffentlich mit dem Thema sehr besonnen umgehen muss. Jeder Satz, den der Innenminister zum Terror sagt, kann zu großen Schlagzeilen führen. Aus Vermutungen oder Verdachtsmomenten werden in Agenturmeldungen oder in den sozialen Medien sehr schnell Tatsachen und Fakten gemacht.« Dies ist sicherlich richtig.

Doch langfristig verfestigte sich der Eindruck: Die Bundesregierung halte in diesem und anderen Fällen Informationen zurück. Das Aufblühen von kruden Verschwörungstheorien war eine Folge dieser Politik, die Zusammenhänge nicht erklärte, sondern viel zu lange harten, aber seriösen Diskussionen auswich und dieses Thema der aufstrebenden AfD und ihrem Umfeld überließ.

Die Sicherheitsdienste nach Paris: »Wir sind noch in der Aufholphase.«

Sehr bald stellt sich heraus, dass die Aussagen zur Landroute immer schwerer zu halten sind. Der BND erhält eine Liste mit den Namen von 192 Personen, die am 3. Oktober in Leros anlanden. An vierter und fünfter Stelle der Aufstellung finden sich zwei Männernamen: Ahmad Almohammad und Mohammad Almahmod. Die Pässe mit den beiden Namen werden in Paris gefunden. Zwei Attentäter haben somit die Dokumente benutzt. Beide achten darauf, dass die Pässe den Behörden unzerstört in die Hände fallen. Dieses Muster wird sich während des Anschlags auf den Berliner Weihnachtsmarkt 2016 wiederholen. Ausweispapiere sind die Visitenkarten der IS-Terroristen.

Die beiden in Paris gefundenen Ausweise sind ein erster deutlicher Hinweis, dass vermutlich noch mehr IS-Terroristen den Weg über die Flüchtlingsroute wählen. Im Anschreiben zur Liste findet sich wohl deshalb eine sehr vorsichtige Formulierung. Darin ist von »mindestens zwei Attentätern« die Rede, die über Leros mit gefälschten Pässen einreisten. Die Namensliste wird »nachrichtlich« auch an das Bundeskanzleramt übermittelt. BND-Präsident Schindler gibt in diesen Tagen keine Interviews zu den Folgen der Terroranschläge von Paris. Seine Äußerungen gegenüber der *Bild*-Zeitung haben sich als völlig unzutreffend herausgestellt.

Der damalige Präsident des Bundesamtes für Verfassungsschutz, Hans-Georg Maaßen, meldet sich hingegen sehr schnell über die *Funke-Mediengruppe* zu Wort.[123] In dem Interview hält Maaßen höchst geschickt an der alten Linie seines Ministers fest und deutet zugleich eine Abkehr an. Die Flüchtlingsroute hält er nach wie vor für weniger wahrscheinlich: »Es wäre risikoreich und untypisch, dass Personen mit Kampfauftrag in einem Seelenverkäufer von der Türkei auf eine griechische Insel übersetzen.« Dann aber kommen vom wichtigsten deutschen Verfassungsschützer bisher nie gehörte Aussagen, die so gar nicht in das große, mitunter weichgezeichnete Bild der bundesdeutschen Flüchtlingspolitik passen.

Seine Behörde habe eine »neue Arbeitseinheit eingerichtet, um mehr Informationen über Asylsuchende zu sammeln, damit mögliche Extremisten oder Terroristen unter ihnen erkannt werden. Dabei arbeiten wir eng mit dem Bundesnachrichtendienst und mit ausländischen Nachrichtendiensten zusammen«, erklärt Maaßen den Journalisten und ergänzt: »Wir bekommen nahezu wöchentlich Hinweise darauf, dass unter den Flüchtlingen auch Personen sein könnten, die über Erfahrung mit Waffen verfügen oder mit einem Kampfauftrag nach Deutschland kommen.« Nie zuvor hat ein Chef einer Bundesbehörde einen so direkten Zusammenhang zwischen der Masseneinreise von Migranten und der Bedrohung der öffentlichen Sicherheit so deutlich in der Öffentlichkeit hergestellt.

BND-Präsident Gerhard Schindler schweigt hingegen weiterhin. Er steht unter massivem Druck. Sein Dienst soll einen französischen Politiker und auch einen deutschen Diplomaten in Frankreich abgehört haben. Frankreichs Präsident François Hollande höchstpersönlich fordert von Deutschland Aufklärung. Solche »Praktiken zwischen Verbündeten« könne es nicht geben.[124]

Der Präsident des Bundeskriminalamtes, Holger Münch, hat keine Alternative. Im Herbst 2015 reihte sich Münch wie auch Schindler in die Schar der Experten ein, die öffentlich erklärten, ein Einsickern von IS-Terroristen über Flüchtlingsströme sei höchst unwahrscheinlich. Der Zufall will es, dass wenige Tage nach den mörderischen Anschlägen die BKA-Konferenz in Mainz stattfindet. Sicherheitsexperten aus ganz Deutschland geben sich hier ein traditionelles Stelldichein. Die Tagung findet immer im Herbst statt. Natürlich überschatten die Attentate von Paris das Treffen. Das öffentliche Interesse ist diesmal noch größer als sonst. Sicherheitsexperten, Politiker und Journalisten stellen sich die Frage: Wie positioniert sich das Bundeskriminalamt? Die vorliegenden Erkenntnisse kann Münch nicht abstreiten. Der BKA-Präsident übt den Spagat.

Münch weist darauf hin, es gebe lediglich 120 Hinweise zu Kriegsverbrechern unter den Flüchtlingen. Meist bestätige sich der Verdacht nicht. Es sei »nicht auszuschließen«, dass sich unter Flüchtlingen auch Kämpfer befinden. Doch Grenzkontrollen und eine Registrierung könnten keine völlige Sicherheit bieten. Dies behauptet aber auch kein ernst zu nehmender Sicherheitsexperte. Eine massenhafte Einreise von Menschen ohne jegliche Registrierung erhöht indes das Risiko. In Mainz räumt Münch ein, dass von einer lückenlosen Registrierung überhaupt nicht die Rede sein könne: »Wir sind noch in der Aufholphase.«[125]

Diese Linie ziehe sich wie ein roter Faden durch die Tagung. Kaum ein Redner aus den deutschen Sicherheitsbehörden versäume es, »eine Verbindung zwischen Einwanderung und Terrorgefahr herunterzuspielen«, stellt der leitende Redakteur der *FAZ* Jasper von Altenbockum in einem pointierten Kommentar fest. Auf der Tagung sei die Angst, einen Zusammenhang zwischen der Flüchtlingspolitik und der Terrorgefahr herzustellen, geradezu mit den Händen zu greifen.[126]

Es ist ein offenes Geheimnis, dass viele Flüchtlinge aus dem Irak und Syrien Erfahrungen mit Schusswaffen haben. Aus Opfern können Täter werden. Allein in Syrien gibt es hunderte Milizen. Zudem besteht die Gefahr, dass sich Flüchtlinge in Deutschland radikalisieren. Auch solche Fälle gibt es immer wieder. Das Problem werde, so die *FAZ*, auf der BKA-Tagung »verniedlicht«.[127]

Die Furcht vor rechtsextremistischer »Resonanzkriminalität« sei auf der Tagung hingegen mit den Händen zu greifen gewesen. Die Behörden, so von Altenbockum, denken beim Islamismus »auch an Rechtsextremisten und an ein Trauma: Nie wieder NSU! Ist dies aber der richtige Weg, Prävention im einen Fall mit einem Tabu zu belegen, um im anderen Fall handlungsfähig zu sein?« Darüber wird in Mainz auf dem Podium nicht diskutiert.[128]

Erst am 30. November passen das Bundesamt für Verfassungsschutz, das Bundeskriminalamt und das Innenministerium ihre gemeinsame Sprachregelung an die neuen Realitäten an. Ein Hinweis auf die IS-Terrororganisation oder islamistische Gewalttäter unter den Flüchtlingen findet sich darin nicht. Lediglich eine Bemerkung lässt ein wenig aufhorchen: »Zwei Attentäter der Anschläge in Paris vom 13. November 2015 sind im Flüchtlingsstrom unter Nutzung von Falschpersonalien nach Europa eingereist. Die Sicherheitsbehörden berücksichtigen diesen Umstand im Rahmen der Hinweisbearbeitung und der zu treffenden Maßnahmen.«[129]

Das große Tabu: der Flüchtling als Terrorist

Am 3. Dezember liegt im BKA eine interne »Aktualisierung der Gefährdungslage islamistischer Terrorismus« vor. Die Analyse entsteht als Reaktion auf die Anschläge in Paris. Inzwischen gibt es keine Zweifel mehr, dass die Zellen um Abdelhamid Abaaoud für die Massenmorde von Paris verantwortlich sind. Nicht nur in Frankreich und Belgien, auch in Deutschland wird im November eine erhöhte Anzahl »möglicher Gefährdungssachverhalte unterschiedlicher Wertigkeit aus dem Phänomenbereich des islamistischen Terrorismus« bekannt, stellt der Bericht fest. Im Klartext bedeutet dies, dass eine große Anzahl von Hinweisen der unterschiedlichsten Art eingeht. Darunter befinden sich Informationen aus der Bevölkerung wie auch von ausländischen Polizei- und Nachrichtendiensten.

Gleichzeitig registrieren die Behörden, dass die Hinweise von Flüchtlingen auf Extremisten und Terrorverdächtige nach Paris stark zunehmen. Einige dieser Hinweisgeber machen sich nur wichtig oder setzen Gerüchte in die Welt. Viele dieser Menschen wollen aber auch ein Zeichen setzen, die Behörden unterstützen und gleichzeitig ihren Abscheu gegenüber den IS-Terroristen zum Ausdruck bringen. So gelingt es ein knappes Jahr später in Leipzig dank der Mithilfe mehrerer Syrer, den mutmaßlichen IS-Terroristen Jaber Albakr festzunehmen.

Für das BKA steht fest, dass es sich bei den Attentätern in Paris um gut ausgerüstete und mit einem »hohen Grad an Professionalität« agierende Personen handelt. Das BKA rechnet damit, dass der IS, »seiner global-dschihadistischen Ideologie folgend«, das Augenmerk »weiter auf westliche Staaten oder deren Interessen und Einrichtungen in der Region richten wird«. Ebenso besteht kein Zweifel, dass der IS nicht nur gut ausgebildete, sondern auch zu »allem entschlossene Täter« entsendet.

Die Attentäter von Paris stammen aus Belgien oder Frankreich. Als junge Männer schließen sie sich dem IS an und reisen nach Syrien. Hunderte Islamisten reisten in den letzten Jahren auch aus Deutschland nach Syrien. Diese IS-Anhänger könnten nun als Attentäter »für analoge Operationen in Europa« zurückkehren. Es besteht zudem die Möglichkeit, dass dies bereits durchgeführt werde. Zudem gebe es die »erhöhte Gefahr« durch IS-Anhänger in Deutschland, die sich durch die Mordtaten von Paris »inspiriert fühlen, eigenständige Taten zu planen oder durchzuführen«. Diese Taten erscheinen jederzeit möglich.

Laut BKA befinden sich »neben Vertretern oder Repräsentanten des Staates insbesondere symbolhafte und ›weiche‹ Ziele« im Visier des IS. Dazu zählen Sport- oder öffentliche Veranstaltungen. Das BKA richtet seinen Blick nicht nur auf die tragischen November-Ereignisse in Paris. Auch im Hinblick auf »die Ereignisse im Januar und Februar 2015 sind zukünftig multiple, teilweise über mehrere Tage zeitversetzte, Anschläge möglicherweise mehrerer agierender Zellen gegen verschiedene Zielkategorien einzukalkulieren«.

Wir erinnern uns: Anfang Januar 2015 richten Terroristen in Paris ein Blutbad an. In Verviers kommt es nur Tage später zu dem Feuergefecht. Mit den Anschlägen am 13. November schließt sich für das BKA ein Kreis des Terrors: In der »Gesamtbetrachtung« werde deutlich, stellt das interne Papier aus dem Bundeskriminalamt fest, dass der IS oder seine Anhänger »tatsächlich in der Lage sind, groß angelegte terroristische Straftaten auch in westeuropäischen Staaten zu planen und durchzuführen«. Es bestehe zudem die Gefahr, dass der IS »zeitnah weitere Taten gegen westliche Ziele planen« könne. Auch bestehe die Möglichkeit, dass sich weitere terroristische Zellen im europäischen Raum aufhalten. Damit ist für die Bundesrepublik »eine anhaltend hohe abstrakte Gefahr« festzustellen.

Die Lageeinschätzung des BKA vom 3. Dezember dokumentiert den Bruch mit den überholten Analysen vom Sommer und Herbst 2015. In vielen Punkten ähnelt die neue BKA-Analyse äußerst auffällig der Einschätzung des US Department of Homeland Security vom Mai 2015.[130] Eindringlich warnten die Amerikaner bereits nach dem Feuergefecht von Verviers vor verheerenden Anschlägen. Die Bundesregierung vertrat trotzdem lange eine andere Ansicht. Nach den Anschlägen in Paris muss dann die falsche Lageeinschätzung an die neuen Realitäten angepasst werden. »Die Terroranschläge von Paris im November 2015 bildeten den Wendepunkt«, stellt Thomas de Maizière rückblickend fest, »auch wenn es da so schien, als sei diese ›Spur‹ von den Terroristen bewusst gelegt worden.«

Die Angst vor dem großen Knall

Einigen entscheidenden Fragen weicht die Analyse des BKA aber weiterhin aus: Wo verstecken sich diese möglicherweise noch immer bestehenden Terrorgruppen? In Privatwohnungen oder in Flüchtlingsunterkünften? Wie kommen die Täter nach Europa? Auch dieses Thema ist allem Anschein nach noch immer auch in weiten Kreisen in Deutschland weiterhin ein Tabu. An dieser Einschätzung ändern selbst die mörderischen Anschläge von Paris nichts.

Auch behördenintern wurde zunächst versucht, das Thema kleinzureden, meinen Mitarbeiter von deutschen Sicherheitsapparaten, die diese entsetzlichen Tage im November im Dienst miterleben. Deutschland sei ja schließlich nicht betroffen, wurde damals behauptet. Als die ersten Erkenntnisse einlaufen und feststeht, dass sich keine Asylbewerber oder deutsche Islamisten unter den Attentäter befinden, macht sich unter Mitarbeitern deutscher Sicherheitsbehörden ein Gefühl von Erleichterung breit.

Die Angst, noch einmal wie bei der Enthüllung der Mordserie des sogenannten »Nationalsozialistischen Untergrundes« und der Verhaftung von Beate Zschäpe plötzlich in einem öffentlichen Orkan der Empörung zu stehen, ist vor allem in den Verfassungsschutzbehörden und den Innenministerien riesengroß. Unmittelbar nach der Anschlagsserie habe es eine regelrechte »Panik« gegeben. Der Staatsdiener Paul Mayer muss immer daran denken, wenn er sich nach einer Terrormeldung an die Arbeit setzt: »Man war froh, dass es in Paris passierte und dass es keine Bezüge nach Deutschland gab; dass man nichts verschlafen hat. Das Wichtigste war und ist nach solchen Terroranschlägen: Wir haben keine eigenen Erkenntnisse. Dann kann man aufatmen, weil man keine Probleme bekommen wird. Das Weitere ist eine Polizeisache. Man sieht sofort nach: Liegt etwas vor? Wenn keine Speicherung vorliegt, werden die Akten durchgesehen«, meint er. »Wenn auch dann nichts vermerkt wird, kann der Vorgesetzte informiert werden. Gerne folgt man dann seiner Bitte: ›Das Ganze noch einmal schriftlich.‹ Das geht dann raus und man ist glücklich. Das ganze Haus ist erleichtert. Die sind ja nur durchgereist.«

Selbst wenn die unterschiedlichen Behörden bei Terrorlagen intensiv zusammenarbeiten: Die Verantwortung für Fehler übernimmt keine Behörde gerne. Viel besser ist es, heikle Sachverhalte an Kollegen weiterzureichen. Die Angst vor einem Untersuchungsausschuss hänge stets wie ein Damoklesschwert über deutschen Behördendächern, erklärt Paul Mayer: »Wenn was vorliegt, dann wird weiter nachgesehen: Wer hat was gespeichert? Wo liegt der Ursprung der Meldung? Wenn es das Bundesamt für Verfassungsschutz ist, dann geben wir es der Polizei weiter; dann sind auch wir froh.«

Dabei nimmt die Spannung weiter zu. Die Terrorfahnder können nur hoffen, dass in Deutschland keine unerkannten IS-Terrorkommandos auf den Einsatzbefahl warten. Nach den Attentaten in Paris ist bekannt, dass mindestens zwei Mitglieder der Terrorgruppe um Abaaoud noch auf freiem Fuß sind. Darunter auch Abaaoud selbst. Sind sie die letzten Mitglieder dieser Zelle? Im nordrhein-westfälischen Alsdorf, nahe der Grenze zu Belgien und den Niederlanden, nehmen am 16. November Spezialkräfte sieben Personen fest. Es gibt einen Bürgerhinweis. Abdelhamid Abaaoud soll sich dort befinden. Ein

Fehlalarm: Es gibt keinen Zusammenhang mit den gesuchten Personen.

Aber es gibt eine weitere, sehr heiße Spur. Sie führt nach Ulm in Baden-Württemberg. Das zeigt der interne Lagebericht des BKA mit Stand 30. November 2015. Einer der flüchtigen Attentäter von Paris fährt am 2. Oktober mit einem BMW-Mietwagen von Brüssel nach Ulm. Einen Tag später kehrt er wieder zurück. Zunächst liegen dem BKA keine weiteren Erkenntnisse vor. Was macht der Mann für einen Tag an der Donau? Holt er dort Komplizen ab? Die Sorgen in diesen Tagen sind groß.

Denn in Ulm gibt es eine rege salafistische Szene, die bundesweit für Aufsehen sorgt. Vereinsverbote sind die Folge. Immer wieder stoßen Staatsschützer auf Beziehungsgeflechte, die direkt in den islamistischen Terrorismus hineinreichen. Umso größer ist die Anspannung, als bekannt wird, dass allem Anschein nach Angehörige der Pariser Mordkommandos über Ulm Richtung Frankreich reisen. Alles nur ein Zufall? Mitte Januar 2016 gibt das Ulmer Polizeipräsidium Entwarnung. Ein Zusammenhang mit der islamistischen Szene kann nicht nachgewiesen werden.

Doch das Problem besteht weiter. Auch in deutschen Städten wuchern sogenannte »No go areas«, in denen es immer schwieriger wird, die Gesetze der Bundesrepublik Deutschland durchzusetzen. Verstecken sich in diesen Stadtteilen weitere IS-Terroristen? Wie Kaninchen blicken Deutschlands Terrorfahnder in diesen Wochen und Monaten auf eine unsichtbare Schlange und hoffen, dass nichts passiert. Das legt bei vielen die Nerven blank. Andere sagen: »Na und?« oder: »Uns konnte man nicht mehr schockieren.« Gleichzeitig wachsen aber auch die Sorgen, meint Paul Mayer: »Es kommt näher, es kommt näher und wir unternehmen nichts.«

Ein wenig mehr Sicherheit wagen: die Beschlüsse der Innenminister

Seit der Einführung im November 2014 hatten Experten deutscher Sicherheitsbehörden die schriftlichen Anhörungen für Syrer und Minderheiten aus dem Irak kritisiert. Doch das Innenministerium in Berlin beharrte auf dem »beschleunigten Verfahren«. In der Öffentlichkeit wird dieser beharrliche Kampf um die Sicherheitslücke der deutschen Asylpolitik nicht wahrgenommen. Knapp 87 Prozent der syrischen Asylbewerber nehmen 2015 am schriftlichen Verfahren teil. 2015 gehen beim BAMF knapp 171 000 Fragebögen von Syrern ein. Hinzu kommen gut 17 000 Fragebögen von berechtigten Personen aus dem Irak.

Dann aber beschließen die deutschen Innenminister auf ihrer Herbsttagung am 3. und 4. Dezember in Koblenz eine kleine Wende. »Das Sicherheitsanliegen macht es dringend notwendig, dass wir umschwenken«, erklärt der Vorsitzende der Innenministerkonferenz, Roger Lewentz von der SPD. Lewentz ist der Innenminister von Rheinland-Pfalz. Sein Bundesland hat 2015 den turnusgemäßen Vorsitz im Bundesrat.

Ab dem 1. Januar 2016 sollen wieder für alle Asylbewerber Einzelfallprüfungen mit mündlicher Anhörung durchgeführt werden. Bundesinnenminister Thomas de Maizière macht sich für die Rückkehr zum alten, bewährten System stark. Ein bemerkenswerter Wandel: Im November 2014 führte er die beschleunigten Verfahren ein. Jetzt will er sie kippen. In den ARD-*Tagesthemen* wirbt de Maizière für die erneute Einzelfallprüfung aus »Gründen von Recht und Ordnung und Sicherheit. Wir müssen wissen, ob alle die, die sich als Syrer ausgeben, wirklich Syrer sind.« Das Signal ist klar: Nach Paris geht Sicherheit wieder vor Schnelligkeit.

Der nordrhein-westfälische Innenminister Ralf Jäger (SPD)

stellt Bedingungen für die verstärkte Prüfung von Syrern. »Es wird eine Einigung geben, wenn das BAMF in der Lage ist, die Einzelfallprüfung tatsächlich zu bewältigen«, fordert Jäger in einem Interview mit der *Deutschen Presse-Agentur*, abgekürzt *dpa*. Jäger ist Sprecher der SPD-geführten Innenministerien. Sein Wort hat diesmal kein Gewicht. Die CDU und der CSU-Innenminister befürworten die Rückkehr zur persönlichen Anhörung.[131]

Einen entscheidenden Punkt thematisieren die Innenminister nicht: Es gibt einen Stichtag. Das Regelverfahren mit persönlicher Anhörung gilt erst wieder ausnahmslos für alle Asylbewerber, die ab dem 1. Januar 2016 in das Bundesgebiet einreisen. Das bedeutet aber auch: Für alle Flüchtlinge, die behaupten, aus Syrien zu stammen, oder angeben, einer irakischen Minderheit anzugehören, und bereits vor dem 1. Januar 2016 einen Asylantrag gestellt haben, ändert sich nichts. Der notwendige Erlass des Bundesinnenministeriums erfolgt kurz vor Weihnachten am 21. Dezember. Wenige Tage nach Neujahr kommt im BAMF ein diesbezügliches Schreiben aus Berlin an.

Die Sicherheitslücke bleibt also bestehen. Sie wird mit dem Beschluss der Innenminister lediglich nicht weiterwachsen. Kostbare Zeit verstreicht. Erst mit Inkrafttreten des »Gesetzes zur Einführung beschleunigter Asylverfahren« am 17. März 2016 wird das BAMF verpflichtet, dass nunmehr grundsätzlich bei allen Flüchtlingen, die ab diesem Datum ihren Asylantrag stellen, eine persönliche Anhörung erfolgt. Immerhin gehen 2016 beim BAMF noch knapp 86 000 Fragebögen von Irakern und Syrern ein.

Für diese Menschen wurde das Fragebogenverfahren während der Flüchtlingskrise zum Regelfall, sofern es keine Zweifel an der Identität des Antragstellers gab. Doch das lag meist in der Hand der Dolmetscher, da die Vorlage von Ausweisen nicht verpflichtend vorgesehen war. Der Dolmetscher entschied, ob der Flüchtling ein syrisches oder irakisches Arabisch sprach.

Aus diesem Grund gab es für »Syrer« und Angehörige irakischer Minderheiten fast nur mehr schriftliche Anhörungen. Ihre Verfahren sind heute meist abgeschlossen. Ihre Identität bleibt in fast allen Fällen ungeklärt.

Eine nachträgliche Anhörung ist bei einem abgeschlossenen Verfahren nur auf freiwilliger Basis möglich. Erst 2018 wird daran gearbeitet, diese Lücke mit einem neuen Gesetz zu schließen. Die deutsche Bevölkerung wird über diese Zusammenhänge nie aufgeklärt. In der Nachrichtenflut des ausgehenden Jahres 2015 spielt die halbherzige Abkehr von der schriftlichen Anhörung keine Rolle.

Der Erlass des Bundesinnenministeriums vom 21. Dezember ist somit kaum mehr als ein eher fauler Kompromiss zwischen der IS-Terrorbedrohung und den enorm hohen Zahlen von Asylanträgen. Allen Beteiligten ist damals klar: Ein kompletter Neustart würde das BAMF vollends zum Kollabieren bringen. Für das Gesamtjahr 2015 stellt die europäische Grenzschutzorganisation FRONTEX mehr als 1,8 Millionen unerlaubte Grenzübertritte fest.

Aber auch die Begrenzung des beschleunigten Verfahrens erhöht den Druck auf die Asylbehörde weiter. Eine Anhörung bedeutet mehr Sicherheit, aber auch mehr Zeit. Dieser Zusammenhang gilt noch immer und ist auch dem Ministerium bestens bekannt. Die Bitte des Ministeriums, »mit flankierenden personellen und organisatorischen Maßnahmen einer Verlängerung der Verfahrensdauer möglichst entgegenzuwirken«, zeugt von Hilflosigkeit im Angesicht der Krise. Wie soll dies gelingen? Im entsprechenden Schreiben findet sich hierzu kein Hinweis. Deutschland verliert die Handlungsfreiheit im Angesicht der Asylkrise. Auch wenn das Pendel sich jetzt wieder stärker Richtung Sicherheit neigt: Die Uhr lässt sich nicht mehr zurückdrehen.

Auch der Verfassungsschutz muss sich auf neue Herausforderungen einstellen. Die »schiere Masse« an Daten, Namen und Zahlen zwingt die Dienste, umzudenken und die Arbeit neu zu organisieren. »Der Verfassungsschutz ist für ein statisches Geschäft geschaffen«, sagt der Leiter einer Landesbehörde in einem Hintergrundgespräch. »Verschiedene Puzzleteile fügen sich normalerweise zu einem Gesamtbild zusammen.« Akten werden gesichtet, Beobachtungsobjekte werden abgeklopft. Doch bei Hinweisen auf neu angekommene Migranten gibt es fast nie einen Zusammenhang mit hiesigen Organisationen, Strukturen oder bekannten Einzelpersonen.

Nicht mehr die Struktur, sondern der Einzelfall steht nun im Mittelpunkt. Das bedeutet: Zu allen diesen meist jungen Männern wird eine Dokumentation angelegt und anschließend entschieden, ob der Aufwand lohnt, diese Person genauer unter die Lupe zu nehmen. Auch die Polizei wird beteiligt. »Wenn eine Geschichte heiß wird, dann muss die Polizei vorbereitet sein.« Dies sei eine Konsequenz aus den Lehren der Sicherheitsdienste im Zusammenhang mit dem NSU-Komplex, als Personen einfach aus den Augen verloren wurden.

Am Ende eines jeden dokumentierten Falles steht die Bewertung: Gilt der Mann als ungefährlich, dann wird die Akte abgelegt. Was aber geschieht, wenn einer dieser als harmlos eingeschätzten Männer einen verheerenden Anschlag verübt? »Jede Bewertung kann falsch sein, aber sie muss begründet sein«, berichtet mir der Leiter dieser Sicherheitsbehörde. Er begutachtet jeden einzelnen Fall persönlich. Stimmt er der wohlüberlegten Prognose seiner Mitarbeiter zu, dann übernimmt er persönlich die Verantwortung. Wie geht mein Gesprächspartner mit dieser enorm gewachsenen Herausforderung um, die Sicherheit für die Menschen zu gewährleisten und Gefahren abzuwehren? Die Antwort kommt prompt und unvermittelt: »Dafür werde ich bezahlt!«

Ein anonymer Brief mit brisantem Inhalt

Einige Tage nach den massenhaften sexuellen Übergriffen auf Frauen in der Kölner Silvesternacht entdecke ich in meinem Postfach im Bayerischen Rundfunk einen Brief. Auf dem Umschlag steht kein Absender. Wieder einmal. Der Poststempel ist unleserlich. In dem Kuvert findet sich die Kopie eines Schreibens, adressiert an das Landeskriminalamt von Nordrhein-Westfalen. Das Dokument ist bis zum Ablauf des Jahres 2046 als Verschlusssache eingestuft und damit für die nächsten Jahrzehnte für die Öffentlichkeit unzugänglich.

Es geht um Erkenntnisse des Verfassungsschutzes zum sogenannten »Phänomenbereich ›Nordafrikaner‹«. Ist das anonym zugesandte Papier authentisch? Am Seitenrand des Briefes findet sich eine interne Telefonnummer. Wir rufen an. Am anderen Ende der Leitung meldet sich ein Beamter. Die Nummer stimmt also. Immer mehr spricht dafür: Das Dokument scheint authentisch zu sein. Der Inhalt des Schreibens ist brisant. Es geht um herumziehende kriminelle junge Männer aus Nordafrika.

In den letzten Wochen seien vor allem Algerier und Marokkaner als Asylsuchende im Bereich der Universitätsstadt Münster festzustellen, heißt es in dem internen Schreiben. Ein Großteil habe sich zuvor in Frankreich und Belgien aufgehalten. Dann wurde ihnen aber dort der Druck der Sicherheitsbehörden zu groß. Sie weichen nach Deutschland ins westlichste Bundesland Nordrhein-Westfalen aus. Vermutlich versuchen die Nordafrikaner auf diese Weise einer Festnahme und Abschiebung zu entgehen.

Bei ihren deutschen Asylverfahren geben sie falsche Personalien an. Identitätspapiere werden vernichtet oder versteckt. Den Lebensunterhalt verdienen sie überwiegend mit Straftaten; insbesondere mit Drogenhandel und Eigentumsdelikten. »Da der Kontakt mit den Sicherheitsbehörden in den meisten Fällen folgenlos bliebe und Verurteilungen eher die Ausnahme seien, hätten sie jeglichen Respekt vor Polizei und Justiz verloren.«

Gegenüber anderen Menschen treten sie »völlig enthemmt« auf. Dies liege am Konsum illegaler Drogen und Alkohol. Es handele sich bereits um den zweiten Hinweis zu diesem »Sachkomplex«, stellt das Papier fest. Neben Dortmund sei nun auch Münster betroffen. Mit einer Rückkehr dieser Nordafrikaner nach Belgien und Frankreich sei nicht zu rechnen, da sie in Deutschland »mit einem geringen Aufwand in der Lage seien, ein nach ihren Maßstäben angenehmes Leben zu führen, ohne dass sie besondere Konsequenzen zu fürchten« haben.

Das Papier wird in einem TV-Beitrag des ARD-Politmagazins *report München* in Auszügen veröffentlicht.[132] Der Bericht löst ein großes Echo aus. Der damalige NRW-Innenminister Ralf Jäger bestätigt die Echtheit des Geheimpapiers. Eine örtliche Flüchtlingshilfe aus Münster, die sich als überkonfessionell und überparteilich versteht, meldet sich nach der Sendung in einer Presseerklärung zu Wort. Die Helfer erfahren erst durch die *report München*-Sendung von dem internen Papier. Die Initiative findet es »inakzeptabel, wenn durch Politik und Verwaltung des Landes NRW in Kauf genommen wird, dass einer unserer ehrenamtlichen Helfer in Münster tagsüber einem Flüchtling z. B. Sprachunterricht erteilt und dieser dann abends hinterm Bahnhof mit Drogen handelt oder stiehlt«.[133]

Münster ist nur ein besonders gut dokumentiertes Beispiel, wie trotz vorliegender Informationen Behörden durch ihr Schweigen Probleme vergrößern und engagierte ehrenamtliche Flüchtlingshelfer verärgern. An zahlreichen anderen Orten in Deutschland gibt es vergleichbare Probleme mit Personen, die sich als Flüchtlinge registrieren lassen, die offenen Grenzen Europas ausnutzen und anschließend in die Kriminalität abrutschen.

Andere Asylbewerber betrachten diese Personengruppe als »›kriminelle Bande‹«. Sie schämen sich für sie. Viele Asylsuchende kehrten aus Angst vor einer weiteren Eskalation schon weit vor Mitternacht am Silvesterabend 2015 in ihre Unterkünfte zurück. Diese Flüchtlinge äußern zudem ihr »Unverständnis über das Auftreten der Kölner Polizei in der Silvesternacht«. Trotz der Hinweise auf die sexuellen Übergriffe der Nordafrikaner seien die »Beamten nicht konsequent gegen die Täter« eingeschritten. Auch diese Aussage vermerkt das Geheimpapier.

Die Folgen der Kölner Neujahrsnacht 2016

Das Problem mit herumziehenden Nordafrikanern ist auch in Köln nicht neu. Laut den Erfahrungen des dortigen Polizeipräsidiums gibt es seit 2012 Anhaltspunkte, »dass Straftäter im Bereich der Raubdelikte, Körperverletzungsdelikte, Betäubungsmitteldelikte und Taschendiebstahlsdelikte in zunehmendem Maße algerischer, marokkanischer, tunesischer oder libyscher Nationalität oder Herkunft waren«. Nachzulesen sind diese Erkenntnisse im Schlussbericht des Untersuchungsausschusses des NRW-Landtages vom 23. März 2017 zu den Vorkommnissen der Kölner Silvesternacht.[134] Überraschend für die Behörden waren lediglich die massiven sexuellen Übergriffe, nicht aber die Gewaltbereitschaft dieser zumeist jungen Männer.

Bereits 2015 stellt die Kölner Polizei zahlreiche Körperverletzungsdelikte fest. Zusätzlich kommt es zu Ladendiebstählen oder Betäubungsmitteldelikten. Der weit überwiegende Teil der Tatverdächtigen stamme auch in diesen Fällen aus Marokko, Algerien, Tunesien und Syrien. Bei diesen auffällig gewordenen Gruppierungen handele es sich um »höchst effiziente Netzwerke«.

Im Zuge einer Datenauswertung durch das Kölner Polizeipräsidium mit Beginn des Januar 2013 wurden 17 000 entsprechende Personendaten von Straftätern erfasst. 3 800 davon haben einen registrierten Wohnsitz oder anderweitigen Adressbezug zu Köln oder Leverkusen. Bei diesen handelt »es sich zum großen Teil um unbegleitete minderjährige Flüchtlinge«, stellt der Schlussbericht des Untersuchungsausschusses fest.

Betreut werden die jungen Flüchtlinge vom Jugendamt. Doch die örtlichen Jugendschutzeinrichtungen verlassen sie »in aller Regel innerhalb weniger Stunden wieder«. Einige dieser Jugendlichen »seien inzwischen als Intensivtäter eingestuft worden«.[135] Ob es sich tatsächlich um Minderjährige handelt, vermerkt der Bericht nicht. Tatsächlich wird in Deutschland das Alter von minderjährigen alleinreisenden Flüchtlingen nicht routinemäßig überprüft. Umso größer ist die Empörung, als sich nach Verbrechen wie dem Sexualmord in Freiburg im Oktober 2016 oder dem Messermord von Kandel im Dezember 2017 herausstellt, dass die jungen Männer oft ein falsches Alter angeben. In Kandel behauptet der Täter sogar, er sei mit einem Onkel nach Deutschland eingereist.

Es habe sich keine Methode durchgesetzt, das Alter dieser jungen Menschen zu untersuchen, wird dann oft behauptet. Bei den Anhörungen im BAMF habe man sich zudem gescheut, konkretere Fragen zu stellen: »Hier sind Samthandschuhe in zarter Qualität angepasst worden«, erklärt ein BAMF-Insider. Eine akribische Prüfung unter Sicherheitsgesichtspunkten finde nicht statt. Die Jugendämter sehen sich als hundertprozentige Vertreter dieser jungen Leute. Die zuständigen Ausländerbehörden haben zu ihrem Entsetzen dann oft das Nachsehen. In einzelnen Bundesländern aber werden Untersuchungen durchgeführt. Im Saarland kommt heraus, »dass jeder zweite minderjährige Migrant, bei dem Zweifel am Alter bestanden, tatsächlich schon volljährig war«. Ein ähnliches Bild zeigt sich in Hamburg. Auch dort wird festgestellt, dass viele Asylbewerber sich fälschlicherweise als minderjährige Flüchtlinge ausgeben.[136]

Die Öffentlichkeit wird auch über dieses Problem nicht aufgeklärt. Der gewalttätige junge Migrant, der sich als unbegleiteter minderjähriger Flüchtling ausgibt, passt nicht ins Bild einer geschönten Asylpolitik. Dieser fahrlässige Umgang mit den Befürchtungen der Bevölkerung zerstört Vertrauen in den Rechtsstaat. Dabei sind immer wieder die gleichen Mechanismen zu beobachten: Die Behörden sammeln Daten. Die Politik sieht viel zu lange zu. Die Stimmung in der Bevölkerung droht zu kippen. Gegner jeglicher Aufnahme von Flüchtlingen machen in sozialen Medien mobil. Der Staat hechelt den Entwicklungen hinterher. Eine vorausschauende Politik, die Probleme erkennt und handelt, sieht anders aus.

Für das Land Nordrhein-Westfalen schafft erst der Bericht des Untersuchungsausschusses Klarheit. In Dortmund beispielsweise betrug im Jahr 2010 der Anteil der Tatverdächtigen mit nordafrikanischem Migrationshintergrund 3,08 Prozent. Im Jahr 2015 sind es bereits knapp 12 Prozent. Bei Taschendiebstählen wird im Jahr 2015 sogar »jeder zweite ermittelte Tatverdächtige dem Bereich der nordafrikanischen Straftäter zugeordnet«. 2013 lag der Anteil der nordafrikanischen Tatverdächtigen bei Taschendiebstählen noch bei rund einem Drittel.

Der Bundesinnenminister will erst am 4. Januar 2016 aus den Medien »von der Brisanz und dem Ausmaß der Ereignisse« in der Kölner Silvesternacht erfahren haben. Diesmal handelt die Bundesregierung. Der Druck der Öffentlichkeit ist viel zu groß. Ein Wegdiskutieren von Problemen ist nach den Vorkommnissen nicht mehr möglich. »Vor Köln konnte keiner die Probleme offen ansprechen, ohne mit dem Vorwurf des Generalverdachtes konfrontiert zu werden«, erinnert sich Wolfgang Bosbach. »Erst danach sind kritische Nachfragen zur Flüchtlingspolitik plötzlich möglich, ohne dass sofort wütende Vorwürfe folgen. Die Silvesternacht ist die kommunikative Wende.«

Ähnlich schätzt auch Thomas de Maizière die Auswirkungen der Krawalle und Übergriffe zur Jahreswende ein: »Die Ereignisse von Köln waren von zentraler Bedeutung für die öffentliche Stimmungslage. Bis dahin dominierte in der überwiegenden Mehrheit der Bevölkerung die von vielen beschworene ›Willkommenskultur‹. Danach wurden dann plötzlich überall kritische Stimmen laut, und es war möglich, Fehlentwicklungen anzusprechen, ohne gleich einen ›Shitstorm‹ zu ernten.«

Sehr rasch wird das Strafrecht bei Sexualdelikten verschärft. Auch Ausweisungsbestimmungen und die Anerkennung einer Flüchtlingseigenschaft bei Straftätern werden in Windeseile geändert. Zudem sind Staatsanwaltschaften seit dem 17. März 2016 verpflichtet, bei der Erhebung einer öffentlichen Anklage gegen einen Asylbewerber bei schwerwiegenden Straftaten das BAMF zu informieren.

Doch was nützt die Ablehnung eines Asylantrages, wenn die Person in Deutschland bleiben kann, weil eine Abschiebung regelmäßig scheitert? Ein Zeuge bringt diese Herausforderung im NRW-Untersuchungsausschuss auf den Punkt: Es sei eine Tatsache, »dass im Ausländeramt das Problem der Abschiebung tatsächlich ein großes Problem war«. Die nordafrikanischen Staaten wollen, so der Zeuge, diese Menschen »zum Großteil gar nicht zurückhaben«. Es habe »ellenlange Personenfeststellungsverfahren« gegeben, wo »man am besten einen Ausweis haben wollte, den diese Menschen aber schon vorher weggeworfen hatten«. Das Resümee des Zeugen klingt verdrießlich: Eine Abschiebung dieser Leute wäre »so gut wie unmöglich«.[137]

Diese Herausforderung besteht bis heute. Mit der zunehmenden Anzahl von Personen, die ohne irgendeine Aussicht auf Anerkennung durch Europa ziehen, dürften sich diese Probleme eher noch vergrößern. Der Rechtsstaat ist bislang nicht in der Lage, schnelle und befriedigende Lösungen aufzuzeigen. Weder auf deutscher noch auf europäischer Ebene zeichnet sich eine Einigung ab.

Diese Unfähigkeit stärkt die Gegner eines Rechts auf Asyl für wirklich verfolgte Menschen, die dringend auf den Schutz des Grundgesetzes angewiesen sind. Gleichzeitig bleiben Personen zurück, die sich radikalisieren und als Islamisten in Deutschland oder Europa sogar folgenschwere Anschläge begehen können oder als Gewaltverbrecher umherziehen. Auch in diesem Zusammenhang gibt es mehrere Beispiele.

Der Axtattentäter mit den Mehrfachidentitäten

Am späten Vormittag des 7. Januar 2016 rennt ein großer, athletisch gebauter Mann durch die Rue de la Goutte d'Or im 18. Arrondissement von Paris. Es ist der Jahrestag des Anschlags auf die Redaktion der Satirezeitschrift *Charlie Hebdo*. Der junge Mann ruft »Allahu Abkar«, heißt es später in den Medien. Er ist mit einem Beil bewaffnet. Es sieht aus, als trage er eine Sprengstoffweste.

Als er versucht, in eine lokale Polizeidienststelle einzudringen, wird er erschossen. Die Schwerpunktstaatsanwaltschaft für Terrordelikte von Paris übernimmt die Ermittlungen. Erleichtert stellen die Fahnder fest: Die Weste ist eine Attrappe. Doch bei der Leiche finden sie einen Zettel mit der Flagge des IS. Schnell stoßen die Fahnder in Frankeich auf eine Spur nach Deutschland. Der Attentäter mit dem Beil besitzt ein Handy mit einer deutschen Nummer. Am 27. Dezember ruft er mit diesem Handy eine Mobilfunknummer in Deutschland an.

Die Franzosen bitten ihre deutschen Kollegen um Unterstützung bei den Ermittlungen. Für die deutschen Behörden ist der tote Attentäter mit der Axt zunächst ein unbeschriebenes Blatt. Mit dem Namen, den die französischen Ermittler angeben, können sie zunächst nichts anfangen.

Das Handy ist auf einen ganz gewöhnlichen, typisch deutschen Namen angemeldet. Anschlussinhaber und Adresse passen nicht zusammen. Der tote Attentäter versuchte also seine wahre Identität zu verschleiern. Nur so kann sein Verhalten erklärt werden. Der Kontakt des Angreifers in Deutschland ist ein abgelehnter Asylbewerber aus der Türkei. Der Mann ist als Krimineller polizeibekannt. Als Islamist ist er noch nie aufgefallen.

Doch dann stellt sich heraus: in den letzten Jahren sorgt der Attentäter unter verschiedenen Namen und Nationalitäten immer wieder für Ärger. Der Marokkaner mit den verschiedensten Aliasnamen ist nicht nur der deutschen Polizei aufgefallen.

2013 wird gegen ihn in Luxemburg wegen Raubes ermittelt. Vermutlich heißt der Mann Walid Salihi und wurde 1995 in Marokko geboren. Seine letzte Anschrift ist eine Flüchtlingsunterkunft in Recklinghausen in Nordrhein-Westfalen. Zum ersten Mal steht damit unumstößlich fest: Ein Asylbewerber in Deutschland wird als IS-Anhänger in letzter Minute bei einem Terroranschlag gestoppt.

Auch das Innenministerium wird über den Fortgang der Untersuchungen informiert. Die Angelegenheit ist sensibel. Die Attentate von Paris sind erst sieben Wochen her. Die Mörder von Paris reisten höchstwahrscheinlich durch die Bundesrepublik. Für den Innenminister höchstpersönlich werden die vorliegenden Informationen der deutschen Behörden zusammengestellt. Schnell stellen sich zwei Sachverhalte heraus: Der gestoppte Attentäter sympathisiert allem Anschein nach bereits seit einiger Zeit mit dem IS. Er verstößt gegen Gesetze. Zu einer Abschiebung aber kommt es nie. Zugleich reist er seit Jahren kreuz und quer mit den unterschiedlichsten Aliasnamen durch Europa.

Über den Attentäter tauchen in internen deutschen Behördenunterlagen weitere verstörende Details auf. Wie schon berichtet, soll Salihi bereits im März 2015 ein Symbol des Islamischen Staates auf der Innenwand eines Raumes in einer Asylbewerberunterkunft in Recklinghausen angebracht haben. Es handelt sich um das sogenannte Prophetensiegel, gemalt mit schwarzer Farbe auf weißem Grund. Das Zeichen dient als Erkennungsmerkmal des IS.

Im September 2015 wird bei Salihi und drei weiteren Personen in der Recklinghäuser Asylbewerberunterkunft während einer Durchsuchung in einer Matratze eine Schusswaffe gefunden. Erkenntnisse zu einer Mitgliedschaft Salihis in einer islamistischen Organisation liegen nicht vor. Die Wandschmiererei führt zu keinen Konsequenzen. Die deutschen Fahnder sprechen von einem Einzeltäter. Bezüge zu islamistischen Organisationen werden nicht ermittelt.

Der Fall Walid Salihi zeigt eindrücklich, wie machtlos Europa gegenüber derartigen Kriminellen ist. Seine Asylakte offenbart die Anfälligkeit eines Systems, das auf Rechtsstaatlichkeit und offene Grenzen setzt. Dieses Problem hat nur am Rande mit dem Massenansturm von Migranten in den Jahren nach 2014 zu tun. Es besteht seit der Freizügigkeit des Reisens in Europa und der Unfähigkeit, Straftäter konsequent abzuschieben.

Personaldokumente oder gar aufenthaltslegitimierende Dokumente liegen zu dem Marokkaner nicht vor. Laut eigenen Angaben verlässt Salihi sein Heimatland Marokko Ende 2007. Er fliegt in die Türkei. Dort bleibt er lediglich einen Monat. Dann zieht er nach Griechenland weiter. Dort verbringt er viel Zeit bis circa Februar 2009. Vier Monate in Mazedonien, einige Wochen in Serbien und sechs weitere Wochen in Rumänien schließen sich an. Die rumänischen Behörden registrieren ihn Ende Januar 2011 erstmals in der EURODAC-Datei. Wie bereits erwähnt: Diese Datei soll Mehrfachanträge auf Asyl im Schengen-Raum verhindern und Rückführungen erleichtern. Im Fall Salihi aber geschieht nichts.

Salihi zieht weiter nach Ungarn. Hier bleibt er ein paar Wochen. Schließlich reist er nach Westeuropa. In Österreich wird Salihi am 8. April 2011 in der EURODAC-Datei vermerkt. Sechs Monate später kommt er in Italien an. Es findet sich hierzu ein Eintrag in der EURODAC-Datei mit dem Datum 14. Oktober 2011. Ort der Registrierung ist Trapani. Die Stadt liegt an der äußersten Westspitze Siziliens. Salihi bleibt über ein Jahr in Italien. Dann geht es für zwei Jahre nach Frankreich und für ein Jahr in die Schweiz. Hier findet sich ein weiterer EURODAC-Vermerk für den 8. Januar 2013. Im Sommer 2015 kehrt Salihi für einen Monat zurück nach Frankreich.

Aber stimmen seine Angaben auch? Die deutschen Behörden äußern starke Zweifel. Denn über einen früheren Aufenthalt in Deutschland macht Salihi keine Angaben. Dabei wird er bereits am 10. Dezember 2013 von der Bundespolizeiinspektion Aachen erkennungsdienstlich behandelt. Hier gibt er einen anderen Namen an und behauptet, aus der syrischen Stadt Hama zu stammen. Er macht sich zwei Jahre jünger und gilt damit als alleinreisender Minderjähriger. Eine medizinische Altersfeststellung wird wie in fast allen anderen vergleichbaren Fällen nicht angeordnet. Am 7. Januar 2014 stellte Salihi in Deutschland einen Asylantrag. Schnell fällt den BAMF-Mitarbeitern auf, dass Salihi bereits ein Jahr zuvor in Rumänien am 31. Januar registriert wurde. Somit sind die Deutschen laut Dublin-Verordnung nicht für den »Syrer« zuständig. Fristgerecht stellt die zuständige BAMF-Außenstelle in Düsseldorf einen Antrag. Der Balkanstaat soll Salihi übernehmen. Allem Anschein nach reagieren die Rumänen nicht. In den Akten findet sich hierzu kein Eintrag. Die Überstellungsfrist des jungen Mannes nach Rumänien wird vermutlich deshalb nicht eingehalten. Die Zuständigkeit zur Prüfung des Asylantrags wie auch die Versorgung des jungen Mannes gehen damit auf Deutschland über.

Salihi reist währenddessen Richtung Skandinavien weiter. Am 14. April 2015 stellen die Schweden ein Wiederaufnahmegesuch an Deutschland. Dort gibt sich der Marokkaner Salihi als Georgier mit dem Namen Nika Khechuashvili aus. Da im Rahmen einer EURODAC-Überprüfung Fingerabdrücke genommen werden, fällt den Schweden der Schwindel schnell auf. Schweden bittet die Deutschen, den falschen Georgier zusammen mit seinen beiden Brüdern zu übernehmen. Die beiden Brüder haben auch georgisch klingende Namen und sind ebenfalls bereits in Deutschland registriert. Deutschland sagt die Übernahme der drei »Georgier« zu.

Die Überstellung von Salihi droht dennoch zu scheitern. Die Schweden gehen davon aus, dass der Asylbewerber als untergetaucht gilt. Dann klappt der Rückflug doch. Am 20. Juli 2015 landet der Marokkaner in Düsseldorf. Dort nimmt ihn die Bundespolizei in Empfang. Gegen ihn liegt ein Haftbefehl der Staatsanwaltschaft Bochum vor. Salihi wird gefährliche Körperverletzung vorgeworfen. Zu dem georgischen »Geschwisterpaar« liegen alleine in Deutschland sechs weitere Aliastreffer vor.

Am 15. Januar schickt das BAMF in der Angelegenheit Salihi einen Brief an das Bundesministerium des Inneren. Diesmal geht es um grundsätzliche Probleme. Das BAMF beklagt sich, dass es »keine Mitteilungspflicht der Ausländerbehörden an das Bundesamt bei Straftaten von Asylbewerbern während des laufenden Verfahrens« gibt. Dies werde von den Ausländerbehörden lediglich teilweise gemacht. Ohne diese Informationen ist das BAMF aber blind.

Strafakten fließen dann nicht in die Gesamtbeurteilung eines Asylantrages ein. Auch dieser Sachverhalt ist seit Jahren bekannt. Der Fall Salihi bringt diese Problematik an die Öffentlichkeit und gibt dem BAMF die Möglichkeit, Druck zu machen. Die aktuelle gesellschaftspolitische Diskussion zeige, dass dieser Zustand geändert werden solle. Das BAMF will in die Offensive gehen. Ein weiteres großes und seit vielen Jahren bekanntes Problem sind die »Mehrfachidentitäten«. Auch hierfür gibt es bislang keine Meldepflichten.

Tatsächlich gibt es immer wieder Fälle von Asylbewerbern, die zahlreiche Aliasnamen führen und diese gegenüber den Behörden auch angeben. Zu strafrechtlichen Konsequenzen führt dieses Verhalten meist nicht. So vagabundieren diese Menschen ohne Perspektiven durch die EU. Laut Experten besteht gerade bei diesem Personenkreis das Risiko einer islamistischen Radikalisierung. Der Axtattentäter Salihi ist kein Einzelfall. Der Marokkaner bringt das Problem lediglich auf die Tagesordnung. Heute wird das BAMF über Straftaten von Asylbewerbern unterrichtet. Das Problem der Mehrfachidentitäten besteht weiterhin.

Die Folgen der deutschen Asylpolitik

Frustriert und radikalisiert: der Messermörder von Hamburg

Am 28. Juli 2017 greift ein junger Mann in einem Supermarkt im Hamburger Stadtteil Barmbek zu einem Messer mit einer 20 Zentimeter langen Klinge. Unvermittelt sticht er auf einen Mann ein. Der 50-jährige stirbt. Sechs weitere Menschen werden zum Teil schwer verletzt. Zeuginnen hören »Allahu Akbar«-Schreie. Laut Bundesanwaltschaft habe sich der Mann am Tattag entschlossen, »wahllos deutsche Staatsangehörige christlichen Glaubens zu töten«.

Als Motiv gibt er die seiner Meinung nach ungerechte Behandlung von Muslimen in der ganzen Welt an. Trotz umfangreicher Ermittlungen kann das zuständige Hamburger Landeskriminalamt keine Verbindung des Mannes zur islamistischen Szene nachweisen. Am 27. Oktober 2017 erhebt die Bundesanwaltschaft Anklage. Wie bei Salihi finden die Fahnder in der Unterkunft des Mannes das Emblem des IS.

Es gibt eine weitere Gemeinsamkeit mit dem Axtattentäter, die Experten aufhorchen lässt: Wie Salihi zieht auch der Messerattentäter jahrelang durch Europa. In beiden Fällen versäumt es das BAMF, die Männer entsprechend der vertraglichen Fristen in das zuständige europäische Land zurückzuführen. Im Fall des Messerattentäters ist es Norwegen. Dort wird er zuerst registriert. Auch dieses Detail dokumentiert erneut aufs Trefflichste: Die Registrierung einreisender Migranten nach Europa weist große Lücken auf. Ein flüchtiger Blick auf die Karte zeigt, wie viele Länder zwischen Norwegen im hohen Norden und den Gestaden des Mittelmeeres im Süden Europas liegen.

Die zuständige norwegische Behörde informiert am 15. Juli 2015 die »lieben Kollegen« in Deutschland, eine Rücknahme des staatenlosen Asylbewerbers mit der Aliasidentität sei nicht mehr möglich. Die im sogenannten Dublin-III-Vertrag vereinbarte Frist sei um einen Tag überschritten. Somit ist nun die Bundesrepublik für das Asylverfahren des Mannes zuständig.

Am 29. Juli 2015 wird der junge Mann in der Hamburger Außenstelle des BAMF persönlich angehört. Er stammt aus Dschabalia. Das ist ein Flüchtlingslager im Gazastreifen. Ihm geht es vergleichsweise gut. Die Familie kann vom Gehalt des Vaters leben. Sie wohnen zusammen in einem Mehrfamilienhaus mit fünf Stockwerken. Das Gebäude befindet sich im Familienbesitz. In dem Haus lebt der spätere Messerattentäter mit seinen zahlreichen Geschwistern, den Onkeln und deren Familien. Er macht Abitur und studiert ein Jahr Wirtschaftswissenschaften. Im Gazastreifen regiert seit 2007 die radikalislamistische Hamas. In seiner Anhörung gibt sich der junge Mann als Anhänger der Fatah-Bewegung zu erkennen. Die nationalistische Fatah regiert in den palästinensischen Autonomiegebieten und gilt als Gegner der Hamas. Der junge Mann engagiert sich bei der Fatah-Jugendunion. Er bekommt Vorladungen von der Hamas. Er hat Angst. Zwischen den beiden palästinensischen Organisationen vertiefen sich damals die Konflikte.

Ende 2008 schleust ihn ein Schlepper nach Ägypten. Nach ein paar Wochen fliegt er mit einem vermutlich gefälschten Reisepass in die Türkei. Das Reisedokument besorgt der Schlepper. An Geld scheint es dem Palästinenser nicht zu mangeln: Ein weiterer Schleuser bringt ihn nach ein paar Wochen über das Meer nach Griechenland. Dort beginnt seine Odyssee kreuz und quer durch Europa. Auf dem Landweg geht es nach Norwegen.

Dort kommt der Palästinenser im März 2009 an. Er stellt einen Asylantrag. Die norwegischen Behörden weisen den Antrag zurück. Ein Widerspruch scheitert. Er zieht weiter nach Schweden. Dort bleibt er für ein knappes halbes Jahr. In Schweden lebt bereits ein Bruder. Das skandinavische Land schiebt ihn im Rahmen des Dublin-Verfahrens zurück nach Norwegen. Dort wurde er zuerst registriert. Illegal reist er im Oktober 2013 weiter nach Spanien. Auch dort scheitert ein Antrag.

Im Juni 2014 erklären ihm die spanischen Behörden, dass er »nach Norwegen zurückkehren soll«. Im August 2014 versucht er es ein weiteres Mal in Norwegen. Auch dieser Antrag wird abgelehnt. Ende März 2015 kommt er dann nach Deutschland. Er beantragt erneut Asyl. In den Gazastreifen will er auf keinen Fall zurückkehren. Am Ende der Anhörung erklärt der Palästinenser: »Ich möchte noch hinzufügen, dass ich seit sechs Jahren immer wieder warte, hin und her reise und nicht zur Ruhe komme. Ich will mich endlich niederlassen, meinen Plänen für mein Leben folgen.« Das Haus der Familie im Gazastreifen sei inzwischen zerstört. Seine Angehörigen versuchten, das Gebäude wiederaufzubauen. Es mangele aber an Baumaterial.

Das Ergebnis der Antragsprüfung liegt erst knapp eineinhalb Jahre später vor. Auch so zeigt sich der enorme Antragsstau im BAMF. Am 23. November 2016 wird der Asylantrag als unzulässig abgelehnt. Ein Abschiebungsverbot liegt laut dem BAMF nicht vor. Eine Abschiebung wird dennoch nicht durchgeführt. Eine Rückführung in den Gazastreifen ist beinahe unmöglich. Der Palästinenser bleibt weiterhin in Hamburg. In seiner Unterkunft fällt er auf. Er trinkt keinen Alkohol mehr und redet viel über den Koran. Ein Freund des Täters informiert die Hamburger Behörden. Als brandgefährlich gilt der Palästinenser zunächst nicht. Am 28. Juli 2017 kommt es dann zu der mörderischen Messerattacke. Am 1. März 2018 wird der Palästinenser zu lebenslanger Haft verurteilt. Das Hanseatische Oberlandesgericht spricht den jungen Mann des Mordes sowie versuchten Mordes und der gefährlichen Körperverletzung in sechs Fällen schuldig. Hinweise auf ein Netzwerk gibt es nicht. Hamburgs Sicherheitsbehörden gehen deshalb »von einem psychisch labilen Einzeltäter aus«.[138]

Deradikalisierung als Terrorabwehr?

Sowohl der Axtattentäter wie auch der Hamburger Messermörder sind den Behörden bekannt. Beide fallen in ihren Unterkünften als Islamisten auf. Die Attentate werden dennoch nicht verhindert. Die beiden jungen Männer können sich völlig ungehindert bewegen. Natürlich stellt sich seitdem immer wieder die Frage: Können Mordtaten wie in Hamburg unterbunden werden? Alle Bundesländer setzen inzwischen auf sogenannte Deradikalisierungsprogramme. Ein einheitliches Vorgehen gibt es nicht.

Die bayerische Staatsregierung verstärkt und beschleunigt nach den Terroranschlägen auf die französische Satirezeitschrift *Charlie Hebdo* und den jüdischen Supermarkt im Januar 2015 die Planungen für eine Deradikalisierungsstelle. Am 1. September wird nach einem Kabinettsbeschluss das Kompetenzzentrum für Deradikalisierung in München begründet. In Bayern liegt als einzigem Bundesland die Federführung des Kompetenzzentrums beim Landeskriminalamt. Hier arbeiten Polizisten mit Islamwissenschaftlern, Psychologen und Sozialpädagogen zusammen. Inzwischen gibt es in allen zehn bayerischen Polizeipräsidien je einen Ansprechpartner des Kompetenzzentrums. Es bestehen aber auch enge Kontakte zum BAMF. Zudem gibt es eine Zusammenarbeit mit der privaten Organisation »Violence Prevention Network«.

Im Oktober 2015 beginnt die eigentliche Arbeit. Ein junger Mann wird gemeldet. Auch er hat das Emblem der IS-Terrororganisation auf ein Blatt Papier gemalt. Flüchtlinge stellen inzwischen für die Mitarbeiter aller Deradikalisierungsstellen eine Herausforderung dar. Ein Massenphänomen sind diese potenziellen Gefährder allerdings nicht. Im Gegenteil: In Bayern handelt es sich um eine niedrige zweistellige Zahl.

Die Experten im bayerischen LKA unterscheiden zwischen verschiedenen »Risikogruppen«. Psychisch auffällige Personen, kriminelle Täter »mit entsprechenden Verhaltensauffälligkeiten« und auch Menschen mit sogenannten biografischen Ursachen gelten »in besonderem Maße als radikalisierungsgefährdete« Personen. Hinter »biografischen Ursachen« stecken beispielsweise traumatische Erfahrungen im syrischen Kriegsgebiet oder der Verlust naher Angehöriger auf der Flucht.

Zudem sind laut Ansicht des Münchner LKA auch andere Gründe zu bedenken: Die geografische Herkunft sei ein »wesentlicher Einflussfaktor«. Wer aus Syrien oder dem Irak nach Deutschland einreist, erleide mitunter einen kulturellen Schock. Der Stamm, der Clan oder die Familie gelten in der Heimat als »Stabilitätsfaktor«. Im fremden Westen ist dieser Anker tausende Kilometer weit weg. Andere Migranten schleppen ihre Konflikte aus den Herkunftsländern mit nach Deutschland. Diese Herausforderungen müssen von Flüchtlingen bewältigt werden. Ansonsten könne eine Radikalisierung die Folge sein.

Ohne entsprechende Hinweise auf gefährdete Personen kann auch keine Deradikalisierung stattfinden. Bei Flüchtlingen in Unterkünften gibt es Betreuer, die Hinweise geben. Bei umherziehenden Migranten ist dies nicht der Fall. Dabei gelten gerade diese jungen Männer als gefährdet: Sie haben keine Perspektiven. Sie nehmen mitunter Drogen und trinken entgegen islamischen Gesetzen Alkohol. So mancher verdient sein Geld in der Prostitution. Schuldkomplexe können die Folge sein. Ihrer Familie können sie sich nicht offenbaren. Sie haben Angst, als Versager zu gelten. Islamisten versprechen hingegen einen Ausweg aus ihrem »sündhaften« Leben.

Altgediente Terrorfahnder kennen dieses Muster spätestens seit dem Fall des jordanischen Asylbewerbers Shadi A., der Mitte der 1990er-Jahre nach Deutschland kommt. Der junge Mann gibt sich als Iraker aus. Er trinkt und raucht. Dann verschwindet er nach Afghanistan. Für kurze Zeit ist er einer von Osama Bin Ladens Leibwächtern. Er kehrt wieder nach Deutschland zurück, wo er umfassend aussagt. Shadi A. kommt damals ins Zeugenschutzprogramm, erhält einen neuen Namen und verschwindet für immer von der Bildfläche. Auch heute erhalten Flüchtlinge, wenn sie mit den Behörden kooperieren, gefährdet sind und Wichtiges mitteilen können, eine neue Identität.

Was aber geschieht, wenn ein scheinbar deradikalisierter Flüchtling zum Mörder wird? Niemand kann, niemand will das in der Münchner Deradikalierungsstelle ausschließen. Wie beim Verfassungsschutz gibt es als Vorsichtsmaßnahme zu jeder Person eine »klassische Falldokumentation«. In einem Ablaufkalender wird jeder Kontakt, jeder Beratungstermin, jedes Gespräch festgehalten. Alles muss nachvollziehbar sein.

Mit gutem Grund: Bei einem Attentat droht ein Untersuchungsausschuss. Dann müssen alle Akten auf den Tisch. Der Druck der Öffentlichkeit ist in solchen Fällen ebenfalls gewaltig. Im Münchner LKA heißt es dazu: »Gott bewahre, wenn es dazu kommt!« Am Ende einer Powerpoint-Präsentation des bayerischen Kompetenzzentrums für Deradikalisierung findet sich neben drei übergroßen Ausrufezeichen der fett gedruckte Satz: »Es gibt keine Erfolgsgarantie.« Zumindest der junge Mann mit dem IS-Zeichen soll sich inzwischen stabilisiert haben. Was aus ihm werden wird, das muss die Zukunft zeigen.

Das späte Einsehen der Politik

Monatelang reden deutsche Politiker, das BKA und der BND die Möglichkeit, dass IS-Terroristen über die Flüchtlingsroute nach Europa zurückkehren, immer wieder klein. Selbst nach den Anschlägen von Paris vermeidet das Innenministerium die Herstellung eines direkten Zusammenhangs zwischen der Flüchtlingskrise und dem islamistischen Terrorismus.

Erst am 4. März 2016 passen das Bundesinnenministerium, der Verfassungsschutz und das BKA ihre gemeinsame Sprachregelung erneut an. Der Grund hierfür ist das konstant hohe Hinweisaufkommen. »Angesichts der anhaltenden Zuwanderungsbewegungen nach Deutschland ist davon auszugehen«, lautet die neue Sprachregelung, »dass sich unter den Flüchtlingen auch aktive und ehemalige Mitglieder, Unterstützer und Sympathisanten terroristischer Organisationen« wie dem IS »befinden können.«[139]

Der Bundesregierung liegen nun »Einzelhinweise auf ein gezieltes bzw. organisiertes Einschleusen« von Terroristen »im Flüchtlingsstrom mit dem Ziel der Begehung von Anschlägen in Deutschland vor«. Aber ist diese Einschätzung so neu? Interne Unterlagen widersprechen der Aussage, dass erst seit Frühjahr 2016 derartige Hinweise vorliegen. Bestes Beispiel ist die Festnahme des liebestollen IS-Mannes auf dem Warschauer Flughafen im Juni 2015. Anschließend macht er Aussagen über IS-Terrorkommandos auf dem Weg nach Europa. Auch Deutschland soll sich in ihrem Visier befinden. Das BKA ist über den Fall informiert. Das belegt das bereits zitierte Dokument.

Entscheidend aber ist auch hier die Verwendung der entsprechenden behördeninternen Begrifflichkeiten: In der inzwischen überholten Sprachregelung vom 21. September 2015 war beispielsweise die Rede von »belastbaren Erkenntnissen«. In der neuen ist hingegen die Rede von »Einzelhinweisen«. Erkenntnis bedeutet: überprüft und gesichert. »Hinweise« sind nicht überprüfbar oder noch nicht überprüft; wie im Fall des in Polen festgenommenen IS-Terrorverdächtigen.

Vor Paris wollte die Bundesregierung einen Zusammenhang zwischen der Terrorgefahr und dem Flüchtlingsstrom nicht offen diskutieren. Aus diesem Grund wurde der behördenintern viel stärkere Begriff der »Erkenntnis« benutzt. Im Frühjahr 2016 wird diese Position klammheimlich geräumt. Dazu wird vor allem ein kleines, entscheidendes Wort ausgetauscht. Diese Wortklauberei macht durchaus Sinn: Niemand kann das Innenministerium der Lüge bezichtigen. Es lag halt nun mal keine Erkenntnis vor! Nur behördeninternen Kennern der Materie fällt diese unscheinbare, aber bedeutsame Wende auf.

Wenige Wochen später, am 22. März 2016, ermorden IS-Terrorkommandos in Brüssel 35 Menschen. Mehr als 300 werden verletzt. Erneut kommen die meisten der Mörder über die Landroute im Flüchtlingsstrom über Deutschland nach Belgien. Ein interner Lagebericht des BKA vom 24. März stellt fest, die bislang durchgeführten Ermittlungen zeigen auf, dass Deutschland »die Rolle eines Transitlandes zufällt«. Den deutschen Behörden entgeht nicht, dass die IS-Medienstelle *AL-FURAT* einige Tage nach den Brüsseler Attentaten in fünf Bildcollagen in deutscher Sprache zu Anschlägen in der Bundesrepublik aufruft. Zu sehen ist beispielsweise das Berliner Bundeskanzleramt mit der Aufschrift »Deutschland ist ein Schlachtfeld«. Eine andere Fotomontage zeigt das Flughafengebäude Köln-Bonn mit den Worten: »Was deine Brüder in Belgien schafften, schaffst du auch!« Mitte April verherrlicht auch das IS-Onlinemagazin *Dabiq* die Anschläge von Brüssel in gewohnter Manier. Auf einem Foto ist einer der Attentäter in einem Tarnanzug zu sehen. Er hält ein langes Messer in der ausgestreckten blutverschmierten Hand.[140]

Wie schon im Sommer 2015 stellen auch diesmal Abgeordnete der Fraktion Die Linke der Bundesregierung Fragen zur »Einschleusung von IS-Kämpfern unter die Fluchtmigration«. Die Parlamentarier wollen wissen, auf welcher Grundlage die inzwischen überholte Einschätzung zustande kam und welche konkreten Fälle der Bundesregierung nunmehr vorliegen.[141]

Die Bundesregierung antwortet am 10. Mai. Die Zahlen in der Antwort sind erstaunlich. Am Stichtag 25. April 2016 liegen nunmehr 360 Einzelhinweise auf mutmaßliche Kämpfer oder Unterstützer terroristischer Organisationen vor, die sich in Deutschland als Flüchtlinge registriert haben. 132 Hinweise sind abgeschlossen; 228 sind weiterhin in Bearbeitung. Darunter befinden sich 38, »zu denen ein Ermittlungsverfahren anhängig ist«.

Weit mehr als die Hälfte der Hinweise »sagen den benannten Personen eine Verbindung zum IS nach«. Gleichzeitig geht die Bundesregierung nunmehr davon aus, »dass der IS grundsätzlich alle zur Verfügung stehenden Verkehrswege und Transportmittel für die Einschleusung von IS-Anhängern nutzen könnte«. Wer nun wie auf welchem Weg nach Europa kommt, »unterliegt daher wahrscheinlich einer pragmatischen Abwägung unter Beachtung der persönlichen Umstände des jeweiligen IS-Anhängers«.

Selten in der Geschichte der Bundesrepublik Deutschland musste sich die Bundesregierung so dramatisch korrigieren. Doch die Kehrtwendung kommt spät. Jahrelang wurde kostbare Zeit vertan, zielgerichteter auch unter Flüchtlingen nach Terroristen zu fahnden oder den Verfassungsschutz intensiver einzusetzen.

Ramadan-Offensiven in Flüchtlingsheimen

Michael Schulz, so soll der junge Mann genannt werden, leitet im Frühjahr 2016 eine Flüchtlingsunterkunft. Während seines Studiums hat er sich intensiv mit dem Islam beschäftigt. Ihm entgeht nicht, dass sich starke islamische Strukturen in der Unterkunft herausformen und dass er Stück für Stück die Kontrolle verliert. Das Wachpersonal ist zumeist türkischer Herkunft und achtet auf »islamisch korrektes« Auftreten. Ein angetrunkener muslimischer Bewohner bekommt das einmal bei der Rückkehr in die Unterkunft mit einem Schlag ins Gesicht zu spüren. Michael Schulz kommt zudem zu Ohren, dass Sicherheitsleute mit dem IS sympathisieren.

An den Träger der Flüchtlingsunterkunft und damit seinen Arbeitgeber will sich Schulz nicht wenden: »Die reagieren erst, wenn hier einer abgestochen wird.« Kurz vor dem Beginn des Fastenmonats Ramadan trifft Schulz deshalb eine einsame Entscheidung: Er ruft einen deutschen orientalischen Christen an, der sich in der Flüchtlingshilfe engagiert. Schulz hat eine Bitte: Ist es möglich, die beiden syrischen Christen während des muslimischen Fastenmonats an einem anderen Ort unterzubringen? Während des Ramadans darf in der Zeit zwischen Sonnenaufgang und Sonnenuntergang nichts gegessen und getrunken werden. Christen und Eziden, die dennoch wie üblich in Flüchtlingsunterkünften ihre Mahlzeiten einnehmen wollen, müssen dann mit dem Unverständnis oder noch Schlimmerem ihrer muslimischen Mitbewohner rechnen.

Wenig später packen die beiden Christen ihre Koffer. Paulus Kurt, ein orientalischer Christ aus der Türkei, besorgt eine Notunterkunft in einer Pfarrgemeinde im Umland von München. Seit der Flüchtlingskrise setzt sich Kurt in seiner Freizeit unermüdlich für verfolgte Christen ein. Ich kenne und schätze ihn seit Jahren.

Der Name des Ortes soll hier nicht genannt werden. Der Pfarrer will kein Aufsehen. Aber er hilft. Im Pfarrhaus steht ein komplett eingerichtetes Apartment leer. Hier finden die syrischen Christen eine Zuflucht und können ein wenig zur Ruhe kommen. Es gibt ein Wohnzimmer mit Schlafcouch und Esstisch. Daneben liegt eine kleine Küche, die sie gemeinsam benutzen können. Die Fenster geben den Blick auf den Garten frei. Die Sonne scheint mir bei den Dreharbeiten für einen Fernsehbeitrag über die orientalischen Christen von *report München* ins Gesicht.

Die Kirchturmglocke läutet. Im nahen Biergarten treffen an diesem Vormittag im Sommer die ersten Ausflügler ein: ein bayerisches Postkartenidyll mit verfolgten Christen hinter den dicken Mauern des stolzen Pfarrhauses. Die beiden bleiben nicht lange allein. Ein weiterer Christ zieht ein. Auch er floh aus Syrien nach Deutschland und wurde in einem kleinen schwäbischen Dorf untergebracht. In der Unterkunft ist er der einzige Christ.

Der junge Mann hat Angst. Den Ramadan will er auf keinen Fall in der Unterkunft verbringen. Er vertraut sich einer ehrenamtlichen Helferin an. Informationen vonseiten der Behörden über die Anspannung von fastenden, leicht erregbaren Muslimen besonders während des Ramadans liegen ihr nicht vor. Die Helferin vermittelt einen Kontakt mit Paulus Kurt in München. Wenig später sitzen die drei Syrer zusammen in einer Wohnung und warten auf das Ende des Fastenmonats Ramadan. Alle drei sind aus ihrer Heimat vor Islamisten geflohen. Jetzt sind sie erneut auf der Flucht. Sie alle sind Opfer einer blauäugigen Asylpolitik.

Ezidische Flüchtlinge haben vergleichbare Probleme. Khabat Kedir kam 1990 als kleiner Bub zusammen mit seinen Eltern und fünf Geschwistern aus dem Nordirak nach Deutschland. Er und seine Geschwister schafften es in bewundernswerter Weise, sich aus schwierigsten Umständen mit Fleiß und Zuversicht in ihrer neuen Heimat Deutschland hochzuarbeiten. Khabat Kedir studierte Zahnmedizin. In seiner knappen Freizeit engagiert sich der Zahnarzt und Familienvater ehrenamtlich für seine verfolgten ezidischen Glaubensgeschwister.

Manchmal hält er den Druck kaum aus: hier die Arbeit in der Praxis und die Familie, dort das Leid der Flüchtlinge. Vielen deutschen Eziden und orientalischen Christen geht es wie Dr. Kedir: Sie sind in Deutschland angekommen. Sie haben sich etabliert und stehen mit beiden Beinen im Berufsleben. Seit Beginn des IS-Vormarschs und der Flüchtlingswelle können sie nicht mehr abschalten. Sie fühlen sich verpflichtet zu helfen. Sie rackern Tag und Nacht bis zur völligen Erschöpfung.

An einem Samstag im Sommer 2016 ruft mich Dr. Kedir an. Wir kennen uns seit einem guten Jahr. Er ist empört. Es geht um ein junges ezidisches Paar in einer Flüchtlingsunterkunft in einem kleinen Dorf in Oberfranken. Das Paar lebt seit ein paar Tagen in Todesangst. Auslöser ist ein eigentlich harmloser Streit mit einer Muslimin um die Küchenbenutzung im Wohnheim während des Ramadans. Die junge ezidische Frau wird geschlagen. Sie geht zurück in ihr Zimmer zu ihrem Mann. Dann klopft es an der Tür. Die Muslimin ruft, sie sollen rauskommen. Die beiden Eziden gehen auf den Gang. Dort warten andere muslimische Heimbewohner bereits auf sie. Die Eziden werden geschlagen und sogar mit einem Messer attackiert. In Panik fliehen sie in ihr Zimmer. Die jüngeren Geschwister des Mannes wohnen auch in der Unterkunft. Sie fangen an zu weinen und rufen: »Der IS kommt. Sie werden uns alle umbringen.«

Anfang Juli fahre ich mit einer Dolmetscherin in die oberfränkische Gemeinde. Auf der langen Autofahrt erfahre ich viel über die Gefühlslage orientalischer Minderheiten in Deutschland. Meine Übersetzerin ist irakische Christin. Dank der Vermittlung von Khabat Kedir will sich das ezidische Paar mit mir treffen. Die einzige und für mich sehr überraschende Bedingung lautet: Die Dolmetscherin darf keine Muslimin sein. Auch in Deutschland trauen sie Muslimen nicht mehr. Dieses Muster ist mir aus dem Nahen Osten sehr wohl vertraut. Es überrascht mich sehr, dass diese Verhaltensweisen nun auch in der Bundesrepublik übernommen werden.

Wir holen die beiden in ihrer Unterkunft ab. Die Dolmetscherin stellt sich kurz als Christin aus dem Südirak vor. Die beiden Eziden begrüßen sie herzlich. Das Vertrauen ist da. Schnell steigen sie in das Auto ein. Das Interview führen wir auf einer wenige Kilometer entfernten Sommerwiese voller blühender Blumen. Tags zuvor hat es geregnet. Alles ist herrlich grün. Wir sitzen im Gras. Die Vögel zwitschern. Die Blätter rascheln im Wind und ich frage mich: Wie kann es sein, dass Opfer des IS in Deutschland erneut zu Opfern werden und dann solche Angst verspüren, dass sie selbst mitten im friedlichen Oberfranken auf keinen Fall wollen, dass ihre Gesichter zu erkennen sind? Meine ezidische Interviewpartnerin sagt mir, warum sie so vorsichtig ist: »Als sie mich angriffen, hatte ich das Gefühl: Ich bin wieder im Irak. Und was passiert hier? Wir werden hier geschlagen, angegriffen.«

Das Interview auf der Blumenwiese erinnert mich an die Begegnung mit der christlichen Flüchtlingsfamilie im Herbst 2013 bei München. Auch die beiden Christen aus Mossul hatten große Angst. Die Panik war so groß, dass sie Deutschland wieder verließen. Ich frage mich: »Was ist seitdem geschehen?« Ich sitze in der Blumenwiese und sehe den beiden verängstigten Eziden ins Gesicht und denke mir: Nichts!

Wie im Herbst 2013 werde ich erneut gebeten, die Leitung der Unterkunft nicht anzurufen. Sie trauen den Betreuern nicht. Auf Nachfrage bei der Polizei erfahre ich: Ja, es gab einen Vorfall in dem Heim. Den Hintergrund der Attacke erkennen die Beamten nicht. Ist der Polizei deswegen ein Vorwurf zu machen? Natürlich nicht. Woher sollen Beamte einer Polizeiinspektion in einer ländlichen Region wissen, dass radikale Muslime Eziden hassen und dass im Ramadan die Nerven mitunter blank liegen?

Arabische Sprachkenntnisse sind ebenfalls nicht vorauszusetzen. Eine getrennte Unterbringung von Angehörigen verschiedener Konfessionen wird fast überall in Deutschland abgelehnt. Konflikte sind deshalb vorprogrammiert. Diese falsch verstandene Gleichbehandlung der Flüchtlinge führt beinahe automatisch zu Auseinandersetzungen. Angehörige der unterschiedlichsten Minderheiten berichten über Mobbing und tätliche Angriffe in ihren Unterkünften durch die große Mehrheit junger sunnitischer Muslime. Es stellt sich heraus, dass sich unter den sunnitischen Flüchtlingen hierarchische Strukturen herausbilden. Diese Anführer verstehen sich als »Emire« und erwarten den Respekt und die Unterordnung ihrer Glaubensgenossen im Wohnheim. Die »Ungläubigen« aber hassen sie.

Der Prügel-Imam vom Tegernsee

Die arabische Vokabel »Emir« kann mit den Worten »Befehlshaber« oder »Fürst« übersetzt werden. Anführer in islamistischen Organisationen tragen nicht selten den Titel »Emir«. Mitunter lassen sich selbst ernannte Führer in vergleichbaren Strukturen auch als »Imam« ansprechen. Imame leiten insbesondere das für Muslime so wichtige Freitagsgebet und gelten als Respektspersonen. Im Ramadan achten diese selbst ernannten »Emire« oder »Imame« ganz besonders auf die Einhaltung der Fastengebote in ihrem angemaßten Herrschaftsgebiet.

Sie setzen mitunter andere Muslime unter Druck, den Islam in ihrem Sinn zu leben. Frauen haben sich beispielsweise »islamkonform« zu kleiden und die Gesellschaft von fremden Männern zu meiden. Der Besuch eines Sprachkurses ohne den Ehemann ist dann nicht mehr möglich; es sei denn, im Klassenzimmer befinden sich keine Männer. Auch harmlose Kontakte zwischen männlichen und weiblichen Jugendlichen sind dann ausgeschlossen. In einem Polizeivermerk aus Bayern wird zu einem dieser selbst ernannten Anführer festgestellt, er »befürwortet explizit das Züchtigungsrecht der Männer gegenüber deren Familie, wenn diese Verfehlungen nach den Geboten der Scharia begehen«. Einen jungen Mann bedrohte er mit den Worten: »›Ich schneide dir die Zunge ab, wenn du noch einmal meine Tochter ansprichst!‹« Diese Äußerung war »todernst gemeint«, stellt der Bericht fest. Das Kalifat des Schreckens lässt grüßen.

»Emiratisierung« nennt ein Experte aus einem Landesministerium diese Entwicklung. Opfer dieser hierarchischen Strukturen sind die Muslime, die sich unterordnen, die Minderheiten, die gemobbt und bedrängt werden, und letztlich auch die deutsche Gesellschaft. Denn wie soll Integration unter diesen Vorzeichen funktionieren?

Für die sprachunkundigen Behördenmitarbeiter und Helfer vor Ort sind diese schleichenden Entwicklungen nur schwer zu erkennen. Doch im Ramadan 2016 scheinen sich solche Konflikte zuzuspitzen. Wissenschaftliche Untersuchungen gibt es hierzu nicht. Es gibt aber Beobachtungen orientalisch-christlicher wie auch ezidischer Flüchtlingshelfer. Zu diesem Zeitpunkt leben noch viele Flüchtlinge in Massenunterkünften. Ein behördenintern gut dokumentiertes Beispiel für diese hochbrisante Verquickung von Gewalt, Führungsanspruch und religiöser Intoleranz bilden die Vorkommnisse im oberbayerischen Rottach-Egern am Tegernsee.

Etwas außerhalb der idyllisch gelegenen Gemeinde mit den vielen schönen Hotels steht neben einem Bauhof seit dem Februar 2016 eine Traglufthalle. Die Halle hat eine Kapazität von

120 Personen. Anfang Juni leben in der Anlage 112 Personen. Die übergroße Mehrheit der Bewohner behauptet, aus Afghanistan zu stammen. Daneben sind neun Iraner und Menschen anderer Nationen untergebracht. In der Nacht vom 6. auf den 7. Juni eskaliert in der Traglufthalle die Lage. Es kommt zu einer gewaltsamen Auseinandersetzung.

Eine Gruppe von 30 muslimischen Männern ist daran beteiligt. »Hintergrund hierfür sind anscheinend religiöse Motive«, stellt das zuständige Landratsamt Miesbach in einem internen Schreiben an die Regierung von Oberbayern fest. Der Brief klingt wie ein Hilferuf. Die örtliche Polizei, der Helferkreis, der Sicherheitsdienst und auch der Hausmeister beobachten, dass sich die Gruppe radikalisiere »und systematisch gewaltsam gegen andere Mitbewohner in der Halle vorgehe«.

Hauptangriffsziel dieser Gruppe ist ein Iraner, der zum Christentum konvertierte. Für radikale Muslime ist der sogenannte Abfall vom Islam ein todeswürdiges Verbrechen. Am frühen Morgen des 7. Juni herrschen in der Traglufthalle chaotische Zustände. Angehörige der radikalen Gruppe gehen herum und hindern ihre Mitbewohner am Schlafen, sagt der Christ in einer Zeugenvernehmung aus.

Um halb vier Uhr nach dem Morgengebet kommen fünf Männer zu seinem Zimmer in der Traglufthalle. Er ist gerade beim Einschlafen. Ein Schlag ins Gesicht weckt ihn. Er steht auf. Der Anführer der Gruppe wirft einen Maßkrug nach ihm. Der Krug trifft den Christen an der Nase. Er hört, wie der Anführer zu allen anderen im Raum sagt, sein Blut sei *halal*: »Die anderen sollen mich umbringen, weil ich vom Islam weggegangen bin.« *Halal* bedeutet in diesem Zusammenhang, die Tötung des Christen sei zulässig. Auch die IS-Terrormiliz benutzt diese Redewendung, um Mordtaten an sogenannten Ungläubigen religiös zu rechtfertigen.

Nach dem Aufruf gibt es kein Halten mehr. Alle Angehörigen der Gruppe wollen ihn nun schlagen. Ein Wasserkocher trifft ihn am Kopf. Fünf Minuten später trifft das Sicherheitspersonal ein. Sie stoppen die Angriffe auf den iranischen Christen und seine Bekannten. Der verletzte Christ kommt ins Krankenhaus. Die Polizei ermittelt wegen gefährlicher Körperverletzung. Gegenüber dem Landratsamt erklären die angegriffenen Iraner, »dass sie um ihr Leben in der Halle fürchten«.

Die Gruppe wird von einem jungen afghanischen Flüchtling angeführt. Er lässt sich mit »Imam« anreden und hat in der Halle eine streng hierarchische Struktur geschaffen. Zwei enge Verbündete sind ihm »absolut hörig«. Drei weitere Personen führen Aufträge aus. Diese sechsköpfige Gruppe steuert ca. 25 weitere Personen, stellt ein internes Behördenpapier fest.

Was muss getan werden, um diese Struktur aufzulösen? Eine Verlegung des Imams führe »zu einer totalen Eskalation in der Halle«, warnen die Opfer der Attacke. Wenn, dann müssen alle Führungspersonen entfernt werden. Der Rest werde dann friedlich bleiben. Eine Zerschlagung der Gruppe innerhalb des Landkreises gestaltet sich hingegen »als sehr schwierig«. Es fehlt an freien Kapazitäten. Die Unterkünfte sind voll.

Wer ist dieser junge, laut Selbstauskunft erst 1995 geborene Mann, der so viele Anhänger um sich schart und die oberbayerischen Behörden unter Zugzwang setzt? Interne Unterlagen verschaffen bestürzende Einblicke in sein Leben. In die Bundesrepublik kam er wie so viele andere Menschen auch mit der großen Flüchtlingswelle Anfang September 2015. Geld hat er genug. Für Schlepper bezahlt er 7 500 Dollar. Allem Anschein nach handelt es sich um einen religiösen Mann mit Führungserfahrung. Er habe sowohl in Pakistan als auch in Afghanistan in einer Koranschule unterrichtet, sagt er während seiner ungewöhnlich langen Anhörung in der Münchner BAMF-Außenstelle gut vier Monate nach den Vorfällen in der Traglufthalle. In nur drei Jahren lernt er den Koran auswendig. Mit 13 Jahren bringt er dann selbst kleinen Kindern den Koran bei. Später arbeitet er in einem kleinen Dorf mit fünf Häusern als Imam. Menschen, die den Koran auswendig können, genießen bei Muslimen große Hochachtung.

Er behauptet, die Taliban haben ihn im Visier. Das behaupten viele Asylbewerber aus dem Land am Hindukusch. Die Mitarbeiter des BAMF glauben ihm nicht. Er habe seine »Furcht vor Verfolgung nicht glaubhaft gemacht«, heißt es in dem Ablehnungsbescheid vom 20. Januar 2017. Sein Vortrag sei »lebensfremd« und »inszeniert«. Vielmehr dränge sich der Eindruck auf, »dass der Antragsteller durch seine engen Beziehungen zu hochrangigen Taliban-Kämpfern selbst Mitglied der Taliban« sei. Das BAMF lehnt den Asylantrag ab. Der Anführer der radikalisierten Gruppe von Rottach-Egern am Tegernsee »wird aufgefordert, die Bundesrepublik Deutschland innerhalb von 30 Tagen nach Bekanntgabe dieser Entscheidung zu verlassen«. Der Imam vom Tegernsee will lieber in Deutschland bleiben. Sein Rechtsanwalt erhebt beim Verwaltungsgericht München am 7. Februar 2017 Klage gegen den Bescheid. Im Herbst 2018 liegt noch keine Entscheidung vor.

Zu diesem Zeitpunkt wohnen der Imam und seine engsten Gefolgsleute längst nicht mehr in der Traglufthalle. Wenige Tage nach den Angriffen auf die Iraner kommt es zu einem großen Polizeieinsatz. Die Rädelsführer werden aus der Halle geschafft und auf andere Unterkünfte verteilt. Die Staatsanwaltschaft ermittelt. Die Opfer des Überfalls können wieder in Frieden leben. In der Traglufthalle herrscht danach eine angespannte Ruhe. Das Sicherheitspersonal wird verstärkt. Der »Imam« aus der Traglufthalle wird zunächst hoch oben im von Touristen aus aller Welt geliebten bayerischen Mangfallgebirge untergebracht. Die Behörden haben ein Zeichen gesetzt gegen Intoleranz und religiös begründete Gewalt gegen Andersgläubige.

Die Traglufthalle in Rottach-Egern ist inzwischen abgebaut. Massenunterkünfte für Flüchtlinge in Turnhallen gibt es nicht mehr. Viele anerkannte Asylbewerber leben inzwischen in Wohnungen. Doch ihre zum Teil bitteren Erfahrungen in den Unterkünften haben sie nicht vergessen.

Die Wut der orientalischen Christen

Als zweifellos authentische Opfer islamistischer Terrorbanden genießen die verfolgten orientalischen Christen eine hohe Glaubwürdigkeit weit über ihre Gemeinden hinaus. Aus nachvollziehbaren Gründen stehen viele dieser Flüchtlinge dem Islam als Religion feindselig gegenüber. Auch unter den längst in Deutschland eingebürgerten orientalischen Christen gibt es zahlreiche islamkritische Gläubige. Diese Menschen können und wollen nicht vergessen, was sie und auch ihre Vorfahren in ihrer verlorenen Heimat erdulden mussten.

Rein rechnerisch haben die Stimmen dieser Menschen bei Wahlen keine Bedeutung. In Deutschland leben laut Schätzungen rund 200 000 Menschen orientalisch-christlicher Herkunft. Nur ein Teil davon ist wahlberechtigt. Indes ist das Wirken dieser oft sehr gläubigen und in Deutschland schnell und meist erfolgreich integrierten Menschen als Multiplikatoren im vorpolitischen Raum nicht zu unterschätzen. Dazu zählen insbesondere Mitglieder europäischer orthodoxer Kirchen, konservative römisch-katholische und evangelikale Christen.

Es ist schwer, den Opfern von Hass und Gewalt in einer emotional aufgeladenen Atmosphäre mit Argumenten zu widersprechen, wenn sie das Schreckgespenst einer Islamisierung Deutschlands an die Wand malen. Auch diese Entwicklung ist nicht neu. Klagen orientalischer Christen über Angriffe und Mobbing in Asylunterkünften gibt es seit Jahren. Nur wenige hörten diesen Menschen damals zu.

Bereits im Sommer 2014 nach dem Vormarsch des IS im Irak tauchen auf Demonstrationen gegen die Terrormiliz in ganz Deutschland Plakate mit Slogans wie »Heute wir, morgen ihr« auf. Orientalische Christen, Eziden und kurdische Verbände versammelten sich unter diesen Transparenten. Gemeint war damit zunächst der islamistische Terror, der nun auch Deutschland immer stärker bedroht. Doch die Grenzen zu einer Generalabrechnung mit dem Islam verschwimmen im Laufe der Flüchtlingskrise bei einem Teil der nichtmuslimischen Minderheiten immer mehr. Amtskirchen, Staat und die etablierten Parteien nehmen diese Entwicklungen zunächst nicht wahr. Die Ängste und Sorgen dieser Menschen werden ignoriert oder wegdiskutiert.

Auch in vielen deutschen Kirchengemeinden ist das Schicksal der orientalischen Christen ein Thema. Deutschlands Kirchenfürsten halten sich lange zurück, in dieser heiklen Frage Position zu beziehen. Auf die Probleme mit radikalisierten islamischen Asylbewerbern reagieren die großen Kirchen spät und mitunter unentschlossen. Die Übergriffe in den Unterkünften werden lange Zeit als »Einzelfälle« abgetan. Erst am 12. Juli 2016 stellen die Evangelische Kirche in Deutschland und die (katholische) Deutsche Bischofskonferenz in einer gemeinsamen Stellungnahme fest, dass die »bislang gewonnenen Erkenntnisse« Anlass gäben »zu einer differenzierten Betrachtung«. Niemand sei in der Lage, genaue Zahlen vorzulegen: »Aber selbst wenn derartige Vorfälle nach derzeitigem Erkenntnisstand vergleichsweise selten sind, dürfen sie keinesfalls bagatellisiert werden.«[142] Kritiker bezeichnen die Erklärung als halbherzig und wenig hilfreich.

Mit einer mehr als ungeschickten Aktion gießen der Ratsvorsitzende der Evangelischen Kirche in Deutschland, Heinrich Bedford-Strohm, und der Vorsitzende der Bischofskonferenz, Kardinal Reinhard Marx, zusätzlich Benzin ins Feuer einer immer heftiger geführten Debatte. Während verfolgte orientalische Christen im Irak und in Syrien selbst im Angesicht des Todes zu ihrem Glauben stehen, verbergen die wichtigsten Repräsentanten der beiden großen deutschen Amtskirchen während ihres Besuchs auf dem Jerusalemer Tempelberg im Oktober 2016 ihr Kreuz. Der *Spiegel*-Autor Jan Fleischhauer verwendet in einer Kolumne den Begriff »Unterwerfung« und fragt: »Kann man sich eine größere Demutsgeste vorstellen?«[143] Ein Sturm der Entrüstung folgt, der bis heute nachwirkt und den Dialog der Kirchen mit dem Islam erschwert. Flüchtlingskrise, Islamdebatte und das ungeschickte Handeln der beiden wichtigsten Repräsentanten des etablierten Christentums vermengen sich zu einer höchst brisanten Mischung, in der es oft nur mehr Freund oder Feind gibt.

Umso entschiedener greift die AfD diese Stimmungen auf. Die AfD umwirbt von Anfang an gezielt und allem Anschein nach offenbar mit Erfolg Angehörige nichtmuslimischer Minderheiten, die Angst vor radikalen Muslimen haben. Zahlreiche deutsche orientalische Christen sollen mit der AfD sympathisieren. Aber auch Juden sehen mit Sorge, dass mit den hunderttausenden Flüchtlingen aus der arabischen Welt viele Antisemiten nach Deutschland kommen. Anfang Oktober 2018 gründete sich unter großer Beachtung der Medien und begleitet von Protesten zahlreicher jüdischer Organisationen ein Interessenverband mit dem Namen »Juden in der AfD«. Für die Führung der AfD, die immer wieder durch rechtsradikale Sprüche auffällt, ist die Gründung ein »Glücksfall«.

Weithin unberücksichtigt in dieser Diskussion aber bleibt, dass beispielsweise der AfD-Bundestagsabgeordnete und bayerische Landesvorsitzende Martin Sichert mit einer anerkannten ezidischen Asylbewerberin verheiratet ist. In einem Gespräch mit einem weit verbreiteten Blog erklärt er: »Meine Frau ist, aufgrund der Verfolgung durch den Islam, anerkannte Asylbewerberin. [...] Sie liebt Freiheit und Demokratie wie kaum ein anderer Mensch und kämpft daher gegen Extremisten jeder Art.« Als »Ausländerhasser« kann Sichert wohl schwerlich bezeichnet werden. Als scharfer Islamkritiker sehr wohl. Wird die AfD zum Sammelbecken der Islamfeinde mit und ohne Migrationshintergrund?

Wissenschaftliche Untersuchungen dieses Phänomens gibt es nicht; wohl aber Stimmungsbilder. Der Journalist und Vorsitzende des Zentralrates der orientalischen Christen in Deutschland, Simon Jacob, wird seit einiger Zeit regelmäßig mit Hasskommentaren überschüttet, wenn er den Dialog mit liberalen islamischen Organisationen pflegt. Die Wut wirkt. Der Sohn einer syrisch-orthodoxen Familie wird dann als »Verräter« beschimpft, der mit dem »Feind spricht«. Jahre vor dem Aufstieg der AfD zu einer parlamentarischen Kraft wies Jacob auf die angespannte Stimmungslage der deutschen orientalischen Christen und der deutschen Bevölkerung hin. Der Sohn einer christlichen Familie aus dem Osten der Türkei beobachtete, wie sich eine immer stärkere Strömung mit populistischen Tendenzen herausbildete. Keiner wollte damals auf ihn hören.

Politik ohne Weitblick

Religiös begründete Auseinandersetzungen in deutschen Asylunterkünften spielen für die Bundes- und viele Landesregierungen ebenfalls lange keine Rolle. Das Thema »Islam« und »Religion« wird in der Flüchtlingsdebatte tunlichst vermieden. Die getrennte Unterbringung zum Schutz religiöser Minderheiten wird deshalb zumeist abgelehnt.

So stellt das Bayerische Staatsministerium für Arbeit und Soziales, Familie und Integration in einem Schreiben an die christliche Hilfsorganisation Open Doors noch am 20. September 2016 fest, es bestehe bei Schwierigkeiten in Einzelfällen die Möglichkeit, eine Auszugsgestattung zu erwirken. Prinzipiell aber erwartet das Ministerium von allen Schutzsuchenden, »dass sie unabhängig von ihrer Religion, Herkunft und sexuellen Orientierung friedlich miteinander auskommen«.[144] Experten betrachten diese Haltung als wirklichkeitsfremd. Dabei wiesen ausgerechnet prominente CSU-Politiker sehr früh auf die Probleme christlicher Asylbewerber hin und verlangen eine getrennte Unterbringung. Im eigenen CSU-geführten Sozialministerium finden sie kein Gehör.

Trotz dieser und anderer Aussagen wird im Laufe des Jahres 2016 unübersehbar: Das Thema Religion steht im Raum. Ein Wegducken ist nicht mehr möglich. Im Gegensatz zur säkularisierten deutschen Mehrheitsgesellschaft ist der Glaube bei vielen Migranten ein untrennbarer Bestandteil ihrer Identität. Im Bundestag greift die Unionsfraktion als einzige Partei das Thema auf. Im April 2016 organisiert die CDU / CSU-Fraktion im Bundestag ein Fachgespräch mit Vertretern von Kirchen, Flüchtlingseinrichtungen, Polizei und muslimischen Verbänden.[145] Im voll besetzten Fraktionssaal sitzen auch viele Vertreter christlich-orientalischer Kirchen und ezidischer Organisationen. Für die Unionsfraktion sind Übergriffe in keinem Fall hinnehmbar. Die Resonanz auf die Tagung ist groß. Dennoch bleibt fraglich, ob derartige Signale ausreichen, um bei vielen Menschen verlorenes Vertrauen zurückzugewinnen.

In seiner Rede beim »Zukunftskongress Migration und Integration« in Berlin am 20. September 2016 räumt dann auch Thomas de Maizière vor Vertretern aus Politik, Verwaltung, Wirtschaft und Zivilgesellschaft ein: »Wir haben die Bedeutung von Religion unterschätzt – auch bei uns.«[146] De Maizière fordert aber auch »ein neues Bewusstsein bei Übertreibungen«. Es gelte in der erhitzten Integrationsdebatte verbal abzurüsten: »Eine hysterische Sprache [...] helfe nicht bei der Bewältigung der Probleme.« De Maizière verweist auf Begriffe wie »Staatsversagen« oder »Unrechtsstaat«.

In der Debatte müsse wieder »Maß und Mitte« gefunden werden. Für diese Aussagen kann de Maizière nur schwerlich widersprochen werden. Nur kommen die Worte des Innenministers spät. Probleme mit intoleranten muslimischen Flüchtlingen waren auch in der Bundesregierung lange kein Thema.

Im Oktober 2016 legt das christliche Hilfswerk »Open Doors« eine Dokumentation vor. Nach einer umfangreichen Erhebung im Zeitraum vom Februar bis September 2016 zählt die Organisation 743 religiös motivierte Übergriffe auf christliche Flüchtlinge. Darunter befinden sich 416 Fälle von Körperverletzung sowie 44 sexuelle Übergriffe. Lediglich 17 Prozent der Betroffenen erstatten eine Anzeige bei der Polizei. Knapp die Hälfte der Befragten geben an, aus Angst vor weiteren Übergriffen den

Gang zur Polizei zu scheuen.[147] Das Dunkelfeld bei den Erkenntnissen der Behörden scheint groß zu sein.

Ein Mord im idyllischen Prien am Chiemsee erschüttert im April 2017 in Bayern die Menschen. Ein abgelehnter junger Asylbewerber aus Afghanistan lauert einer vierfachen Mutter vor einem Supermarkt auf. Die Frau kommt wie der Afghane als Flüchtling nach Deutschland. Sie konvertierte vom Islam zum Christentum. Der Afghane hat ein großes Schlachtermesser dabei. Er stößt der Frau am helllichten Tag vor einem Supermarkt das Messer in Hals und Kopf. Sie soll sterben, weil sie jetzt als Christin leben will. Gegenüber dem psychiatrischen Gutachter meint der Afghane, er fühle sich nach der Tat leichter und glücklicher. Die Staatsanwaltschaft spricht von einer regelrechten öffentlichen Hinrichtung.

Laut den Recherchen der *Welt* drängt Thomas de Maizière darauf, christenfeindliche Gewalttaten erstmals vom BKA gesondert zu erfassen. Für 2017 registriert das BKA knapp 100 christenfeindliche Übergriffe in Deutschland.[148] Dazu zählen auch die Angriffe gegen christliche Asylbewerber wie die Mordtat von Prien. Das Landgericht Traunstein verurteilt den abgelehnten Asylbewerber aus Afghanistan am 9. Februar 2018 zu lebenslanger Haft. Erneut zeigt sich: Die Politik reagiert. Vorausschauendes Handeln sieht aber anders aus. Der Versuch, die religiöse Dimension der Zuwanderung und anschließenden Integration von mehr als einer Million Menschen aus dem Nahen Osten auszuklammern, entpuppt sich als großer Fehler.

Das halbherzige Eingeständnis der Kanzlerin

Im Hochsommer 2016 überschlagen sich die Ereignisse. In Würzburg verübt ein bis dahin völlig unauffälliger Flüchtling aus Afghanistan in einem Regionalzug am 18. Juli einen Terroranschlag. Ein IS-Bekennervideo zeigt den jungen Mann, wie er in seinem Zimmer wild mit einem Messer herumfuchtelt. Ein paar Tage später stirbt ein abgelehnter Asylbewerber aus Syrien in Ansbach bei einem Selbstmordattentat. Die beiden jungen Männer handeln im Auftrag des IS. In Nizza ermordet ein Attentäter im Namen des IS 86 Menschen aus 21 Ländern mit einem Lastwagen. Mehr als 400 Menschen werden verletzt. Drei Todesopfer stammen aus Deutschland.

Laut BND ist bei den »Anschlägen in Ansbach und Würzburg« eine »Anleitung durch IS-Mentoren nachweisbar«. Die Bundeskanzlerin unterbricht ihren Urlaub und stellt sich in der Bundespressekonferenz am 28. Juli eineinhalb Stunden lang den Fragen der Journalisten. Sie präsentiert einen Maßnahmenkatalog, um die Sicherheit in Deutschland zu verbessern. Die Bevölkerung soll beruhigt werden. Dann stellt ein Journalist der Kanzlerin eine einfache Frage. Der Pressevertreter will wissen, ob ihr im September 2015 bereits klar war, als sie den Satz sagte, »wir schaffen das«, dass eine Reihe Terroristen nach Deutschland einwanderten? Oder sei dies eine Erkenntnis, die ihr erst später kam?

Angela Merkel überlegt kurz. Dann sagt sie: »Wir wissen ja spätestens seit den Anschlägen von Paris, aber auch aufgrund bestimmter Registrierungen schon vorher, dass auch der IS die Flüchtlingsbewegungen genutzt haben kann oder offensichtlich genutzt hat, um auch terroristische Kräfte dort mit einzuschleusen.« Die Bundeskanzlerin bekräftigt ihre Aussage mit dem erstaunlichen Satz: »Wir wissen ja daneben seit Langem, dass es Reisebewegungen gibt.« Man könne nicht mehr zwischen innerer und äußerer Sicherheit unterscheiden. Das sei seit langer Zeit klar. Zudem erklärt sie: »Ich will jetzt nicht sagen, dass das damals vor elf Monaten im Zentrum gestanden hat«.

Die Einlassungen der Kanzlerin auf dieser Sommerpressekonferenz zum IS finden in den Medien erstaunlich wenig Verbreitung. Die Aussage verhallt im Sommerloch. Dabei stehen die Erläuterungen der deutschen Bundeskanzlerin im völligen Widerspruch zu den öffentlichen Erklärungen des Bundesinnenministers wie auch der Sicherheitsbehörden im Sommer und Herbst 2015.

Die Hinweise auf weitere Anschläge häufen sich. Die Sicherheitsbehörden vereiteln mehrere Anschlagsvorhaben. Im Oktober kann, so ist in einem internen Bericht zu lesen, ein »mutmaßlich vom IS in Rakka zentral geplanter Anschlag durch Jaber Albakr auf den Flughafen Tegel verhindert werden«. Der Attentäter reist als syrischer Flüchtling nach Deutschland. Er kehrt anschließend in den Nahen Osten zurück, wo er »wahrscheinlich unterwiesen« wird.

Zahlreiche weitere Terrorverdächtige werden verhaftet, zum Teil vor Gericht gestellt und verurteilt. Europa ist 2016 innerhalb der westlichen Welt »am stärksten vom islamistischen Terrorismus getroffen«, stellt der BND in einer mehr als ernüchternden Analyse fest. Nicht selten zählen Asylbewerber zu den Tätern oder Tatverdächtigen. Leugnen kann die Bundesregierung diese Zusammenhänge 2016 nicht mehr. Stattdessen geht die Bundesregierung wie nach dem Selbstmordattentat im Herzen der Altstadt von Istanbul am 12. Januar 2016 auffallend schnell zur Tagesordnung über.

Dabei sprengte sich der Attentäter mitten in einer deutschen Reisegruppe in die Luft. Elf deutsche Touristen werden mit in den Tod gerissen. Die Versprechungen des damaligen Justizministers Heiko Maas nach schneller Aufklärung werden nie eingelöst. Die Angehörigen der deutschen Todesopfer werden alleine gelassen. Nach dem Attentat auf den Berliner Weihnachtsmarkt am 19. Dezember 2016 wird sich der kalte Umgang der Bundeskanzlerin mit den Opfern wiederholen. Zum Jahrestag des Anschlags wird Bundespräsident Frank-Walter Steinmeier erklären: »Viele Hinterbliebene und Verletzte – viele von Ihnen – haben sich nach dem Anschlag vom Staat im Stich gelassen gefühlt.«

Die lähmende Macht der Gewohnheit

Für die Mitarbeiter deutscher Sicherheitsdienste stellt sich währenddessen so etwas wie eine Normalität im Ausnahmezustand ein. Die Suche nach Terrorverdächtigen unter Flüchtlingen wird zum »Alltagsgeschäft«. Die Äußerungen der Bundeskanzlerin werden mit einem Schulterzucken zur Kenntnis genommen. »Es gab keine großen Verwerfungen«, sagt einer dieser Staatsdiener, die tagein, tagaus Namenslisten abarbeiten und anschließend Indizien zusammentragen, schulterzuckend. Schon nach den Anschlägen im Sommer 2016 in Würzburg und Ansbach gibt es lediglich »die übliche Welle«: Namen, Daten, Fakten abklären, Berichte schreiben und anschließend nach Hause gehen.

Paul Mayer denkt dann gerne an den nächsten Urlaub. Abschalten nach dem Dienst kann er seit 2015 nicht mehr. Wie alle Geheimnisträger hat er ein Problem: »Wir können mit niemand anderem über unsere Arbeit sprechen. Das geht nur mit den Kollegen.« Man könne sich aber nicht gegenseitig therapieren. Das Ganze sei »ein Teufelskreis«. Immer häufiger zweifelt auch er an seiner Arbeit und fragt sich: »Macht das alles noch einen Sinn?« Seine Loyalität gegenüber diesem Staat lässt ihn dennoch weiter schaffen. Am liebsten verbringt er die Abende dann doch lieber mit »normalen Leuten«, die keine Ahnung von seiner Arbeit haben. Kino- und Theaterbesuche oder eine Opernaufführung seien gut, um mal abzuschalten. Aber sobald die Aufführung vorbei ist, hört er im Auto sofort die neuesten Nachrichten. Er kann nicht anders: »Ältere Kollegen haben das gelernt, wie sie ›es‹ verarbeiten können. Kollegen, die politisch nicht interessiert sind, die können das alles abschütteln.« Mayers Problem: Er steht nicht kurz vor der Pensionierung und er ist ein politisch denkender Mensch. Manchmal ertappt er sich bei dem dunklen Gedanken, »dass Dinge passieren, dass die Politik endlich reagiert. Dass es schlimmer wird. Man wünscht sich, dass was Schlimmeres passiert; dass die Politik aufwacht.« Auch andere Kollegen im Amt überkommen manchmal diese düsteren Stimmungen: »Viele sagen: Da wird was kommen. Das war nur der Anfang.« Es gebe engagierte Vorgesetzte, die anfangen zu kapitulieren: »Sie kämpfen nicht mehr gegen die politischen Mühlen an. Sie werden ruhiger und resignieren. Es werde viel mehr darauf geachtet, dass Kopien und Aktenvermerke vorliegen. Die eigenen Akten sollen sauber sein.« In der Schublade liegen dann die Vermerke für die Amtsleitung und eventuelle Untersuchungsausschüsse parat: »Man weiß ja nie, ob man nicht doch noch eine Aussage machen muss!«

Auch Helga Müller macht sich »keine Gedanken mehr, ob heute oder morgen ein Anschlag passiert«. Am Anfang sei das anders gewesen. Das Wissen aus den Akten macht mürbe und schlägt aufs Gemüt: »Viele hatten Angst um ihre Familien. Sie dachten an das Schlimmste, wenn die Kinder zum Bahnhof gingen.« In der Kantine oder im kleinen Kreis gibt es heftige Diskussionen. Jetzt aber staunt Helga Müller über ihre eigene Passivität. Schon die Anschläge in Würzburg und Ansbach sind für sie und ihre Kollegen nur mehr Routine. Die beiden Terrorfälle sorgen für keine große Aufregung mehr. Stattdessen herrsche »die Macht der Gewohnheit«, meint Helga Müller und verschränkt ihre Hände.

Gewaltverbrechen erschüttern die Gesellschaft

Eine weitere, vielleicht noch weitaus größere Herausforderung der Asylkrise wird ebenfalls lange nicht wahrgenommen. Rückblickend führen Verbrechen wie Vergewaltigungen, Mord und Totschlag durch Migranten zu größeren gesellschaftlichen Verwerfungen als der islamistische Terror. Die Empörung nach Gewalttaten wie in Freiburg, Kandel, Chemnitz und zahlreichen weiteren Orten ist riesengroß. Rechtsextremisten, die AfD, aber auch zutiefst verunsicherte Menschen lassen nach diesen Gewaltverbrechen ihrem Unmut freien Lauf.

Das schlägt sich früh in der öffentlichen Meinung nieder, wie eine repräsentative Umfrage des Meinungsforschungsinstituts *infratest dimap* für den *NDR* vom Januar 2017 zeigt. Danach fühlen sich 32 Prozent »auf öffentlichen Plätzen, Straßen, in Parkanlagen oder auch in öffentlichen Verkehrsmitteln« weniger sicher als zwei Jahre vor der Ankunft so vieler Flüchtlinge. Besonders bedroht fühlen sie sich laut dieser kaum zur Kenntnis genommenen Umfrage von Flüchtlingen und Ausländern. Die Umfrage unterstreicht den Stimmungswandel in der Bundesrepublik.

Die Tatwaffe bei diesen Verbrechen ist oft ein Messer. Das wahre Alter der Täter oder deren Identität ist oft unbekannt. Dies zeigte sich auch bei dem heute schon beinahe wieder vergessenen Messermord im baden-württembergischen Reutlingen Ende Juli 2016. Der Täter erstach seine ältere Freundin, die aus Polen stammte. Als er am 25. Juni 2015 in Deggendorf einen Asylantrag stellte, hatte er als Geburtsdatum den 1. Januar 1995 angegeben. Geburtsort sei Aleppo in Syrien. Unter dem Stichwort »Beruf« findet sich in einer Akte die Angabe »Fischer und Süßigkeiten«. Aleppo liegt im syrischen Hinterland und nicht am Meer. Vor seiner Einreise in die Bundesrepublik wird er am 12. April 2015 in Ungarn und fünf Tage später in Wien registriert. Als sogenannter Dublin-Fall kann er in diese Länder zurückgebracht werden. Er kann trotzdem in Deutschland bleiben. Als er seinen Asylantrag stellt, legt er keine Identitätspapiere vor. Er füllt den vorgesehenen Fragebogen für syrische Staatsangehörige aus.

Am 29. Juli 2015 findet ein dreißigminütiges Gespräch in der BAMF-Außenstelle Deggendorf statt. Auch diese Unterredung sorgt nicht für Klarheit. 2012 habe er sein Heimatland verlassen. Wann er genau in Deutschland einreiste, weiß er nicht mehr. Im Gesprächsprotokoll findet sich stattdessen die Anmerkung, er entschuldige sich, dass er »aufgrund diverser Gefängnisaufenthalte nicht mehr genaue Angaben zu den Zeitpunkten machen kann«. Eine persönliche Anhörung findet trotz dieses Eingeständnisses nie statt. Am 14. Oktober 2015 wird dem Mann aus Aleppo die Flüchtlingseigenschaft zuerkannt. Der Hinweis auf die Haftstrafen spielt in dem Verfahren keine Rolle.

Das Verbrechen sorgte kurz für große Aufregung in den deutschen Medien, da zunächst fälschlicherweise ein terroristischer Hintergrund vermutet wurde. Demonstrationen gab es damals noch nicht. Die Empörung legte sich sehr schnell wieder.

Rückblickend zeigt dieser Fall beispielhaft, wie leicht es damals ist, als Migrant in Deutschland bleiben zu können. Die Politik ihrerseits hakte den Fall schnell ab. Sorgen in der Bevölkerung werden nicht wahrgenommen. Stattdessen wird auf sinkende Verbrechensraten in der polizeilichen Kriminalstatistik hingewiesen. Die emotionale Ebene dieser Gewaltverbrechen wird völlig außer Acht gelassen. Dabei passt der Mann, der in Reutlingen das Leben einer polnischen Frau und Mutter auslöschte, sehr wohl in das Raster späterer Verbrecher, die als vermeintliche Flüchtlinge nach Deutschland kommen und hier ohne Sicherheitsvorkehrungen in Massenverfahren durch die Asylmaschinerie des BAMF geschleust werden.

Die Verbrechen von Migranten und das oft widersprüchlich beschämende Verhalten der Politik sind Wasser auf die Mühlen der Feinde des Rechtsstaates. Auch diese weitreichenden, hochexplosiven Folgen der deutschen Asylpolitik werden erst in aller Deutlichkeit nach dem Gewaltverbrechen von Chemnitz zu einem beherrschenden Thema.

Weihnachtspost vom BND

An einem trüben Dezembertag 2016 schleicht ein Bote durch die langen Gänge einer deutschen Behörde. Er bringt vertrauliche Post für ausgewählte, überprüfte Geheimnisträger. Helga Müller zählt zu diesem erlesenen Kreis. Sicherheit schaffen und mit den Mitteln des Rechtsstaates durchsetzen: Das ist ihre Lebensaufgabe. Sie hat nie aufgegeben, für dieses Ideal zu streiten. Sie wurde nicht wie so viele ihrer Kolleginnen und Kollegen zu einer Zynikerin, die während der Mittagspause oder in der U-Bahn ihrem Frust freien Lauf lassen oder über WhatsApp schale Witzchen oder Karikaturen verschicken. Dienst nach Vorschrift ist nicht ihre Sache. Seit dem Sommer 2015 steht auch sie unter einer permanenten Anspannung. Der ständige Stress setzt ihr zu. Helga Müller ist gesundheitlich angeschlagen. Sie ertappt sich öfters dabei, wie sie mit dem Gedanken spielt, für immer ins Privatleben abzutauchen. Zu oft musste sie seitdem erleben, wie Verantwortungsträger die Vorschläge von Praktikern ignorieren, in Entwürfen herumkorrigieren oder sie als politisch nicht durchsetzbar erklären. Am meisten schmerzt sie die Tatsache, dass ihr damaliger oberster Dienstherr, Thomas de Maizière, lange Zeit die dramatischen Sicherheitsprobleme als Folge der Flüchtlingskrise nicht offen genug ansprach. Der Anschlag auf den Weihnachtsmarkt am Berliner Breitscheidplatz am 19. Dezember 2016 hat sie nicht überrascht. Immer wieder hat sie in den vergangenen Monaten mit einem verheerenden Anschlag, verübt von Asylbewerbern, gerechnet.

Der Attentäter Anis Amri wurde am 23. Dezember 2016 von einem Polizisten in Mailand erschossen. Er war ein krimineller abgelehnter Asylbewerber aus Tunesien. Helga Müller zählt zu den ersten in den deutschen Sicherheitsbehörden, die diese brisante Information erhalten. Sie will gerade ihre Sachen packen, als ihr ein Bote über den Weg läuft. Er hat wichtige Post dabei. Es muss sich um ein brisantes Dokument handeln.

Wie üblich zeichnet Helga Müller die Empfangsbestätigung ab. Sie schaut sich das Dokument an. Es handelt sich um eine brandaktuelle interne Analyse des Bundesnachrichtendienstes.

Der BND sieht nun »IS-Operateure aus dem Nahen und Mittleren Osten, die von Seiten der IS-Führung in Syrien und Irak im Zuge der massiven Flüchtlingsströme des vergangenen Jahres nach Europa geschleust wurden«. Verhaftungen wie auch eine »zuletzt stark angestiegene Zahl an Hinweisen deuten darauf hin, dass sich weitere eingeschleuste IS-Zellen in Europa befinden«. Zudem rücken Flüchtlinge, »die sich vermutlich erst nach ihrer Ankunft in Europa radikalisiert haben«, in den Fokus der Sicherheitsbehörden. Es gebe zudem Hinweise, so der BND, dass der IS gezielt versuche, Flüchtlinge in Europa zu radikalisieren und für Anschläge zu gewinnen. Hierzu könnten auch in der Heimat verbliebene Familienmitglieder als Druckmittel missbraucht werden. In aller Klarheit wird in dem Dokument auf die Gefahr von Terroranschlägen durch Flüchtlinge hingewiesen.

Helga Müller ist verblüfft: Nie zuvor hatte sie einen Bericht eines deutschen Nachrichtendienstes in den Händen gehabt, der sich so eindeutig von der nach außen propagierten Linie der Bundesregierung unterschied. Auf dem Verteiler am Ende der Analyse erkennt Helga Müller mit einem Blick: Das umfangreiche BND-Papier liegt allen wichtigen deutschen Sicherheitsbehörden und Bundesministerien vor. Auch das Bundeskanzleramt erhält eine Kopie. Helga Müller atmet tief durch. Sie lehnt sich in ihrem Drehstuhl zurück, schaut aus dem Fenster und sagt zu sich selbst: »Endlich. Endlich haben sie es kapiert.«

Ministermörder oder Lügner?

Klagt ein Asylbewerber gegen die Entscheidung des Bundesamtes für Migration und Flüchtlinge, dann müssen die Verwaltungsgerichte klären, wer nun Recht hat. Über zu wenig Arbeit können sich Deutschlands Verwaltungsrichter wahrlich nicht beschweren. Die starke Zunahme von Asylanträgen führt auch zu zahlreichen Prozessen. Denn Asylbewerber können bei Verfahren vor Verwaltungsgerichten Prozesskostenbeihilfe beantragen.

Am 16. April 2015 wird in Sachsen-Anhalt der Fall eines jungen muslimischen Mannes russischer Herkunft verhandelt. Der junge Mann hat Angst, in sein Herkunftsland abgeschoben zu werden. Hinter ihm und seiner damaligen Freundin steht ein imposantes Netzwerk von Unterstützern aus Kirche und Politik. Zwei Jahre lang lebt er laut eigenen Aussagen im sogenannten Kirchenasyl. Das Urteil liegt Anfang Juni 2015 vor und wird seitdem behördenintern in ganz Deutschland diskutiert. Im Kern geht es um die Frage: Ist der junge Mann aus dem fernen Russland ein Mörder und Terrorist oder ein Betrüger, der auf perfidem Weg versucht, in Deutschland ein Bleiberecht zu erhalten? Seit Jahren hält der Mann die Behörden auf Trab.

Anfang Mai 2011 fand für den damals 18-jährigen Migranten eine Anhörung statt. Ort des Geschehens ist eine Kleinstadt in Sachsen-Anhalt. Damals gab es noch keinen Antragsstau. Die Asylbewerberzahlen sind niedrig. Die Anhörung findet in russischer Sprache statt. Der junge Russe verfügt über verschiedene Dokumente. Er lebte schon einmal als anerkannter Flüchtling in Deutschland. 2006 kehrt er mit seiner Familie zurück in den Nordkaukasus.

Es ist nicht unüblich, dass anerkannte Asylbewerber aus welchen Gründen auch immer Deutschland wieder verlassen und dann zurückkommen, um erneut einen Antrag zu stellen. Doch dann erzählt der junge Mann eine unfassbare Geschichte. Er sei als Jugendlicher zusammen mit seinem Vater in die Berge des Kaukasus gezogen und habe sich dort als Kindersoldat einer Gruppe von islamistischen Guerillakämpfern angeschlossen. Im Süden Russlands tobte seit Jahren ein blutiger Bürgerkrieg. Der junge Mann diente als Träger. Auf die Frage, wie häufig er denn selbst an einem Schusswechsel beteiligt gewesen sei, antwortet er: Vier Mal.

Sein Haupteinsatz findet am 5. Juni 2009 statt. In einem Restaurant in der nordkaukasischen Stadt Machatschkala wird gerade eine Hochzeit gefeiert. Unter den Gästen weilt der Innenminister von Dagestan. Es kommt zu einem blutigen Attentat. Der Politiker kommt ums Leben. Die Nachricht von dem Anschlag findet weltweite Verbreitung. Der junge Asylbewerber behauptet, auch er habe geschossen. Ob er getroffen hat oder nicht, weiß er nicht mehr. Mehrmals musste er auf »Autos schießen, nur auf Autos«. Mit dabei war auch sein Vater.

Der junge Asylbewerber scheint sich an viele Details zu erinnern. Auf einem Blatt Papier fertigt er eine Zeichnung an. Er nennt Namen und Daten. Die Aussagen sind präzise und faktenreich. Auch der Name des Anführers dieser Gruppierung wie dessen Sterbedatum finden sich in den Unterlagen. Die Schreibweise passt zu keinem bekannten islamistischen Anführer im Kaukasus. Dies kann jedoch an der Transliteration liegen. Denn bei einer anderen Schreibweise stößt man auf einen der gefährlichsten Terroristen in Russland. Das Sterbejahr dieses Extremisten stimmt mit den Angaben des jungen Mannes überein.

Damit nicht genug: Plötzlich zieht er ein Nokia-Handy hervor und spielt ein Video ab. Zu sehen sind Personen, darunter auch Frauen mit Gewehren. Das Video schickte ihm ein Bekannter im Januar 2010 über Bluetooth. Den genauen Namen der islamistischen Gruppierung will oder kann der junge Mann nicht nennen. Im Anhörungsprotokoll ist die Rede von den »Wahhabisten«. Damit sind vermutlich wahabitische Muslime gemeint, die einer streng konservativen Auslegung des Islam folgen. Die meisten Wahhabiten leben heute in Saudi-Arabien. Dort ist der Wahhabismus die religiöse Staatsideologie. Der Wahhabismus kann als eine Form des Salafismus bezeichnet werden.

Anfang 2011 lässt sich der junge Asylbewerber auf verschlungenen Wegen über Moskau und Polen zurück nach Deutschland schleusen. Geld spielt keine Rolle. Das letzte Stück der Strecke legt er mit einem Taxi zurück. Die Fahrt kostet 500 Euro. Jetzt will er in Ruhe wie ein Deutscher leben. Die russische Miliz würde ihn seit 2008 suchen. In Russland würde er umgebracht werden.

Die Anhörung dauert 105 Minuten. Um 15.30 Uhr kann der junge Mann gehen. Die Daten und Fakten stimmen. Aber hat er sich die Geschichte nur zusammengereimt? Nachrichtenagenturen verbreiten gleichlautende Meldungen über den Anschlag auf die Hochzeitsfeier und den Tod des Anführers der Terrororganisation, sofern der Name stimmt. Eine Anzeige wird nicht erstattet. Das BAMF glaubt den Ausführungen des Kaukasiers, der sich selbst so schwer belastet, nicht. Das Asylverfahren zieht sich hin. Anfang Mai 2013 lehnt das BAMF den Asylantrag ab. Drei Wochen später erhebt der Dagestaner Klage und beruft sich erneut auf seine Aktivitäten als Terrorist. Die Jahre vergehen. Informationen über irgendwelche islamistischen Aktivitäten zu dem jungen Mann liegen den Behörden allem Anschein nach nicht vor.

Im Frühjahr 2015 wird der Fall des jungen Mannes aus Dagestan vor dem besagten Verwaltungsgericht verhandelt. Er wiederholt seine Geschichte in allen Einzelheiten. Nunmehr ist in dem Urteil lediglich von den »Wahhabiten« die Rede. Dies ist ein Hinweis, dass es sich bei dem Anhörungsprotokoll um einen Schreibfehler handelt. Zudem ist in dem Urteil zu lesen, dass »von Seiten der Wahhabiten« die Kosten der Ausreise finanziert wurden: »Er selbst sei zu jung gewesen, um in den Reihen der Wahhabiten weiter zu kämpfen«. Der Vater sei hingegen erkrankt.

Im Gegensatz zum BAMF glaubt das Gericht dem jungen Mann. Er habe »in der mündlichen Verhandlung im Einzelfall glaubhaft und detailliert seine Tätigkeit bei den Wahhabiten geschildert«. Er habe ausführlich erläutert, inwieweit er »auch an der Ermordung des Innenministers von Dagestan beteiligt gewesen ist«. Es mache seine Aussagen nicht unglaubwürdig, argumentiert das Gericht, dass er »nicht über alle Einzelheiten der Gruppe der Wahhabiten« Bescheid weiß.

Das Verwaltungsgericht erkennt ein Abschiebungsverbot. Danach darf ein Ausländer »nicht in einen Staat abgeschoben werden, in dem für diesen Ausländer die konkrete Gefahr besteht, der Folter oder unmenschlicher oder erniedrigender Behandlung oder Bestrafung unterworfen zu werden«. Der junge Mann kann somit vorläufig in Deutschland bleiben. Das Urteil trägt das Datum 8. Juni 2015.

Einige Wochen später stellt das BAMF Strafanzeige gegen den jungen Mann. Das Verfahren zieht sich seitdem in die Länge. Mitte September 2018 teilt mir die Generalstaatsanwaltschaft Naumburg mit, es gebe keine neuen Erkenntnisse. Die zuständige Staatsanwaltschaft »wartet weiter den Rechtshilfeauskünften der angefragten russischen Behörden zu. Das Verfahren ist noch immer bei ihr anhängig.«

Der Fall des jungen Dagestaners, der als Kind zum Mörder geworden sein will, ist längst kein Einzelfall mehr. Auch andere mitunter sehr junge Asylbewerber bezichtigen sich der Mitgliedschaft in terroristischen Vereinigungen oder der Mordtaten bei Auseinandersetzungen mit Terrorgruppen. Aber sagen sie die Wahrheit? Im Fall eines 2001 geborenen afghanischen Jungen liegt eine psychotherapeutische Stellungnahme vor. Der Jugendliche erklärte, er habe sich im zwölften Lebensjahr an den Mördern seiner Eltern rächen wollen und drei Männer vor einem Maisfeld erschossen. Es habe sich um Angehörige der Taliban gehandelt. Anschließend hätten die Taliban ihn und seine Geschwister verfolgt. Die Gutachter kommen zu dem Ergebnis, das Berichtete wurde »tatsächlich erlebt«. Der Jugendliche bedürfe zwingend einer weiterführenden, langfristigen Behandlung, verbunden mit einer positiven Bleibeperspektive in Deutschland. Ein Fall für die Staatsanwaltschaft ist er nicht. Er war zum Zeitpunkt der Tat strafunmündig.

Es gibt aber zahlreiche andere Fälle, in denen sich die Behörden mit den Selbstbezichtigern auseinandersetzen müssen, denn sie sind rechtlich dazu verpflichtet. 2017 zählt die Bundesanwaltschaft 1210 neue Terrorermittlungen. Nie zuvor hat es so viele Terrorermittlungen gegeben. Ein Grund hierfür sind die vielen Selbstbezichtigungen von Asylbewerbern, berichtete die *Süddeutsche Zeitung*.[149] Offenbar spekulieren die meist jungen Männer darauf, auf diese Weise in Deutschland bleiben zu können. Aber sagen sie die Wahrheit? Und wenn ja, stellen alle diese Personen eine Gefahr für die innere Sicherheit dar? Wie entwickeln sich Kinder, die Menschen töteten? Auch diesen Fragen muss sich die Gesellschaft stellen.

Für dieses Buchprojekt konnten hunderte Hinweise auf Selbstbezichtiger vertraulich eingesehen werden. Hierbei handelte es sich um kurze Beschreibungen wie auch um detaillierte Fallbeschreibungen. Zudem konnte mit Mitarbeitern der unterschiedlichsten Behörden wie auch mit Vertretern der Justiz über dieses Problem gesprochen werden. Oft geht es dabei nicht um Terrorismus, sondern lediglich um obszöne Gewalt. Die Religion spielt dabei keine Rolle. Auch selbst erklärte »Christen« bezichtigen sich abstoßender Verbrechen. Einer dieser Fälle soll hier kurz vorgestellt werden.

»Wir tranken das Blut der ermordeten Mädchen«

Anfang 2017 geht bei einer bayerischen Staatsanwaltschaft eine Strafanzeige gegen einen jungen Mann aus einem kleinen westafrikanischen Staat ein. Der Asylbewerber erhebt schwerste Vorwürfe; nicht gegen einen anderen Flüchtling, sondern gegen sich selbst. Während seiner Anhörung am 17. November 2016 hatte der Afrikaner behauptet, in seinem Heimatland kleine Kinder entführt und ermordet zu haben. Die Aussagen werden protokolliert und dokumentieren ein unfassbares Ausmaß an blutrünstiger Gewalt oder an perverser Fantasie; wie in einem Horrorfilm.

Der Mann aus Westafrika gibt zu Protokoll, er sei eine Halbwaise. Nach dem Tod der Mutter zieht ein Onkel ihn und seinen Bruder groß. Der Ziehvater ist Mitglied eines Geheimbundes. In seinem Haus hat er ein stets verschlossenes Zimmer. Eines Nachts weckt er die Kinder auf. Sie sollen in den geheimnisvollen Raum mitgehen. In dem Zimmer sieht der Asylbewerber aus Afrika nackte ältere Männer. Auf dem Boden liegt ein totes kleines Mädchen. Die nackten Männer haben es ermordet. Auf einem Tisch liegt ein Totenkopf. Der junge Mann wird gezwungen, Blut zu trinken aus einem Krug, der reihum gereicht wird.

Er gehört nun zu der »Society« und erledigt für sie Aufträge. Auf Friedhöfen schändet er Leichen. Er entführt junge Mädchen. Sie werden von der Geheimgesellschaft ermordet. Die toten Körper werden verstümmelt. Der junge Mann aus Sierra Leone behauptet, Mittäter dieser Verbrechen zu sein. Er behauptet: »Ich habe Angst um mein Leben.«

Die BAMF-Mitarbeiterin bleibt skeptisch. In einem Vermerk heißt es: »Der Antragsteller wirkt viel älter, als er aussieht. Auch sein Verhalten, seine Reife wirkt älter.« Nach beinahe zweieinhalb Stunden ist die Horroranhörung vorbei. Sein Antrag auf Asylanerkennung wird Ende Dezember 2017 abgelehnt. Die Schilderungen des jungen Mannes aus Westafrika werden in dem Bescheid wahlweise als »vollends unglaubwürdig«, »nicht glaubhaft« oder »nicht vorstellbar« charakterisiert. Nicht einmal an den Namen der obskuren »Society« kann sich der Asylbewerber erinnern. Dokumente will er auch nicht besitzen.

Aber diese Selbstbezichtigung kann nicht einfach so zu den Akten gelegt werden. In solchen Fällen läuft die rechtsstaatliche Maschinerie auf Hochtouren. Das BAMF erstattet Strafanzeige.

Die Staatsanwaltschaft übernimmt. Die Polizei ermittelt. Weitere Behörden werden eingeschaltet. Alle Beteiligten wissen: Die Erfolgsaussichten sind gering.

Überlastete Staatsdiener müssen ihre Arbeitskraft in solchen Verfahren verschwenden. Denn bei Selbstbeschuldigungen von Asylbewerbern sind Ermittlungen so gut wie immer zum Scheitern verurteilt. Wie sollen lückenhafte oder auch widersprüchliche Angaben irgendwo in Senegal, in Nigeria oder auch im Irak, in Syrien oder Afghanistan überprüft werden? Hinzu kommt: Laut der deutschen Strafprozessordnung reicht die Selbstbezichtigung aus gutem Grund nicht für eine Verurteilung. Immer wieder gibt es in der Rechtsgeschichte Fälle, in denen sich unschuldige Menschen selbst beschuldigten. 2003 sorgt in München der Fall eines prominenten Schauspielers für Schlagzeilen. Der Mann gestand ein Verbrechen, das er nie beging.

Im Rahmen seiner Beschuldigtenvernehmung äußert sich der Mann aus Westafrika erneut zur Sache, wie ein behördeninternes Dokument festhält. Er bestätigt im Prinzip seine Angaben, insgesamt drei Mädchen und einen Jungen im Alter zwischen fünf und zehn Jahren betäubt und entführt zu haben. Die Kinder wurden ermordet. Einmal habe er sogar ein Kind festgehalten, »während ein Mittäter dem Kind die Kehle durchgeschnitten habe«. Natürlich ist auch der zuständigen Staatsanwaltschaft klar, dass der Beschuldigte diese Angaben womöglich nur macht, um im Rahmen seines gescheiterten Asylverfahrens ein sogenanntes »Abschiebehindernis« zu schaffen. Droht einem Flüchtling in seinem Herkunftsland die Folter oder gar die Todesstrafe, dann ist eine Abschiebung so gut wie ausgeschlossen. In Sierra Leone gilt die Todesstrafe.

Auch im Fall des Mannes aus Westafrika werden mehrere Behörden eingeschaltet. Für die Ermittler ist es nicht möglich, die vagen Angaben des Beschuldigten zu beweisen. Das Bundeskriminalamt winkt ab. Eine Anfrage in der Heimat erscheine nicht erfolgversprechend. Da dem jungen Mann in seinem Herkunftsland die Todesstrafe drohe, könne eine Anfrage dort

»nicht individualisiert« gestellt werden. Dies bedeutet: Die Übermittlung des Namens des Selbstbeschuldigers sei nicht zulässig. Die Behörden in dem westafrikanischen Land können nur allgemein nach dem Kult oder nach womöglich verschwundenen kleinen Kindern gefragt werden. Doch den Namen der monströsen Organisation kennen die Behörden nicht. Ein Erkenntnisgewinn ist, wie das BKA völlig zutreffend festhält, bei dieser Vorgehensweise nicht zu erwarten.

Auch die deutsche Botschaft in der Heimat wird um Amtshilfe gebeten. Die deutschen Diplomaten bestätigen die Existenz von Geheimbünden in dem westafrikanischen Land. Diese gebe es schon seit Jahrhunderten. Gleichzeitig warnt die Botschaft davor, Erkundigungen einzuziehen. Außenstehenden drohe eine Bestrafung. Die Diplomaten haben zudem große Zweifel, dass staatliche Stellen in dem Land Amtshilfe leisten werden oder in der Lage sind, konkrete Angaben zu den geschilderten Verbrechen zu machen oder diese gar schriftlich zu bestätigen.

Laut einer weiteren Mitteilung der deutschen Botschaft wird über das Kinderhilfswerk der Vereinten Nationen, UNICEF, der Fall einer rituellen Tötung im Januar 2016 bekannt. Hat der junge Mann, der sich selbst so schwer belastet, damit etwas zu tun? Ihm wird ein Pflichtverteidiger zur Seite gestellt. Anschließend macht er keine weiteren Angaben mehr zu der ganzen Angelegenheit. Dies ist sein gutes Recht. Ein Tatnachweis kann nicht geführt werden. 2017 verfügt die zuständige Staatsanwaltschaft die Einstellung des Ermittlungsverfahrens. Auch ein Verfahren aufgrund des Vortäuschens einer Straftat kann nicht weiterverfolgt werden.

Am 30. April 2018 reicht der Anwalt des jungen Mannes beim Bayerischen Verwaltungsgericht Klage ein. Der Anwalt geht gegen den Bescheid des BAMF vor. Sein Mandant soll als Asylberechtigter anerkannt werden. Zumindest aber soll richterlich festgestellt werden, dass Abschiebungsverbote vorliegen. Sein Mandant sei katholischen Glaubens. Das zeigt, dass diese Selbstbezichtigungen nichts mit der Religion zu tun haben.

Am Ende dieses und zahlreicher weiterer Fälle stehen die Ermittler meist mit leeren Händen da. Zurück bleibt die Sorge, dass es sich bei diesen Männern und auch Frauen nicht um Lügner, sondern tatsächlich um hochgradig gefährliche Gewalttäter handelt. Wenn der Mann aus Sierra Leone oder irgendein anderer dieser Selbstbezichtiger ein vergleichbar abscheuliches Verbrechen in Deutschland begeht, wäre der Aufschrei in Politik, Medien und Gesellschaft gewaltig. Denn die Selbstbezichtigungsaussagen sind bekannt, sie liegen den Behörden ja vor. Doch genau diese Fälle führen den Rechtsstaat an seine Grenzen. Als ich im Sommer 2017 über diese Problematik berichtete, äußerte sich kein Politiker zu den Recherchen.

Die Angst der Politik vor der öffentlichen Meinung

Intern sind die Selbstbezichtigungen von Asylbewerbern sehr wohl ein Thema, das die Politik und die Behörden beschäftigt. So wendet sich am 22. März 2017 ein CSU-Landrat an den bayerischen Innenminister Joachim Herrmann. Ein nigerianischer Asylbewerber bereitet dem Lokalpolitiker »großes Kopfzerbrechen«. Denn sollte sein Fall »in der Bevölkerung allgemein bekannt werden, so sehe ich großes Konfliktpotenzial und ein Akzeptanzproblem für die Asylpolitik und die Integrationsbemühungen in unserer Region«.

Der abgelehnte nigerianische Asylbewerber gibt bei seiner Anhörung im BAMF am 25. Oktober 2016 eine abstoßende Tat zu Protokoll: Er habe ein junges Mädchen vergewaltigt. Sie habe versucht, sich mit einem Messer zu verteidigen, »hat sehr geblutet und geschrien. Dann kamen die Menschen von der Kirche und haben das Mädchen zum Krankenhaus gebracht. Ich konnte fliehen. Ein Freund erzählte mir, dass das Mädchen im Krankenhaus verstorben sei.«

Das BAMF erstattet im Januar 2017 Strafanzeige. Die beauftragte Kriminalpolizei lädt den Nigerianer vor. Über seinen Rechtsanwalt teilt er mit, er werde sich nicht zum Tatvorwurf äußern. Auf Anfrage teilt die Polizei dem Landratsamt telefonisch mit, dass weitere Ermittlungen in Nigeria »nicht durchgeführt werden«. Jetzt müsse der zuständige Staatsanwalt entscheiden. Nach Aussage der Polizei liege noch eine weitere, vergleichbare Strafanzeige gegen jemand anderen vor. Wie in vergleichbaren Fällen »könne die Kripo mangels weiterer Anhaltspunkte nichts unternehmen«.

Der zuständige Staatsanwalt kann dem Landrat ebenfalls nicht weiterhelfen. Er gehe davon aus, dass die Angaben der Asylbewerber »regelmäßig nicht zuträfen«. Allein 2016 habe er rund zehn vergleichbare Fälle bearbeitet. Der Staatsanwalt vermutet, »dass sich die Asylbewerber dadurch bessere Erfolgsaussichten im Asylverfahren« erhoffen. Das Fazit des Staatsanwaltes klingt ernüchternd: »In allen anderen Fällen könne aus Mangel an Beweisen nichts weiter unternommen werden«. Das Verfahren werde dann gemäß der Strafprozessordnung eingestellt.

Der Landrat ist politischer Mandatsträger. Er kann mit dieser Auskunft nicht zufrieden sein. In seinem Brief warnt er das Ministerium in München vor den möglichen Folgen dieser Selbstbezichtigungen. Die überwiegende Mehrheit der heimischen Bevölkerung werde seiner »Einschätzung nach keinerlei Verständnis dafür aufbringen, einen Asylbewerber, der sich selbst einer Vergewaltigung mit Todesfolge bezichtigt, ohne weitere Konsequenzen womöglich jahrelang auf freiem Fuß zu lassen«.

Zudem bestehe das »unkalkulierbare Risiko, dass er eine weitere schwere Straftat begeht«. Dies dürfte »das Vertrauen in den Rechtsstaat und darauf, dass von Behördenseite alles zum Schutz der Bevölkerung unternommen wird, nachhaltig erschüttern«. Der Landrat bittet das bayerische Innenministerium »um Mitteilung, wie wir in diesem höchst problematischen Fall weiter vorgehen sollen«. Der Druck und die Angst, einer dieser Selbstbezichtiger könne in Deutschland zum Täter werden, sind groß.

Wenige Wochen vor den Bundestagswahlen im September 2017 wendet sich Joachim Herrmann seinerseits an den Bundesinnenminister in Berlin. Auch für Herrmann stellen die sogenannten Selbstbezichtiger »ein nicht unerhebliches Gefährdungsmoment« dar. Allein für die Zeit von August 2016 bis Juli 2017 informiert das BAMF das bayerische Landeskriminalamt über 582 solcher Fälle. Herrmann ist noch aus einem anderen Grund besorgt: Nicht selten erreicht das Landeskriminalamt die Meldung »erst drei Monate nach der Anhörung beim BAMF«. Ungeachtet der Zuständigkeiten ist aus Sicht des bayerischen Innenministers die »unverzügliche Einleitung (präventiv-) polizeilicher Maßnahmen durch die örtlich zuständigen Polizeidienststellen bereits bei der ersten Anhörung im BAMF unumgänglich«. Doch was soll dann geschehen? Was kann die Polizei unternehmen, wenn ein Asylbewerber die ungeheuerlichsten Aussagen macht und dann schweigt?

Der Brief des Ministers zeigt erneut, wie hilflos der Rechtsstaat und die Politik dem Phänomen der Selbstbezichtigungen gegenüberstehen. Das Schreiben dokumentiert zudem in aller Deutlichkeit, wie groß die Angst der Politik vor Terror und Gewalt durch Asylbewerber ist. Am Ende des Schreibens wendet sich Joachim Herrmann direkt und beinahe flehentlich an den »lieben Thomas«.

Ausgehend von der Tatsache, »dass insbesondere die Terrororganisation ›Islamischer Staat‹ die aktuelle Flüchtlingssituation nutzte und wohl auch weiterhin zu nutzen versucht«, um »Terroristen nach Europa einzuschleusen, bitte ich Dich zu prüfen, ob diese vorgenannten Aspekte in die Arbeitsabläufe des BAMF einfließen können, um die Menschen in unserem Land noch besser vor Gefahren zu schützen«.

Die Schlussphase des Wahlkampfes im Bundestagswahlkampf 2017 verläuft ruhig. Es gibt keine spektakuläre Gewalttat oder einen Terroranschlag zu vermelden. Die Selbstbezichtigungen werden unter den Tisch gekehrt und spielen deshalb keine Rolle.

Trotzdem ist unübersehbar, wie stark die Flüchtlingskrise die Gesellschaft inzwischen spaltet und radikalisiert. Am Freitag vor den Bundestagswahlen am 24. September wird Angela Merkel auf dem Münchner Marienplatz von hunderten Gegendemonstranten niedergeschrien. Auch bei der Rede von Joachim Herrmann hagelt es Pfiffe. Nie zuvor ist Politikern von CDU und CSU im Herzen Bayerns so viel Wut und Hass entgegengeschlagen. Die CSU zählt zu den großen Verlierern am Wahlabend. Die AfD wird im Wahlkreis, in dem auch der Sitz des Landratsamtes liegt, nach der CSU die zweitstärkste Partei. Auch aus diesem Grund ist der Brandbrief des Landrates zu verstehen.

Bayerns Innenminister antwortet auf das Schreiben des Landrats nicht. Stattdessen erreicht ihn ein Brief aus Berlin. Ein Abteilungsleiter im Bundesinnenministerium gibt den wohlfeilen Hinweis, ob von den Selbstbezichtigern »Gefahren für die öffentliche Sicherheit ausgehen können, obliegt zunächst der örtlich zuständigen Polizeibehörde«. Eine mögliche Strafverfolgung müsse durch die zuständige Staatsanwaltschaft geprüft werden. Für diesen Ratschlag hätte es keines Schreibens aus Berlin bedurft.

Ende September 2018 teilte mir das Landratsamt mit, die beiden Personen, um die es in den Schreiben aus Berlin geht, »sind immer wieder über einen längeren Zeitraum untergetaucht. Über den Verbleib der beiden Personen könne nichts mitgeteilt werden.« Auch mit diesem Problem haben Deutschlands Ämter immer wieder zu kämpfen.

Die Mission Impossible der BAMF-Präsidentin Jutta Cordt

Die Juristin Jutta Cordt kann auf eine lange Karriere in der Bundesagentur für Arbeit zurückblicken. 2016 erhält sie von Frank-Jürgen Weise die Anregung, sich für die Leitung des BAMF zu bewerben. Cordt gilt als effiziente Verwaltungsfachfrau. Sie sei, »was man auf Neudeutsch einen Planungsfreak nennt«.[150] Zuletzt leitet sie die Arbeitsagentur mit dem Zuständigkeitsbereich für so schwierige Bundesländer wie Berlin und Brandenburg. Frank-Jürgen Weise gilt als ihr großer Förderer. Mitarbeiter im BAMF registrieren, wie die resolute Dame mit dem markanten Kurzhaarschnitt, die im schwarzen Sportwagen anfährt, noch vor ihrer offiziellen Berufung in der Nürnberger Zentrale ein und aus geht.

Cordts Wechsel auf den Chefposten der Asylbehörde unterstreicht erneut, worum es dem Kanzleramt selbst nach der Anschlagsserie des Jahres 2016 nach wie vor in erster Linie geht: Die Asylanträge sollen so schnell wie möglich abgebaut werden. Sicherheitsfragen stellen nur einen lästigen Nebenaspekt dieser Herausforderung dar. Denn mit Asylfragen beschäftigte sich Cordt in ihrem Berufsleben nur ganz am Rande. Das Thema innere Sicherheit und Terrorabwehr gehörte nie zu ihrem Verantwortungsbereich.

Während ihrer kurzen Amtszeit in der Nürnberger BAMF-Zentrale vom Oktober 2016 zunächst als Vize- und dann als Präsidentin bis zu ihrer Demission im Juni 2018 nach dem Bremer Asylskandal bleibt die innere Sicherheit für Cordt stets ein Buch mit sieben Siegeln. Nie habe sich Cordt in diese hochkomplexe wie sensible Materie eingearbeitet, meinen BAMF-Insider.

Die Einbindung des BAMF in die Sicherheitsarchitektur der Bundesrepublik Deutschland habe sie nie verstanden. Zudem habe Cordt schnell und rabiat Mitarbeiter in Ungnade fallen lassen: »Rasieren und frisieren«, so beschreibt ein BAMF-Mitarbeiter ihren Führungsstil. Selbst bei Ihrer Verabschiedung mit allen Ehren im großen Konferenzsaal des BAMF habe sie nicht die richtigen Worte gefunden. In Cordts Rede sei eine »große Portion Selbstmitleid heraushörbar« gewesen. Fehler will sie keine eingestehen. Das berichtet ein prominenter Teilnehmer dieser Veranstaltung. Echtes Vertrauen habe so bei heiklen Fragestellungen wie der Terrorabwehr nie wachsen können. Dabei spielt die Herausforderung der inneren Sicherheit in der kurzen Amtszeit von Jutta Cordt eine immer wichtigere Rolle. Dazu gehört auch die Überlastung der sensibelsten Arbeitseinheit im BAMF: des Sicherheitsreferats.

Die enorme Anzahl der unbearbeiteten Asylanträge ist seit Jahren ein allseits bekanntes Problem. Doch nur einer Handvoll Sicherheitsexperten in den Behörden wie auch im Bundesinnenministerium wird im Laufe des Jahres 2016 immer mehr klar, dass sich auch auf den Schreibtischen des Sicherheitsreferates im BAMF die Akten stapeln. Das Referat gilt als chronisch unterbesetzt. Ende 2016 umfasst das Sicherheitsreferat des BAMF gerade einmal 31 Beschäftigte.[151]

Für Asylbewerber ist es misslich, wenn ihre Anträge lange nicht bearbeitet werden. Für die Sicherheit der Bundesrepublik Deutschland kann es hingegen eine Katastrophe darstellen, wenn die Experten in der Nürnberger BAMF-Zentrale mit der Arbeit hinterherhinken. Denn die wenigen Männer und Frauen im Sicherheitsreferat in der Asylbehörde bilden die zentrale Frühwarnstelle für verdächtig erscheinende Asylbewerber. Dazu zählen Hinweise auf Schleusungen, aber auch sehr schwere Straftaten wie Kriegsverbrechen oder Terrorismus.

Kommen die Experten zu dem Entschluss, die Person müsse genauer unter die Lupe genommen werden, dann machen sie entsprechend den gesetzlichen Vorgaben Meldung an die entsprechenden Sicherheitsbehörden. Dazu zählen der Verfassungsschutz, die Polizeibehörden und der BND. All diese Behörden haben keinen direkten Zugriff auf die Akten des BAMF.

Sie sind im Sinne der Gefahrenabwehr Deutschlands deshalb dringend darauf angewiesen, dass ihre Kolleginnen und Kollegen im BAMF so schnell wie möglich die mitunter sehr brisanten Informationen weiterreichen. So erhält alleine der BND 2015 knapp 600 Meldungen aus Nürnberg. Dieses bewährte System besteht seit vielen Jahren. Tausende Fälle gingen seitdem über die Schreibtische der Experten in der Nürnberger BAMF-Zentrale.

Mit dem dramatisch anwachsenden Flüchtlingsstrom gerät auch diese wohlgeölte Maschinerie aus den Fugen. Dies zeigen vertrauliche interne Zahlen vom Sommer 2016, die nie an die Öffentlichkeit gelangen. 2014 bearbeitet das Sicherheitsreferat im BAMF 630 dieser Verdachtsfälle. 2015 sind es bereits 4671. Ende Juli 2016 liegen dem Sicherheitsreferat des BAMF bereits 4676 Fälle vor. Die Tendenz ist stark steigend. Die Fälle stapeln sich. Die öffentliche Behauptung der BAMF-Führung, die Fälle werden »tagesaktuell« bearbeitet, trifft nicht zu. In der Politik spielt der Stau dennoch keine große Rolle. Die überarbeiteten Männer und Frauen im Nürnberger Sicherheitsreferat werden zunächst im Stich gelassen.

Doch nach dem Anschlag auf einen Berliner Weihnachtsmarkt und den Massenmorden am Neujahrsmorgen 2017 in einem Istanbuler Nachtclub mit mehr als 100 Toten und Verletzten wachsen in der Politik die Sorgen vor einer weiteren, vielleicht noch verheerenderen IS-Gewalttat. »Die Angst vor einem Terroranschlag war riesengroß«, erinnert sich Hans-Peter Friedrich. Für das CSU-Mitglied im Innenausschuss Andrea Lindholz bedeutet der Berliner Anschlag den Anfang der sicherheitspolitischen Neuausrichtung der deutschen Asylpolitik: »Köln war lediglich eine Wende, was die Nordafrikaner anging.« Lange Zeit »wollte man es ein Stück weit nicht wahrhaben«, dass auch in Deutschland ein sogenannter »Flüchtling« ein Attentat verüben könnte, erinnert sich Lindholz: »Das Attentat auf dem Breitscheidplatz war der einschneidende Punkt.« Danach gibt es kein »Ja aber« mehr.

Jutta Cordt, die neue Präsidentin des BAMF, muss Anfang Januar 2017 in Berlin erstmals vor dem Innenausschuss des Deutschen Bundestages Stellung beziehen. Cordt verspricht den Stau mit den vielen unbearbeiteten Einzelfällen in wenigen Wochen abzubauen. Am 28. Februar schreibt die Staatssekretärin im Bundesinnenministerium, Emily Haber, einen Brief an die BAMF-Präsidentin in Nürnberg. Das Schreiben spiegelt die Nervosität der Bundesregierung wider.

Die vielen unbearbeiteten sicherheitsrelevanten Einzelfälle sind ein immer drängenderes Thema: »Ein derartiger Bearbeitungsrückstand im hochsensiblen Bereich der sicherheitsrelevanten Hinweise«, heißt es in dem Brief, »wirft gleichwohl – insbesondere infolge der Causa Amri – Fragen auf, die einer strukturellen Klärung zugeführt werden müssen.«

Haber verlangt von Cordt die Quadratur des Kreises und dies so schnell wie möglich. Im Herbst wird ein neuer Bundestag gewählt. Das Reizthema Asyl soll im anstehenden Wahlkampf keine Rolle spielen. Die CDU / CSU-Fraktion beschließt, sich zu dieser Problematik nicht mehr zu äußern. »Mit dem Flüchtlingsthema gewinnen wir nichts«, heißt es in der Union. Irgendwann sei das Thema durch; so wie im Fall der Griechenland-Hilfspakete, hofft die Fraktion. Stattdessen soll sich der Wahlkampf um Themen wie die Rente drehen. Eine verhängnisvolle Fehleinschätzung. Aber dies wird sich erst am Wahlabend herausstellen.

Bis zum Sommer 2017 sollen alle alten Asylanträge bearbeitet sein. Mit diesem Schritt will die Bundeskanzlerin und Wahlkämpferin Angela Merkel ihre Regierungsfähigkeit unter Beweis stellen. Natürlich finden sich diese Hinweise in dem offiziellen Schreiben von Emily Haber nicht. Sehr wohl aber ist in dem Brief die für Behördeninsider unmissverständliche Aufforderung zu lesen, »die schnelle Bearbeitung der Asylanträge – inklusive der Aufarbeitung von Altanträgen – ist politische Verpflichtung«.

Dabei soll die »Quantität der Entscheidungsfülle« nicht von »der Qualität der Asylverfahren und der Entscheidungspraxis getrennt werden«. Zu dieser »verantwortlichen Praxis gehört« laut Bundesinnenministerium »die gleichwertige Berücksichtigung der Sicherheitsanforderungen« dazu. Wie soll dies gelingen? Hierzu finden sich in dem Brief nur Vorgaben, aber keine praktischen Lösungsvorschläge. Das Schreiben drängt geradezu den Eindruck auf: Das Innenministerium will sich mit dem Brief für alle Eventualitäten absichern. Sollte es zu einem weiteren Terroranschlag durch einen Asylbewerber kommen, dann kann die Bundesregierung in einem Untersuchungsausschuss auf das Schreiben verweisen und alle Verantwortung auf das BAMF schieben.

Es gelingt dem BAMF, die vielen sicherheitsrelevanten Einzelfälle in einer Gewaltaktion abzuarbeiten. Zusätzliches Personal wird mobilisiert. Eine Situation wie im Winter 2016 soll nie wieder eintreten.

Die Leitung der Nürnberger Asylbehörde trifft die Entscheidung, den »schwarzen Peter« an die Sicherheitsbehörden weiterzureichen. Anfang Juli 2017 wird den Kolleginnen und Kollegen der Einzelfallsachbearbeitung mitgeteilt, dass ab sofort nur mehr eine grobe Vorabsichtung vorzunehmen sei. Anschließend sollen die gemeldeten Einzelfälle an die zuständigen Sicherheitsbehörden weitergeleitet werden. Die bislang geleistete Vorauswahl solle ab sofort auf das Nötigste begrenzt werden. Die Sichtung und das Lesen des Anhörungsprotokolls wie die Zusammenfassung des Sachverhaltes entfallen damit.

Bei den ebenfalls höchst belasteten Sicherheitsbehörden wie Polizei oder Verfassungsschutz sorgt die Anweisung des BAMF für helle Aufregung und Empörung: Jetzt müssen sie die Verantwortung und nicht zuletzt die Hauptlast der Arbeit tragen. Gibt es Probleme, dann stehen Verfassungsschutz oder Polizeibehörden unter enormem Rechtfertigungsdruck. Das BAMF ist außen vor. Sehr wohl wird aber in den Sicherheitsbehörden zur Kenntnis genommen, dass die zuständigen BAMF-Mitarbeiter auch weiterhin mit ihrem Sachverstand die Anhörungsprotokolle lesen und auswerten, wie Helge Müller feststellt.

Auch dieses Beispiel zeigt, wie hinter den Kulissen behördenintern gestritten und gekämpft wird, während in immer kürzeren Abständen gegen Migranten Verfahren wegen Terrorverdachts oder anderer Straftaten eingeleitet werden. Entgegen allen Erklärungen des Jahres 2015 nehmen als Folge der Flüchtlingskrise in Deutschland die Sicherheitsprobleme zu. Die Öffentlichkeit erfährt von diesen Hakeleien hinter den Kulissen nichts. Jutta Cordt aber manövriert sich ins Abseits.

Der BAMF-Megagau: ein Bundeswehr-Offizier als syrischer Flüchtling

Im Frühjahr 2017 druckt die Zeitschrift des Reservistenverbandes der Bundeswehr mit dem schönen Namen *loyal* in einer Sonderedition ein großes Interview mit dem Oberst a. D. Frank-Jürgen Weise ab. Das Gespräch trägt die vollmundige Überschrift »An entscheidenden Stellen habe ich Soldaten eingesetzt«.[152] Seit Anfang 2017 dient Weise als Flüchtlingskoordinator der Bundesregierung. Zuvor leitet er vom September 2015 bis zur Jahreswende 2016 das BAMF. Weise berichtet der Bundeskanzlerin direkt. Sein interner Jahresbericht für 2017 listet mehrere Treffen mit Angela Merkel auf. Im BAMF gilt er als die graue Eminenz, an der niemand vorbeikommt; auch nicht die Präsidentin Jutta Cordt.

Weise ist es gelungen, die Antragsbearbeitung massiv zu beschleunigen. Pünktlich zur Bundestagswahl soll das Problem gelöst sein. Der Feuerlöscher Weise kann sich bestätigt fühlen. Diese Haltung findet sich auch in dem Interview mit der Soldatenzeitschrift. Seine Kämpfe mit dem Personalrat wischt er mit einer unfreundlichen Bemerkung zur Seite: »Der Auftrag hat mein Handeln bestimmt«, erklärt der Staatsdiener Weise: »Dabei bin ich teilweise auch mit Personalräten aneinandergeraten, die den politischen Auftrag so nicht akzeptieren wollten.«

Stolz erklärt der Oberst a. D. stattdessen dem Reservistenblatt, wie er auf dem Höhepunkt der Flüchtlingskrise das Nürnberger Asylamt übernimmt und »mithilfe militärischer Führungsprozesse wieder handlungsfähig« macht. Seiner Nachfolgerin Jutta Cordt empfahl er bereits vor Längerem eine Wehrübung in Hammelburg: »Als sie zurückkam, war sie sehr interessiert.« Soldaten, meint Weise, »setzten Anweisungen schneller und ohne Diskussionen um«.

Das im Rückblick so peinlich wirkende Interview erscheint auch im internen Pressespiegel des BAMF. Wenige Tage später verschwindet der Artikel urplötzlich wieder aus dem Intranet, stellen altgediente Mitarbeiter der Behörde mit einer gewissen Schadenfreude fest. Weises Protektion von Bundeswehrangehörigen ist in der Nürnberger Zentrale höchst umstritten. Nun schlägt das Pendel völlig überraschend in die andere Richtung aus.

Das Amt mit den neuen, überaus zahlreichen militärischen Mitarbeitern muss sich einer der bizarrsten Affären der Asylkrise stellen: Ein Oberleutnant der Bundeswehr gibt sich als syrischer Flüchtling jüdischer Herkunft aus. Er stellt einen Antrag auf Asyl und kommt durch. Unter dem Aliasnamen Benjamin David bzw. David Benjamin stellt der Offizier im Mai 2016 einen Asylantrag. Am 7. November 2016 wird er vom BAMF persönlich angehört.

Da der junge Mann kein Arabisch spricht, wird die Anhörung in französischer Sprache durchgeführt. Der Oberleutnant diente einige Zeit in Frankreich. Eine Ironie dieser unglaublichen Geschichte: Die Fragen der Anhörung stellt zufälligerweise ein Bundeswehrsoldat, der leihweise für das BAMF arbeitet. Der Fall kommt ans Licht, da der Oberleutnant zu diesem Zeitpunkt unter Verdacht steht, ein Rechtsextremist zu sein und möglicherweise sogar einen Anschlag zu planen.

Laut dem vorliegenden Anhörungsprotokoll erzählt der Bundeswehroffizier eine in Teilen grotesk anmutende Lebensgeschichte. Er sei ein 1988 in Damaskus geborener katholischer Christ. Seine Familie sei »seit 1920« französischer Abstammung. Ein Großvater habe hingegen jüdische Wurzeln. So habe er sich in Syrien aufgrund seines jüdisch klingenden Namens nicht akzeptiert gefühlt. Zudem sei er als Christ vom IS bedroht worden. Eines Nachts sei der IS gekommen und habe seine Familie überfallen.

Den Ort und genauen Zeitpunkt des Geschehens nennt der falsche Flüchtling nicht. Ebenfalls berichtet er nicht, warum der IS ausgerechnet ihn am Leben ließ. Sein Vater sei jedenfalls erschossen worden. Der Bauernhof der Familie sei durch Granaten zerstört worden. Er selbst habe sich danach zur Flucht entschlossen. Jetzt bete er für den Aufbau einer neuen Existenz in Deutschland. Im Dezember 2016 erhält er einen Schutzstatus zugebilligt. Dieser völlig falsche Beschluss habe auch systemische Fehler, meint ein BAMF-Mitarbeiter: Anhörung und Entscheidung lagen früher in einer kompetenten Hand. Während der Asylkrise werden aus Gründen einer schnelleren Bearbeitung Anhörung und Entscheidung getrennt. In der Folge kann es wie in dem Fall des »syrischen Bundeswehroffiziers« zu Qualitäts- wie auch Sicherheitseinbußen kommen.

Für die Bundesregierung kommt der Skandal zum denkbar ungünstigen Zeitpunkt. Die politische Vorgabe, die Asylanträge bis zum Sommer abzubauen, ist nicht mehr zu halten. Stattdessen muss sich das Amt unter der Führung von Jutta Cordt mit der Frage beschäftigen: Wie kann es dazu kommen, dass ein Deutscher ohne Probleme das BAMF betrügt und damit vorführt?

Ende Mai 2017 liegt ein Bericht der internen Revision des BAMF vor. Das interne Papier beruht auf einer Stichprobe von 2000 Verfahren. Im Fall des Bundeswehroffiziers liegen laut dem Bericht »Fehler in jedem Verfahrensschritt vor«. Einen weiteren so gravierenden Fall finden die Prüfer nicht. Entwarnung kann dennoch nicht gegeben werden: Insbesondere in der Dokumentation und bei der Qualitätssicherung bestehen Mängel.

Zudem gibt es »Parallelen zum Fall« des falschen Asylbewerbers: Die »verkürzte Schulung des Personals und der hohe Erledigungsdruck« führen zu Fehlern. Im Fall der Anhörer, die sich nur um die sicherheitspolitisch sensible Gruppe der Syrer kümmern, zählen lediglich knapp 39 Prozent zum Stammpersonal des BAMF. Der Rest besteht aus oft schnell angelerntem Personal. Bei den Entscheidern der Asylanträge von Menschen, die behaupten, Syrer zu sein, handelt es sich zu rund 84 Prozent um befristet eingestelltes Personal. »Davon wurden rund 61 Prozent durch die Bundesagentur für Arbeit gestellt.«

71 Prozent der Entscheider durchlaufen lediglich »verkürzte Schulungen«. Immer wieder weisen die Autoren des Berichtes darauf hin, dass die Datenbasis nicht vollständig ist. Es handele sich bei den Zahlen nur um Annäherungen. Doch die Grundaussage ist eindeutig: Die Warnungen, Mahnungen und Befürchtungen des Personalrates vom Herbst 2015 treffen zu. Die Massenabfertigung von hunderttausenden Asylanträgen geht zulasten der Qualität und der Sicherheit.

Das Problem ist seit Langem bekannt. Doch erst der Fall des falschen Asylbewerbers führt zu Konsequenzen. Am 31. Mai 2017 wendet sich die Präsidentin des BAMF in einem internen Rundschreiben an alle Mitarbeiterinnen und Mitarbeiter. Jutta Cordt verspricht Reformen. Bislang sei bei Flüchtlingen aus Ländern wie Syrien und damit bei einem sich »abzeichnenden Schutzstatus« vielfach »eine von den normalen Standards abweichende, beschleunigte Bearbeitung« erfolgt. Diese soll nun in Absprache mit dem Bundesinnenministerium geändert werden. Für Cordt steht fest: »Qualität und Sicherheit geht vor Geschwindigkeit.« Das angepeilte Ziel, alle Altanträge bis zum Sommer 2017 zu bearbeiten, ist damit vom Tisch.

Ein Punkt ist der unter massivem Druck stehenden Präsidentin besonders wichtig: Dolmetscher sollen »gezielt nach Unstimmigkeiten« befragt werden. 8000 Dolmetscherverträge werden ergänzt, »sodass sie zukünftig verpflichtet sind, sprachliche Auffälligkeiten an die Mitarbeiter des BAMF zu melden«. Eigentlich ist dies eine Selbstverständlichkeit. Erst jetzt handelt die Führung des BAMF. Was aber geschieht, wenn Dolmetscher sich nicht an den Vertrag halten? Wie soll das überprüft werden?

2017 besetzten die Übersetzer in Wirklichkeit noch immer eine Schlüsselstellung in den Asylverfahren. Das weiß Jutta Cordt, das wissen auch viele der altgedienten BAMF-Mitarbeiter. Die Übersetzer können »falsche Syrer« durchwinken oder schlichtweg falsch übersetzen. Eine zweite Kontrollebene zieht das BAMF nie ein. Erst 2016 beginnt die Nürnberger Asylbehörde IT-Verfahren zur Unterstützung der Mitarbeiter zu testen. Viel zu spät erprobt das BAMF eine sogenannte »Stimmbiometrie-Software, die Hinweise auf das Herkunftsland anhand des gesprochenen Dialekts gibt«.

Bereits während des Bundestagswahlkampfs 2017 wird hinter den Kulissen ein heißer Kandidat als Nachfolger von Jutta Cordt gehandelt: der bayerische Ministerialbeamte und Asylrechtsexperte mit besten Drähten zu den Sicherheitsbehörden Dr. Hans-Eckhard Sommer. Im Juni 2018 löst das CSU-Mitglied Sommer die gescheiterte Jutta Cordt als Präsident des BAMF ab. Im BAMF wird seitdem gewitzelt, der Sommer möge nie zu Ende gehen.

Vizepräsidentin wird Andrea Schumacher. Die Juristin kann auf berufliche Erfahrungen im Bereich internationale Zusammenarbeit zur Terroristenbekämpfung zurückblicken. Sicherheit spielt nun endlich nach mehreren verlorenen Jahren wieder eine wichtige Rolle in der Führungsspitze der Nürnberger Asylbehörde. Der Einfluss von Mitarbeitern, die zuvor in der Bundesarbeitsagentur arbeiten und nie etwas mit Sicherheitsfragen zu tun haben, gehört der Vergangenheit an. Bundesinnenminister Horst Seehofer ist der Vater dieser Wende hin zu mehr Sicherheit.

Abou Hamza: ein IS-Scharfschütze im Flüchtlingsheim?

Auf diese Reise habe ich lange mit Spannung gewartet. An einem sonnigen Spätsommertag klappt es endlich. Ein Zeitungskollege aus Aachen, der mich immer wieder bei meinen Recherchen unterstützte, fährt mit mir zu einem großen Hotelkomplex an einer breiten Ausfallstraße, kurz vor der kaum mehr wahrnehmbaren deutsch-belgischen Grenze. Das Gebäude mit großen Holzbalkonen trägt den schönen Namen »Schweizerhof«. Die Architektur des Gebäudes erinnert an eine Bettenburg in den Alpen. Touristen kommen schon seit einigen Jahren nicht mehr hierher, um sich zu entspannen oder Tennis zu spielen. Mit der Flüchtlingskrise wird der bereits in die Jahre gekommene Schweizerhof zu einer Asylbewerberunterkunft umfunktioniert.

Der Zufall will es, dass das einstige Sporthotel nur eine knappe halbe Autostunde von Verviers in Belgien entfernt liegt. Wir erinnern uns: In Verviers beginnt der IS-Terror des Abdelhamid Abaaoud in Europa im Januar 2015. Es folgen die Attentate im Thalys-Zug, in Paris und schließlich in Brüssel. Heerscharen von Ermittlern haben seitdem versucht, diese Verbrechen aufzuklären; auch in Deutschland. In Aachen findet diese Arbeit zumindest für Deutschland vielleicht ein Ende. Denn genau hier schließt sich ein Kreis. Hier werden noch einmal die Fehler, die Probleme wie auch die ungelösten Herausforderungen der deutschen Asylpolitik dokumentiert.[153]

Dreh- und Angelpunkt ist der Fall des nordafrikanischen Asylbewerbers Bilal C. Ein Team von Journalisten der *Aachener Zeitung* hat in mühevollen Recherchen den Weg des Nordafrikaners nach Deutschland aufgezeigt und in mehreren Artikeln auch das merkwürdige Verhalten der Behörden beschrieben.

Interne Akten, Informationen aus dem westeuropäischen Ausland und zwei Urteile deutscher Gerichte offenbaren nunmehr das ganze Ausmaß eines Falles, den es entsprechend der

Einschätzung der deutschen Bundesregierung vom Herbst 2015 nie hätte geben dürfen. Die umfangreich vorliegenden Informationen sind nicht vollständig. Die betroffenen Behörden wollen sich zu dem Fall nicht äußern. Doch im Gesamtbild wird klar: Die Gruppe um einen der gefährlichsten Terroristen des IS, Abdelhamid Abaaoud, schleuste Männer nach Deutschland über die Flüchtlingsroute.

Laut den vorliegenden Unterlagen sorgt der Fall des Nordafrikaners mit Namen Bilal C. spätestens seit dem 27. April 2016 für große Unruhe in den deutschen Sicherheitsbehörden. Dies legt ein interner Aktenvermerk nah. Wenige Wochen zuvor verübte eine IS-Terrorzelle in Brüssel blutige Anschläge. Die österreichische Zeitung *Die Presse* berichtet, die ungarische Antiterroreinheit TEK habe die Deutschen über Bilal C. und seine Verstrickung in das IS-Netzwerk informiert.[154]

In den vorliegenden deutschen Unterlagen ist immer nur von den Erkenntnissen eines ausländischen Partnerdienstes, die dem Bundesamt für Verfassungsschutz vorliegen, die Rede. Danach soll der nordafrikanische Flüchtling mit Wohnsitz in der Unterkunft »Schweizerhof« in Aachen vom Dezember 2014 bis zumindest August 2015 ein Mitglied des IS gewesen sein.

Für die nordrhein-westfälischen Kommunen und das Polizeipräsidium Aachen ist Bilal C. kein Unbekannter. Immer wieder fiel der Algerier als Kleinkrimineller auf. Zudem habe er sich in mehreren Kommunen Asylleistungen erschlichen. Dazu verwendet er den Aliasnamen Lofti Dahi. Damit nicht genug: Laut eines weiteren Vermerks habe Bilal C. an den »Vorfällen« in der Kölner Silvesternacht teilgenommen. Er zieht zwischen Holland und Deutschland hin und her. Ein Bruder sitzt in Aachen wegen einer Schlägerei im Gefängnis.

Am 28. April erhält Bilal C. Besuch von der Polizei. Er stellt einen Asylantrag. Ob aus Angst oder aus welchen Gründen auch immer: In den vorliegenden Akten findet sich hierzu kein Hinweis. Die Beamten bringen den Algerier unmittelbar danach in die BAMF-Außenstelle in Mönchengladbach. Normalerweise müssen Asylantragsteller Monate auf eine Anhörung warten. Alleine diese Maßnahme unterstreicht, wie ernst die deutschen Behörden den Fall des Algeriers nehmen. In der Anhörung verwendet er seinen Aliasnamen. Die Ausführungen sind lückenhaft. Er habe vor einigen Jahren als Kind seine Heimat verlassen. Er sei in Ländern wie Spanien, Frankreich, Holland und zuletzt in Deutschland gewesen.

Die deutschen Behörden entschließen sich, schnell zu handeln. Sie wollen kein Risiko mehr eingehen. Bilal C. soll erst einmal von der Bildfläche verschwinden. Am 29. April und damit nur zwei Tage, nachdem in den vorliegenden Akten ein erster Terrorverdacht gegen Bilal C. dokumentiert wird, erlässt das Amtsgericht Aachen Haftbefehl gegen den Algerier. Gegen ihn wird Untersuchungshaft angeordnet. Die Vorwürfe klingen nicht besonders dramatisch. Es geht um seine Betrügereien mit Sozialleistungen und um einen kleinen Ladendiebstahl: So habe Bilal C. zusammen mit einer weiteren Person am Abend des 26. April in einem Supermarkt Kosmetik- und Nahrungsmittel im Gesamtwert von 34,22 Euro entwendet.

Normalerweise kommt niemand wegen derartiger Vergehen in Haft. »Die Knäste würden aus allen Nähten platzen, wenn alle Asylbewerber wegen derartiger Delikte einfahren würden«, meint ein Ansprechpartner, der mit dem Fall direkt befasst war. Doch für das Amtsgericht Aachen besteht jetzt der Verdacht, dass Bilal C. seinen Lebensunterhalt durch Vermögensstraftaten bestreitet. Der Verdacht drängt sich geradezu auf: Das Verfahren gegen Bilal C. dient in erster Linie dazu, um ihn zumindest zeitweise außer Verkehr zu ziehen. Bereits am 6. Juli 2016 verurteilt das Amtsgericht Aachen den Algerier zu einer Freiheitsstrafe von acht Monaten.

Das Urteil verschafft den Ermittlern eine Atempause, mehr nicht. Während Bilal C. im Gefängnis ist, beschäftigen sich die unterschiedlichsten Behörden auf Landes- und Bundesebene mit dem Fall. Sitzung folgt auf Sitzung. Das BAMF, das Innenministerium in Berlin, die Bundesanwaltschaft, der BND, das

Bundesamt für Verfassungsschutz wie auch diverse Landesbehörden und das Innenministerium in Nordrhein-Westfalen setzen sich damit auseinander.

Am 30. Mai 2016 leitet der Karlsruher Generalbundesanwalt aufgrund eines Behördenzeugnisses des Bundesamtes für Verfassungsschutz ein Ermittlungsverfahren gegen Bilal C. wegen Verdachts der Mitgliedschaft in einer terroristischen Vereinigung im Ausland und der Vorbereitung einer schweren staatsgefährdenden Gewalttat ein. Das BKA wird mit den Ermittlungen beauftragt. Eine gute Woche später stuft das Land Nordrhein-Westfalen Bilal C. als Gefährder ein.

Die Vorwürfe gegen den Nordafrikaner wiegen schwer: Nach den vorliegenden Erkenntnissen reiste Bilal C. 2014 aus Algerien Richtung Syrien und Irak aus. Dort habe er sich im Dezember 2014 als Kämpfer dem IS angeschlossen. Einer westeuropäischen Ermittlungsbehörde liegt eine weitere Information vor, die die Gefährlichkeit des Mannes unterstreicht. Danach trägt der Algerier im IS den Tarnnamen »Abou Hamza, der Scharfschütze«.[155] Spätestens im Juni 2015 erhält Bilal C. vom IS den Auftrag, die Flüchtlingsroute über den Balkan zu erkunden. Anfang Juli registrieren ihn die griechischen Behörden auf Chios. Während seiner Reise steht Bilal C. »in engem Austausch mit seinem Auftraggeber« Abaaoud, stellt ein interner Aktenvermerk fest. Zur Erinnerung: Abdelhamid Abaaoud ist der Mann, der grinsend am Steuer eines Wagens saß, Leichen hinter sich herzog und in Paris mordete.

Von Mitte Juli bis Anfang August 2015 inhaftieren die ungarischen Behörden den jungen »Flüchtling« wegen illegaler Einreise. IS-Terroristen benutzen Ungarn als Einfallstor Richtung Westeuropa. Selbst während des Gefängnisaufenthaltes und danach steht Bilal C. in Kontakt mit seinem Auftraggeber.

Nach der Entlassung aus der Haft setzt er seine Tätigkeit als Scout des Terrors anscheinend fort. In Wien hat er am 5. August persönlichen Kontakt zu dem späteren Thalys-Attentäter. Die beiden Männer scheinen sich gut zu kennen. Bilal C. erhält von ihm Geld und reist weiter nach Deutschland. Ende Dezember 2015 wird er in Deutschland registriert. Welchen Auftrag der Kundschafter von Abdelhamid Abaaoud in Deutschland zu erfüllen hat? Die Fahnder wissen es zu diesem Zeitpunkt nicht.

Die Erleichterung in den deutschen Behörden ist zunächst groß, als das BAMF meldet, der Algerier habe am 10. Januar 2016 in den Niederlanden einen Asylantrag gestellt. Laut Dublin-Abkommen sind damit die Holländer für Bilal C. zuständig. Wie eine heiße Kartoffel soll der terrorverdächtige Bilal C. Richtung Niederlande geschoben werden. Doch auch dort ist der Algerier längst kein Unbekannter mehr. Ein erstes Ersuchen des BAMF an die holländischen Kollegen wird abgelehnt.

Auf eine zweite Anfrage reagieren die Holländer mit der Bitte um Fristverlängerung. Es handele sich um einen komplexen Fall. Die Deutschen lassen nicht locker. Die Holländer geben nicht nach. Erst auf wiederholte Nachfragen heißt es dann Anfang Juli, die Untersuchungen seien nicht abgeschlossen. Zudem liege nun ein Schreiben der niederländischen Sicherheitsbehörden vor. Danach stelle Bilal C. eine Bedrohung der nationalen niederländischen Sicherheit dar. Diese Einstellung vertreten die deutschen Behörden auch.

So geht es den ganzen Juli 2016 weiter. Europäische Solidarität sieht anders aus. Aber beim Thema Terrorismus ist sich jeder in Europa selbst der Nächste. Das BAMF will das Berliner Innenministerium einschalten. Der Fall des terrorverdächtigen Algeriers droht diplomatische Verwicklungen auszulösen. Die Holländer bleiben stur. Auf niederländischer Seite werde »trotz eindeutiger Zuständigkeit geblockt«, stellt ein Aktenvermerk vom August 2016 frustriert fest.

Das NRW-Innenministerium ist ungehalten über das Verhalten der Niederlande. Bei dessen Entlassung »drohe die Gefahr von Anschlägen in Deutschland.« Zudem erscheine es sehr ungewiss, dass Algerien Passersatzpapiere für den jungen Mann ausstellt. Weder das BKA noch der BND haben bislang positive Signale aus Algerien erhalten. Verständlicherweise hat auch der vom islamistischen Terror so heftig geschlagene nordafrikanische Staat kein großes Interesse, diesen Staatsbürger zurückzuholen. Damit droht der weitere Aufenthalt des Algeriers in der Bundesrepublik. Beinahe flehentlich bittet Nordrhein-Westfalen um die nachdrückliche Verfolgung des Dublin-Verfahrens.

Währenddessen verdichten sich die Hinweise, dass es sich bei dem Algerier nicht nur um einen kleinen Strauchdieb handelt. Der Rechtsanwalt von Bilal C. kündigt an, sein Mandant wolle sich »umfangreich« gegenüber den Behörden äußern. Es liegen auch Aussagen eines in Skandinavien festgenommenen Mannes vor. In einer norddeutschen Flüchtlingsunterkunft wird ein weiterer Mann identifiziert, der ebenfalls zur Gruppe um Abaaoud gehören soll und Bilal C. kennt. Die Ermittlungen weiten sich aus nach Schweden, Ungarn und Österreich. An die US-Behörden wird deshalb ein Rechtshilfeersuchen »mit der Bitte um Facebook-Auswertung gestellt«. Wieder zeigt sich: Die deutschen Behörden sind auf die Unterstützung der USA angewiesen.

Was geschieht, wenn der inzwischen als hochgefährlich eingeschätzte Algerier wieder auf freiem Fuß ist und, weil ihn keiner haben will, nach der Verbüßung einer Haftstrafe in Deutschland bleibt? Die internen Vermerke deutscher Behörden klingen wenig beruhigend. In diesem Fall würden Observations- und Abhörmaßnahmen durch das BKA veranlasst. Doch dann folgt der entscheidende Satz: »Eine 24/7-Überwachung ist dem BKA jedoch nicht möglich, so dass eine uneingeschränkte Kontrolle über C. nicht gewährleistet werden kann.«

Dies ist eine mehr als ernüchternde Feststellung. Allem Anschein nach fehlen den deutschen Sicherheitsbehörden die Kapazitäten, Gefährder wie Bilal C. rund um die Uhr an allen sieben Tagen der Woche im Blick zu haben. Diese Entwicklung ist nicht zuletzt eine Folge der Flüchtlingskrise. Allein in der Region Aachen habe die Polizei zehn Gefährder im Visier, berichtet die *Aachener Zeitung*. »Hinzu kommen zwölf Personen, die man als Unterstützer einordnet.«[156] Der Raum Aachen gilt als Hochburg des Salafismus.

So vergehen die Wochen und Monate. Für die deutschen Behörden gibt es wenigstens in diesem Fall ein »Happy End«: Am Tag vor Heiligabend lässt das Oberlandesgericht Paris den deutschen Sicherheitsbehörden ein Weihnachtsgeschenk der besonderen Art zukommen. Die französischen Justizbehörden stellen einen europäischen Haftbefehl aus und ersuchen die Deutschen um die Auslieferung von Bilal C.

Vier Monate später wird der Algerier an Frankreich überstellt. Deutschland ist den Mann los. Jetzt muss das so schwer vom Terrorismus getroffene Nachbarland den mutmaßlichen Terrorhelfer Abdelhamid Abaaoud vor Gericht bringen.

Der Rest der Geschichte ist schnell erzählt: In einem formalen Akt wird Bilal C. von Behörden in Nordrhein-Westfalen als Gefährder »ausgestuft«. Die Akten können damit geschlossen werden. Dank Frankreich kann Deutschland den Fall Bilal C. vermutlich für immer abhaken.

Der Fluch der guten Tat

Deutschlands bedrohte innere Sicherheit

An einem warmen Nachmittag im Oktober 2014 traf ich mich in Erbil im umkämpften Nordirak mit einem verzweifelten jungen Familienvater. Er wollte mich unbedingt sehen. Die Sonne schien uns ins Gesicht. Neben uns ragten Stahlbetonskelette von Bauruinen in den Himmel. Unschwer konnte ich auf den einzelnen Etagen behelfsmäßig zusammengestückelte Notunterkünfte von Flüchtlingen erkennen. Bald würde der eiskalte Wind von den hohen Bergen Kurdistans durch diese Bauten pfeifen.

Ich kannte meinen Gesprächspartner. Wir hatten uns fast auf den Tag genau ein Jahr zuvor im Norden Münchens im Haus einer ehrenamtlichen Flüchtlingshelferin kennengelernt. Wenig später entschloss sich die junge Familie, in den Irak nach Mossul zurückzukehren; so groß war die Angst vor einem Islamisten in ihrer Unterkunft. Jetzt waren sie erneut Flüchtlinge. Die irakisch-christliche Familie war völlig mittellos. Verwandte hatten sie in Erbil aufgenommen.

Dort war dem jungen Ehepaar mit den beiden kleinen Kindern klar geworden, dass sie einen furchtbaren Fehler begangen hatten. Der junge Mann wirkt angespannt. Nie hätten sie in den Irak zurückkehren sollen! Für die Flucht nach Deutschland fehle ihnen aber jetzt das Geld, erzählt er mir. Nie können sie einen Schlepper bezahlen. Außerdem wollen sie das Leben des Babys nicht riskieren.

Einen legalen Weg zurück nach Deutschland gibt es für sie nicht. Die Tore in ein vielleicht besseres Leben sind für den Vater, die Mutter und die beiden Kinder fest verschlossen. Auch

Bittbriefe helfen nicht. Wir geben uns beim Abschied die Hand. Ich werde den jungen Mann nie wiedersehen. Ob er es mit seiner Familie doch irgendwie geschafft hat, nach Deutschland zurückzukommen? Ich weiß es nicht.

Schlagartig wird mir damals klar: Asyl ist kein Gnadenrecht für verfolgte Menschen in aller Welt. Wer immer aber auf welchen Wegen auch immer es schafft, nach Deutschland zu kommen, kann hier einen Antrag auf Asyl stellen und in vielen Fällen zumindest ein Bleiberecht einklagen. So kommt es, dass beispielsweise verfolgte Christen oder Eziden zurück im Elend bleiben, während zahlungskräftige Islamisten, Anhänger von Diktator Assad oder auch Kriminelle aus Staaten, in denen ihnen womöglich menschenunwürdige Behandlung droht, oft in Deutschland bleiben können.

Insbesondere das Asylrecht eröffnet politischen Extremisten jeglicher Art wie auch ihren Organisationen die Möglichkeit, in Deutschland Fuß zu fassen. Über diese grundlegenden Zusammenhänge wurde und wird in Deutschland nicht diskutiert. Warum eigentlich nicht?

Ein arabischer Journalist berichtete mir milde lächelnd in einem Berliner Café, wie ein Kollege von ihm am Münchner Hauptbahnhof von einer ehrenamtlichen Helferin mit einem Käsebrot in der Hand gejagt wurde, in der irrigen Vorstellung, er sei ein hungriger Flüchtling. Dabei wollte der arabische Reporter lediglich berichten. Viele Westdeutsche wollten damals der ganzen Welt demonstrieren: Wir haben die NS-Vergangenheit bewältigt!

Im Osten der Republik war die Haltung der Deutschen hingegen skeptischer. Das belegen Meinungsumfragen. Nicht wenige suhlten sich im Fremdenhass und schrien »Merkel muss weg!«.

Merkels Politik der Ignoranz

Vermutlich werden nur Tiefenpsychologen im Rückblick irgendwann einmal erklären können, warum weite Teile der Deutschen im Sommer 2015 nicht mehr in der Lage waren, eine politische Krisensituation, verbunden mit einem schrecklichen Krieg und einer humanitären Katastrophe, vernünftig und ohne überbordende Emotionen in die eine oder andere Richtung korrekt einzuschätzen. Dies gilt für allem für die Politik und auch für die Bundeskanzlerin Angela Merkel.

Die Massenbewegungen des Jahres 2015 waren vorhersehbar. Dennoch geschah so gut wie nichts. Vorbereitungen für die Krise gab es nicht. Die Zuwanderung wurde als vorübergehendes Phänomen gesehen. Dabei standen die Zeichen spätestens seit dem Herbst 2014 auf Sturm. Berlin fuhr auf Sicht und krachte gegen Mauern. Ohne die tausende ehrenamtlicher Helfer wäre Deutschland im Angesicht der Krise vollends gescheitert.

Die kulturelle Dimension dieser Herausforderung wurde völlig unterschätzt. Kein einziger der vielen Flüchtlingshelfer, mit denen ich sprach, wurde auf die Aufgaben vorbereitet. Nicht alle Flüchtlingshelfer sind Nahostexperten oder Islamwissenschaftler und können deshalb die Mentalität ihrer Schützlinge verstehen. Ich erinnere mich an Telefonate mit einer Flüchtlingshelferin in einer kleinen Gemeinde in Baden-Württemberg, die hautnah die angespannte Stimmung in »ihrer« Unterkunft während des Ramadan 2016 miterlebte. Nie wurden sie und ihre meist weiblichen Mitstreiterinnen über das höchst vielschichtige konfessionelle Mosaik des Nahen Ostens von den zuständigen Behörden im Land oder Bund aufgeklärt.

Ein Landwirt aus einem kleinen bayerischen Dorf erzählte mir, wie er versuchte, in einer Flüchtlingsunterkunft mit der Frau eines streng religiösen syrischen Muslims ins Gespräch zu kommen, um sie zu überzeugen, einen Integrationskurs zu besuchen. Niemand hatte den zutiefst ehrenwerten Mann und ehrenamtlichen Helfer darüber aufgeklärt, dass es für eine streng konservativ lebende Frau aus der arabischen Welt absolut unangemessen ist, alleine mit einem fremden Mann zu sprechen.

Auch die Bundes- wie auch die Landesregierungen stellten sich auf den heute so absurd anmutenden Standpunkt: Wer als Flüchtling nach Deutschland kommt, will sich integrieren und streift beim Grenzübertritt alle Vorurteile, Ängste und Hassgefühle wie in einem Reinigungsprozess ab. Das Gegenteil ist der Fall. Konfessionelle Auseinandersetzungen zwischen Sunniten und Schiiten, Hassattacken auf Minderheiten wie Eziden und orientalische Christen sind auch in der Bundesrepublik immer deutlicher wahrzunehmen.

Doch die meisten Entscheidungsträger in Politik und Gesellschaft hielten ihre Ohren fest verschlossen, weil das, was da draußen zu hören ist, im Widerspruch zu lieb gewonnenen Visionen einer fröhlichen multikulturellen Gemeinschaft von Menschen steht. Viel zu spät erkannte die Bundesregierung die kulturelle Dimension hinter der großen Flüchtlingswelle. Warum sollten alle diese Menschen im Westen zusammenleben, so als sei nichts geschehen? Nie haben die Minderheiten im Irak und in Syrien vergessen, was ihnen die Mehrheiten in der Geschichte immer wieder antaten. Orientalische Christen, Eziden und all die anderen religiösen und ethnischen Minderheiten im Nahen Osten haben ein langes historisches Gedächtnis.

Im Oktober 2014 erhielt ich die einmalige Gelegenheit, das zentrale Heiligtum der religiösen Minderheit der Eziden im Nordirak zu besuchen. Hier befindet sich laut dem Glauben der Eziden das Zentrum der Schöpfung. Jeden Abend werden hier hunderte Öllampen entzündet, die bis zum Morgengrauen brennen. Lalesch, so heißt der heilige Ort, wurde im Laufe der Jahrhunderte immer wieder zerstört und anschließend wiederaufgebaut. Im Sommer 2014 war die Sorge riesengroß, der IS würde auch Lalesch einnehmen und zerstören. Von Mossul nach Lalesch sind es lediglich 60 Kilometer. Doch die Front hielt. Als ich das Heiligtum besuchte, drängten sich ezidische Flüchtlinge in der weiten Anlage mit den spitz zulaufenden weißen Türmen.

Alle Männer und Frauen, die 2015 nach Deutschland kamen, schleppten ihre und die Geschichten ihrer Vorfahren im Marschgepäck mit, ihre Angst und ihre Wut. Dies bedeutet nicht, dass aus Wut automatisch Gewalt wird. Aber die Gefahr muss stets bedacht werden. Es gibt da keine simplen Lösungen. Eine Ansiedlung von Migranten in ethnisch oder auch konfessionell geschlossenen Wohngebieten ist es jedenfalls nicht. Sie würde eine Integration in die deutsche Gesellschaft noch weiter erschweren. Das lehrt uns die eigene historische Erfahrung mit Zuwanderung schon vor der Flüchtlingskrise.

Auch hier fehlten der Politik das Einfühlungsvermögen und die Voraussicht. Ein Beispiel dafür war die gutgemeinte und gleichzeitig unfassbar naive Einbindung von konservativen islamischen Verbänden und Hilfsorganisationen in der Flüchtlingshilfe wie auch die Einrichtung von Moscheen in Flüchtlingsunterkünften als Ort des Gebetes für alle. Das ist so ähnlich, als hätte ein gütiger Landesherr mitten im Dreißigjährigen Krieg einer protestantischen Minderheit gemeinsam mit einer starken katholischen Mehrheit inklusive zahlreicher verrohter Landsknechte eine eigene Kirche gestiftet, um dort Weihnachten zu feiern. Nach welchem Ritus wäre da wohl gefeiert worden?

Die »Syrer« und alle anderen Flüchtlinge, die nach Deutschland kamen, waren keine Heiligen, sondern ganz normale Menschen. Eine Binsenweisheit: Aber 2015 schien sie völlig aus dem Blick geraten. In meinen zahlreichen Gesprächen mit über jeden Verdacht des Fremdenhasses erhabenen Politikern wie auch Staatsdienern habe ich immer wieder gehört, wie unendlich schwer es war, vor den Terroranschlägen in Paris und der sogenannten Kölner Silvesternacht Sicherheitsfragen anzusprechen. Als Antwort kam das Unwort vom »Generalverdacht gegen Flüchtlinge«. Der »Generalverdacht« war in der Flüchtlingsdebatte das Totschlagsargument schlechthin.

Kein Regierungsmitglied verwendete diesen Begriff so gerne und so früh wie Thomas de Maizière. Heute weist der frühere Innenminister darauf hin, der Satz vom Generalverdacht habe immer nur ausdrücken sollen, »dass die überwiegende Zahl der Flüchtlinge nach allen vorliegenden Erkenntnissen nicht kriminell ist«. Umgekehrt hat dieses Wort »aber auch immer besagt, dass einige es eben doch sind und wir nicht die Augen vor dieser Tatsache verschließen«. In Wirklichkeit schlossen damals viele in der Politik die Augen.

Wer immer es damals auch nur wagte, auf Sicherheitsprobleme hinzuweisen, musste mit erbitterter Kritik und sogar heftigen Beleidigungen rechnen. Viele in der Politik zogen es deshalb vor zu schweigen. Zur gleichen Zeit forderten aber 38 Prozent der wahlberechtigten Bevölkerung in Deutschland ab 18 Jahren laut dem repräsentativen *ARD-DeutschlandTREND* vom August 2015, weniger Flüchtlinge aufzunehmen. Die Meinungen und Sorgen dieser Menschen wurden im Parlament nicht angemessen zu Gehör gebracht.[157]

Rückblickend schätzt der heutige Vizepräsident des Deutschen Bundestages, Hans-Peter Friedrich, diese Wochen und Monate im Krisenjahr 2015 als »dunkles Kapitel der Demokratie in Deutschland« ein. Die Sprachlosigkeit in der Asyldebatte führte letztendlich zum Einzug der AfD in die Parlamente. Am 13. März 2016 zieht die islamfeindliche Partei in drei Landtage gleichzeitig ein. Im September 2017 folgt dann der Einzug in den Bundestag. Heute ist die AfD in allen Landesparlamenten vertreten. Im Bundestag ist die Partei Oppositionsführerin.

Statt einer offenen Debatte wurden schräge historische Analogien gezogen: Dazu gehörte auch der Vergleich mit dem Schicksal der Millionen deutscher Kriegsflüchtlinge und Heimatvertriebenen des Jahres 1945. Hierbei handelte es sich um einen ebenso emotionalen wie historisch absolut schiefen Vergleich: Die *deutschen* Heimatvertriebenen waren Deutsche. Sie sprachen Deutsch und lebten die Kultur ihrer deutschen Landsleute. Deutsche müssen in Deutschland kulturell nicht integriert werden. De facto war aber selbst unter diesen nicht vergleichbaren Umständen die damalige Eingliederung der Flüchtlinge schwierig. Sie zog sich über Jahrzehnte hin, und dies nicht nur, weil sie in einem besetzten und vom Krieg zerstörten Land stattfand.

Die innere Sicherheit als Versuchslabor

Spätestens seit den Terroranschlägen in Paris, Brüssel oder Berlin war offensichtlich: Der Nahe Osten mit all seinen Problemen rückte immer näher an Deutschland heran oder war vielerorts bereits angekommen. Dies bedeutet für die Sicherheit der Bundesrepublik, dass Informationen zu Terrorverdächtigen aus dem Ausland immer wichtiger werden. Es gilt Querverbindungen und Bezüge zu Netzwerken und Organisationen im Nahen Osten zu ermitteln, um so Verdachtsmomente nachzuweisen.

Doch dazu fehlen den deutschen Sicherheitsbehörden die finanziellen Mittel, die gesetzlichen Befugnisse und mitunter auch die passenden Mitarbeiter. Der ökonomische Riese Deutschland ist sicherheitspolitisch ein Zwerg. Schwache deutsche Sicherheitsbehörden erhöhen die Abhängigkeit vom Ausland. Diese Entwicklung wurde durch die Asylkrise verstärkt. »Ohne die USA und unsere anderen Partner wären wir blind und taub«, erklärt Thomas de Maizière in einem Gespräch für dieses Buch. Deutschland hatte in den letzten Jahren unendlich viel Glück, dass es zu keinem so verheerenden Anschlag wie in Paris oder Brüssel kam.

Die meisten Menschen, die im Zuge der großen Migrationswellen nach Deutschland kamen, werden vermutlich bleiben. Dass Integration nicht gelingt, wenn bestimmte Migrantengruppen in Teilen eines Ballungsraumes die Mehrheit bilden, ist auch eine Binsenweisheit. Diese Probleme werden durch eine Politik verschärft, die es zulässt, dass hunderttausende Menschen ohne eine Überprüfung einreisen können und mit Papieren ausgestattet werden. Sogenannte Sprachmittler übernahmen letztendlich staatliche Aufgaben: Sie füllten für Migranten aus Syrien oder dem Irak lächerliche Fragebögen aus, die dann als Grundlage für Asylentscheidungen herhielten. »Die Politik lief den Situationen immer hinterher. Es gelang uns immer erst dann etwas zu ändern, wenn was passierte, wie in Köln, Berlin oder Brüssel. Das Gleiche galt auch für den Skandal in der BAMF-Außenstelle in Bremen«, erklärt die Bundestagsabgeordnete und amtierende Vorsitzende des Innenausschusses des Deutschen Bundestages, Andrea Lindholz. Inzwischen konnten die Sicherheitsstandards durch eine Vielzahl von Gesetzespaketen verbessert werden. Eine vorausschauende Politik aber sieht anders aus.

Rückblickend standen unter der Führung von Angela Merkel mit Thomas de Maizière, Peter Altmaier als Flüchtlingskoordinator im Kanzleramt und Frank-Jürgen Weise als Leiter des Bundesamtes für Migration und Flüchtlinge drei Männer in der Verantwortung, die vor allem eines wollten: saubere, bürokratische Abläufe. Fragen der Sicherheit spielten zunächst keine Rolle. Die Kanzlerin interessierte sich ebenfalls nicht dafür. Ihre Paladine folgten ihr. Dann gab es kein Zurück mehr.

Strukturelle Probleme sind ein Grund für diese Entwicklung: Behördenleiter und ihre Mitarbeiter sind Beamte. Staatsdiener können ihren Dienstherren nicht in der Öffentlichkeit widersprechen. Sie sind zum Schweigen verdammt. Diese Trennung ist wichtig und richtig; sonst vermischen sich demokratisch legitimiertes politisches Mandat und der Dienst am Staat. Für viele selbstbewusste Behördenchefs bedeutet dies aber den permanenten Spagat. Stets drohe die Gefahr, berichtete mir ein Spitzenpolitiker, dass sich Behördenchefs in Politiker verwandeln. Dieser Zusammenhang gilt insbesondere für die Nachrichtendienste. Auf der anderen Seite ist der Präsident des Bundesamtes für Verfassungsschutz gesetzlich verpflichtet, Öffentlichkeitsarbeit zu leisten. Ein schmaler Grad, der Maaßen das Amt kostete. Der Ehrenvorsitzende der CSU, Theo Waigel, erklärte stattdessen: Es mag sein, »dass der bisherige Präsident des Verfassungsschutzamtes, Herr Maaßen, ein vorzüglicher Beamter ist. Die Aufgabe eines Geheimdienstchefs ist es allerdings, zu informieren und sonst sein Maul zu halten. Er hat nicht die Aufgabe, Interviews mit der *Bild*-Zeitung zu führen.«[158]

Gleichzeitig gilt: Es gibt in Deutschland keine anerkannte Institution, die Ansichten, Stimmungen und Meinungen von Verfassungsschützern und BND-Angehörigen inoffiziell und dennoch in der Öffentlichkeit wahrnehmbar artikuliert. Eine Lobby haben die zum Teil auch zu Recht kritisierten Verfassungsschützer nicht. Sie müssen einstecken und können sich nicht wie beispielsweise ihre Kollegen in den USA über Vertreter in Debatten einmischen. Frust ist die Folge; vor allem, wenn an der Spitze der Regierung eine Kanzlerin steht, die sich für Fragen der Sicherheit nicht sonderlich interessiert oder diese schlichtweg ignoriert. Den höchsten Entscheidungsebenen fehlt, wie die in diesem Buch mehrmals zitierte Staatsdienerin Helga Müller feststellt, »der gesunde Menschenverstand«.

Heute gibt es niemanden mehr, der ernsthaft einen Zusammenhang zwischen der unkontrollierten Zuwanderung und der Terrorgefahr infrage stellt. 287 Personen, die dem BKA als Gefährder oder relevante Personen in diesem Zusammenhang bekannt waren, stellten bis Mitte September 2018 einen Asylantrag.[159] Dazu kommen Migranten, die sich in Deutschland radikalisieren oder in die Gewaltkriminalität abrutschen.

Über diese Herausforderung habe ich in Deutschland und im Nahen Osten mit Persönlichkeiten aus den unterschiedlichsten Bereichen gesprochen. Es waren religiöse Gelehrte, Politiker, Sicherheitsexperten oder Diplomaten. Ich wollte wissen, wie sie die Situation einschätzen. Wird die Integration gelingen? Verwirrt und nicht selten ungläubig schauten diese Menschen auf die aktuellen Entwicklungen in der Bundesrepublik. Ein Treffen hat sich besonders tief in mein Gedächtnis eingegraben. Im Mai 2016 führte ich im schicken Norden von Tel Aviv ein Hintergrundgespräch mit einem israelischen Sicherheitsexperten. Wir saßen auf einer schönen Terrasse mit Blick aufs blaue Meer. »Am Ende geben immer die Radikalen den Ton an«, sagte er. Ich rührte in meinem Cappuccino und dachte mir: Hoffentlich hat der Mann nicht recht.

Danksagung

Dieses Buch wäre ohne die Hilfe und Unterstützung von Menschen, die deutschen Sicherheitsbehörden dienen, niemals entstanden. Männer und Frauen in den unterschiedlichsten Bereichen und Positionen haben sich bereit erklärt, mit dem Autor dieses Buches ausführliche Gespräche zu führen. Erkenntnisse und Informationen aus diesen zum Teil mehrmaligen und viele Stunden langen streng vertraulichen Treffen wurden anderen Gesprächspartnern und Experten in anonymisierter Version mit der Bitte um eine vertrauliche Einschätzung vorgelegt.

Somit sollen Fehler und Ungenauigkeiten vermieden werden. Keine dieser Gewährspersonen kennt die anderen. Nur der Autor kennt die wahre Identität von »Helga Müller« und »Paul Mayer« wie auch der anderen zitierten »Insider«. Diese Vorgehensweise war absolut notwendig. Denn als Mitarbeiter von Sicherheitsbehörden dürfen die Ansprechpartner nicht mit einem Journalisten über ihre Arbeit sprechen. Sie alle sind ein hohes Risiko eingegangen. Im schlimmsten Fall riskieren sie die Entlassung und damit ihre Existenz. Sehr wohl aber haben sie wie auch alle anderen Personen, die mit dem Autor sprachen, ausnahmslos ihre eigenen Zitate autorisiert, die sie betreffenden Kapitel gelesen und zum Teil die Zitate der anderen Gesprächspartner auf deren Plausibilität hin überprüft. Nur so war es möglich, publizistische Sorgfaltspflichten zu beachten.

Einige Ansprechpartner gewährten auch Einblicke in vertrauliche Unterlagen. Diese Menschen sind ein außerordentlich hohes Risiko eingegangen. Dennoch wollten sie die Recherchen für dieses Buch unterstützen. Insgesamt konnten am Ende einige tausend Seiten behördeninterner Dokumente eingesehen werden. Alle Personen, die auf diese Weise halfen, sind dem

Autor des Buches namentlich bekannt. Dennoch wurden auch in diesem Fall namhaften Experten diese und andere Informationen und Zitate mit der Bitte um eine Einschätzung und Überprüfung vorgelegt.

Ausdrücklich danke ich herausragenden Persönlichkeiten in der Politik, die die Jahre der Asylkrise als Mandatsträger in Regierungsverantwortung miterlebten und sich kritischen Fragen stellten: Dazu zählen insbesondere Wolfgang Bosbach, Dr. Hans-Peter Friedrich, Andrea Lindholz, Dr. Thomas de Maizière, Dr. Hans-Peter Uhl. Sehr wichtig zum Verständnis der deutschen Asylpolitik waren auch die Gespräche mit dem Staatssekretär a. D. und früheren Präsidenten des BAMF, Dr. Albert Schmid. Ebenso wichtig war ein persönliches Treffen mit Frank-Jürgen Weise, der das BAMF 2015 bis 2016 leitete, wie auch mit dem Vorsitzenden des Gesamtpersonalrates des BAMF, Rudolf Scheinost.

Für anregende Gespräche, Hinweise und Vorschläge danke ich im Bereich der Wissenschaft ganz besonders und an erster Stelle meinem Freund, Mentor und akademischen Lehrer, Prof. Dr. Michael Wolffsohn, sowie auch Prof. Dr. Thomas Flichy de La Neuville, Dr. Gregor Mathias, Prof. Dr. Patrick Moreau, Dr. Guido Steinberg, Prof. Dr. Shlomo Shpiro und last but not least: Dr. Rudolf van Hüllen.

Zu großem Dank ist der Autor auch Ansprechpartnern in nichtstaatlichen Organisationen, diplomatischen Vertretungen, Kirchen, Landratsämtern und Justiz verpflichtet. Großartig waren die Recherchen der in Madrid lebenden deutschen Journalistin Barbara Platsch. Ohne ihre Arbeit wären die Kapitel mit einem Spanienbezug lediglich Stückwerk geblieben. So aber konnten die deutsche wie auch die spanische Perspektive dargestellt werden. Gleiches gilt für die Kollegen der *Aachener Zeitung*, die die Recherchen für das Kapitel über den Terrorverdächtigen Bilal C. tatkräftig unterstützten.

Ich danke meinem Redaktionsleiter Stephan Keicher von *report München*, der Leiterin meines Programmbereichs im

Bayerischen Rundfunk, Andrea Kister, wie auch dem Informationsdirektor des Bayerischen Rundfunks Thomas Hinrichs. Sie alle haben dazu beigetragen, dass ich mich in den letzten Jahren so intensiv mit diesem Thema beschäftigen konnte. Kritisch wie auch aufmunternd begleitet hat dieses Projekt meine Lektorin, Dr. Andrea Wörle. Auch ihr bin ich zu großem Dank verpflichtet. Am Ende dieses Buches aber steht eine Person, die für meine Recherchen von größter Bedeutung war. Danke, T. Ich werde Deinen Namen nie vergessen. Du bleibst auf ewig mein Mr X.

Stefan Meining, Dezember 2018

Anmerkungen

Einleitung

1 Bis heute gibt es keine Standardschreibweise für die Angehörigen der Religion der »Eziden«. Verschiedentlich werden Schreibweisen wie »Jeziden«, »Jesiden« oder auch »Yeziden« verwendet. »Die in Deutschland lebenden Eziden gebrauchen inzwischen mehrheitlich den Begriff ›Eziden‹«, stellen Şefik Tagay und Serhat Ortaç in ihrer Publikation ›Die Eziden und das Ezidentum. Geschichte und Gegenwart einer vom Untergang bedrohten Religion‹ fest. Aus diesem Grund wird in diesem Buch diese Schreibweise verwendet. Vgl.: https://www.hamburg.de/contentblob/6271994/21807c33b23c0f8e930ad75a1da7753c/data/eziden-und-ezidentum.pdf, aufgerufen am 07.10.2018.

2 Düzen Tekkal, Deutschland ist bedroht. Warum wir unsere Werte jetzt verteidigen müssen, München, Berlin 2016, S. 56.

Entscheidung gegen die Sicherheit

3 Vgl. Peter Neumann, Die neuen Dschihadisten. IS, Europa und die nächste Welle des Terrorismus, Berlin 2015, hier S. 81–106.

4 Olivier Hanne, Thomas Flichy de La Neuville, Der Islamische Staat. Anatomie des Neuen Kalifats, Berlin 2015, S. 73–77.

5 Vgl. Olivier Hanne, Thomas Flichy de La Neuville, Der Islamische Staat. Anatomie des Neuen Kalifats, Berlin 2015, S. 32–37.

6 IS-Onlinepropagandazeitschrift *Dabiq*, Nr. 7, Februar 2015.

7 05.10.2014, 12:28, dpa – Basisdienst IS-Miliz will angeblich Terroristen nach Westeuropa schleusen.

8 http://www.bamf.de/SharedDocs/Anlagen/DE/Downloads/Infothek/Sonstige/gebaeudegeschichte.pdf?__blob=publicationFile, aufgerufen am 08.06.2018.

9 https://ec.europa.eu / home-affairs / sites / homeaffairs / files / e-library / docs / schengen_brochure / schengen_brochure_dr3111126_de.pdf, aufgerufen am 21. 06. 2018.

10 https://www.nytimes.com / 2016 / 03 / 29 / world / europe / isis-attacks-paris-brussels.html, aufgerufen am 18. 06. 2018.

11 https://www.welt.de / politik / deutschland / article175575012 / Auswaertiges-Amt-Emily-Haber-wird-Botschafterin-in-den-USA.html. Die »stärkste Frau« im Auswärtigen Amt geht nach Washington, Manuel Bewarder, Daniel Friedrich Sturm.

12 http://www.bamf.de / SharedDocs / Anlagen / DE / Publikationen / Broschueren / bundesamt-in-zahlen-2014.pdf?__blob=publicationFile, aufgerufen am 04. 06. 2018.

13 https://www.welt.de / politik / deutschland / article133304311 / Deutschland-ist-das-Fluechtlingsheim-Europas.html, aufgerufen am 06. 06. 2018.

14 Art.: »Herbst der Kanzlerin. Wie es kam, dass Deutschland sehenden Auges in seine größte Krise schlitterte«, in: *Welt am Sonntag*, 08. 11. 2015.

15 Jan Ilhan Kizilhan, Alexandra Cavelius, Die Psychologie des IS. Die Logik der Massenmörder, Berlin, München, Zürich 2016.

16 Die PKK führt in der Türkei einen Guerillakrieg. Seit 1993 gilt für die PKK in Deutschland ein Betätigungsverbot.

17 *Dabiq*, Nr. 4, The Failed Crusade, Art.: Rush To Support Your State O Muslim, S. 44.

18 Das koranische »ar-Rum« heißt zwar »die Römer«; gemeint aber sind hier die »Oströmer« und damit das Byzantinische Reich mit der Hauptstadt Konstantinopel. Vgl. Gilles Keppel mit Antoine Jardin, Terror in Frankreich. Der neue Dschihad in Europa, München 2016, hier S. 188–193.

19 https://www.verfassungsschutz.de / de / aktuelles / schlaglicht / schlaglicht-2015-03-die-propaganda-des-is, aufgerufen am 06. 06. 2018.

Deutschland, Europa und der IS-Terror

20 Das »Meir Amit Informationszentrum über Geheimdienste und Terrorismus« ist eine Forschungseinrichtung in Tel Aviv. Es sammelt und wertet Informationen zum Terrorismus aus.

21 https://www.terrorism-info.org.il/en/20913/, aufgerufen am 26.06.2018.
22 https://www.thetimes.co.uk / article / the-rif-connection-moroccos-crucible-of-terrorism-lg729fxbt, aufgerufen am 12. 07. 2018.
23 Art.: »Ein bitterböser Exportschlager«, in: *Stuttgarter Zeitung*, 25. 10. 2014.
24 Vgl. Peter Neumann, Der Terror ist unter uns. Dschihadismus und Radikalisierung in Europa, Berlin 2016, S. 188–191.
25 https://www.pbs.org / wgbh / frontline / article / how-europe-left-it-self-open-to-terrorism/; https://www.nytimes.com / 2016 / 03 / 29 / world / europe / isis-attacks-paris-brussels.html; https://www.bbc.com / news / magazine-35872562; aufgerufen am 26. 06. 2018.
26 Olivier Hanne, Thomas Flichy de La Neuville, Der Islamische Staat. Anatomie des Neuen Kalifats, Berlin 2015, S. 148.
27 IS-Onlinepropagandazeitschrift *Dabiq*, Nr. 7, Februar 2015.
28 Art.: »Die Selbstbewussten«, in: *FAZ*, 12. 08. 2015.
29 Art.: »›Deutschland ist Zielland Nummer Eins.‹ Interview mit Dieter Romann«, in: *Die Welt*, 14. 07. 2014.
30 Art.: »Die Selbstbewussten«, in: *FAZ*, 12. 08. 2015. Diese und andere Formulierungen in dem bis heute spannend zu lesenden Artikel stammen von Eckart Lohse.
31 12. 01. 2015, Art.: »Bundespolizei kritisiert Flüchtlingspolitik der EU«, in: *FAZ*; und: 12. 01. 2015, Art.: »Flucht und Vermeidung«, in: *FAZ*.
32 https://www.bka.de / DE / UnsereAufgaben / Aufgabenbereiche / InternationaleFunktion / SchengenerAbkommen / SISII / schengenSISII.html, aufgerufen am 07. 06. 2018.
33 https://www.bild.de / politik / inland / polizei / bundespolizei-chef-warnt-vor-terror-schleusern-39971526.bild.html, aufgerufen am 07. 06. 2018.
34 Vgl. Homeland Security Committee, Syrian Refugee Flows Security Risks and Counterterrorism Challenges, November 2015.
35 US Department of Homeland Security, Intelligence Assessment. Future ISIS Operations in the West Could Resemble Disrupted Belgian Plot, 13. 05. 2015.
36 Zitiert nach: Deutscher Bundestag Drucksache 18 / 5727. 18. Wahlperiode 06. 08. 2015. Antwort der Bundesregierung auf die Kleine Anfrage der Abgeordneten Ulla Jelpke, Jan Korte, Wolfgang Gehrcke, weiterer Abgeordneter und der Fraktion DIE LINKE. – Drucksache 18 / 5615.

37 https://www.bmi.bund.de / SharedDocs / interviews / DE / 2015 / 04 / interview-bild.html, aufgerufen am 07.06.2018.

Asylbewerber und Geheimdienste

38 https://www.zeit.de / politik / ausland / 2015–12 / voelkermord-frankfurt-ruanda-urteil-lebenslange-haft, aufgerufen am 12.06.2018.
39 https://www.welt.de / politik / deutschland / article175790491 / Gefaehrder-in-NRW-Warum-der-Staat-Bin-Ladens-Leibwaechter-nicht-loswird.html, aufgerufen am 15.06.2018.
40 http://www.verfassungsschutz.bayern.de / mam / anlagen / verfassungsschutzbericht2017_180326.pdf, aufgerufen 14.06.2018.
41 http://www.bpb.de / politik / extremismus / islamismus / 36358 / antisemitismus-in-der-charta-der-hamas?p=all, aufgerufen am 22.06.2018.
42 Zur Geschichte des syrischen Arms der Muslimbruderschaft siehe: Raphaël Lefèvre, Ashes of Hama. The Muslim Brotherhood in Syria, London 2013.
43 Thomas Hegghammer, Abdullah Azzam, der Imam des Dschihads, in: Gilles Kepel, Jean-Pierre Milelli (Hrgg.), Al-Qaida. Texte des Terrors. München u.a. 2006, S. 145–173, hier S. 165.
44 Guido Steinberg, Der nahe und der ferne Feind. Die Netzwerke des islamistischen Terrorismus, München 2005, S. 40. Vgl. Behnam T. Said, Geschichte al-Qaidas. Bin Laden, der 11. September und die tausend Fronten des Terrors heute, München 2018, hier S. 36–48.
45 Schriftlich teilte das BAMF zu diesem Sachverhalt mit: »Mitte März 2018 wurde mit der neuen MARiS-Version 4.0 u.a. ein umfassenderer ›Aktentresor‹ ausgerollt, welcher entsprechende Fälle vor unzulässigen Zugriffen noch umfassender schützt. Seitdem werden auch die Log-Dateien nicht mehr nur clientseitig, sondern auch serverseitig protokolliert. Das Auswerten von Log-Dateien unterliegt engen datenschutzrechtlichen Grenzen.« Mitteilung des BAMF an den Autor, 08.11.2018.
46 https://www.sueddeutsche.de / politik / geheimer-krieg-deutsche-behoerde-horcht-asylbewerber-aus-1.1822668, aufgerufen am 18.06.2018.
47 http://dipbt.bundestag.de / doc / btp / 18 / 18003.pdf, aufgerufen am 18.06.2018.

48 http://dipbt.bundestag.de / doc / btp / 18 / 18003.pdf, aufgerufen am 18. 06. 2018.

49 https://www.zeit.de / politik / deutschland / 2014–03 / hauptstelle-fuer-befragungswesen-aufloesung, aufgerufen am 18. 06. 2018.

50 http://www.spiegel.de / politik / deutschland / deutsch-amerikanische-zusammenarbeit-operation-alberich-deckte-terror-plot-auf-a-504628.html aufgerufen am 19. 06. 2018.

51 Art.: »Die US-Dienste sind für uns sehr wichtig«, in: *Münchner Merkur*, 28. 05. 2015.

52 Art.: US-Dienste verweigern Zusammenarbeit mit BND. Keine Informationen über verschleppten Potsdamer, in: *Die Welt*, 04. 06. 2015.

53 https://rp-online.de / politik / deutschland / hans-georg-maassen-salafisten-werben-bei-fluechtlingen_aid-19890657, aufgerufen am 12. 07. 2018.

54 Art.: US-Dienste verweigern Zusammenarbeit mit BND. Keine Informationen über verschleppten Potsdamer, in: *Die Welt*, 04. 06. 2015.

55 Vgl. http://dip21.bundestag.de / dip21 / btd / 18 / 128 / 1812850.pdf, aufgerufen am 26. 09. 2018 (= Deutscher Bundestag Drucksache 18 / 12850, 18. Wahlperiode 23. 06. 2017, Beschlussempfehlung und Bericht des 1. Untersuchungsausschusses gemäß Artikel 44 des Grundgesetzes), hier S. 1369.

56 Vgl. http://dip21.bundestag.de / dip21 / btd / 18 / 128 / 1812850.pdf, aufgerufen am 26. 09. 2018 (= Deutscher Bundestag Drucksache 18 / 12850, 18. Wahlperiode 23. 06. 2017, Beschlussempfehlung und Bericht des 1. Untersuchungsausschusses gemäß Artikel 44 des Grundgesetzes), hier S. 1369.

57 http://dip21.bundestag.de / dip21 / btd / 18 / 128 / 1812850.pdf, aufgerufen am 19. 06. 2018 (= Deutscher Bundestag Drucksache 18 / 12850, 18. Wahlperiode 23. 06. 2017, Beschlussempfehlung und Bericht des 1. Untersuchungsausschusses gemäß Artikel 44 des Grundgesetzes).

Terrorangst und Flüchtlingsleid

58 Art.: »Wiederkehr des Schreckens«, in: *FAZ*, 29.09.2015.
59 Zitiert nach: Deutscher Bundestag Drucksache 18 / 5727. 18. Wahlperiode 06.08.2015. Antwort der Bundesregierung auf die Kleine Anfrage der Abgeordneten Ulla Jelpke, Jan Korte, Wolfgang Gehrcke, weiterer Abgeordneter und der Fraktion DIE LINKE. – Drucksache 18 / 5615.
60 Zitiert nach: Deutscher Bundestag Drucksache 18 / 5727. 18. Wahlperiode 06.08.2015. Antwort der Bundesregierung auf die Kleine Anfrage der Abgeordneten Ulla Jelpke, Jan Korte, Wolfgang Gehrcke, weiterer Abgeordneter und der Fraktion DIE LINKE. – Drucksache 18 / 5615.
61 Ebd.
62 Gregor Mathias, La guerre française contre le terrorisme islamiste. De l'opération Serval aux attentats de Paris et Bruxelles, Paris 2016, S. 154–155. Vgl. Gregor Mathias, La stratégie française de lutte contre le terrorisme islamiste: État des lieux, Paris 2018.
63 https://france3-regions.francetvinfo.fr / auvergne-rhone-alpes / il-avait-decapite-son-patron-saint-quentin-fallavier-yassin-salhi-s-est-suicide-prison-890465.html, aufgerufen am 03.10.2018.
64 https://www.bundesregierung.de / Content / DE / Reiseberichte / 2015-06-25-europaeischer-rat.html, aufgerufen am 03.10.2018.
65 https://www.bundesregierung.de / Content / DE / Reiseberichte / 2015-06-25-europaeischer-rat.html;jsessionid=0787DB562995EFA3CC737EC5E4FBA7D3.s1t1, aufgerufen am 28.06.2018.
66 https://www.bundesregierung.de / Content / DE / Reiseberichte / 2015-06-25-europaeischer-rat.html. aufgerufen am 28.06.2018.
67 https://www.dailymail.co.uk / news / article-3151326 / ISIS-terrorists-arriving-Europe-hidden-migrants-crossing-Mediterranean-boats-warns-EU-s-prosecutor.html, aufgerufen am 03.10.2018.
68 https://www.trackingterrorism.org / system / files / chatter / p_europol_tsat15_09jun15.pdf.
69 Das Zitat lautet in englischer Sprache: »However, on occasion the use of refugee flows and false documentation has been observed.« https://www.trackingterrorism.org / system / files / chatter / p_europol_tsat15_09jun15.pdf.

70 US Department of Homeland Security, Intelligence Assessment. Future ISIL Operations in the West Could Resemble Disrupted Belgian Plot, 13.05.2015.

71 Vgl. Katrin Hirseland, Flucht und Asyl: Aktuelle Zahlen und Entwicklungen, in: APuZ, 25/2015, S. 17–25.

72 Interview mit Staatsanwältin Dolores Delgado für die ARD-Sendung report München im November 2016. Das Interview führte Barbara Platsch, die auch für dieses Buch die Recherchen in Spanien übernahm.

73 https://www.bbc.com/news/magazine-35872562, bzw. http://www.assemblee-nationale.fr/14/pdf/rap-enq/r3922-t1.pdf, aufgerufen am 29.06.2018.

74 Alle Zitate nach https://www.bbc.com/news/magazine-35872562, aufgerufen am 29.06.2018.

75 https://www.bundespolizei.de/Web/DE/Service/Mediathek/Jahresberichte/jahresbericht_2014_file.pdf?__blob=publicationFile&v=9, aufgerufen am 03.10.2018.

76 Art.: »IS-Mitglied im Südwesten verhaftet«, in: *FAZ*, 06.08.2015.

77 Art.: »IS-Mitglied im Südwesten verhaftet«, in: *FAZ*, 06.08.2015.

78 https://www.heise.de/tp/features/Terrorverdaechtiger-im-Asylbewerberwohnheim-3374890.html, aufgerufen am 03.07.2018.

79 https://www.thueringer-allgemeine.de/web/zgt/politik/detail/-/specific/Bundesinnenminister-Thomas-de-Maizi-re-im-Interview-776030873, aufgerufen am 4.10.2018.

80 https://www.heise.de/tp/features/Terrorverdaechtiger-im-Asylbewerberwohnheim-3374890.html, aufgerufen am 03.07.2018.

81 Zitiert nach: Deutscher Bundestag Drucksache 18/5727. 18. Wahlperiode 06.08.2015. Antwort der Bundesregierung auf die Kleine Anfrage der Abgeordneten Ulla Jelpke u.a. Die Antwort wurde am 04.08.2015 übermittelt.

82 Art.: »Das nächste große Schlachtfeld ist Europa«, in: *Die Welt*, 29.06.2015.

83 http://www.taz.de/!5224382/, aufgerufen am 09.07.2018.

84 https://www.thetimes.co.uk/article/the-rif-connection-moroccos-crucible-of-terrorism-lg729fxbt, aufgerufen am 12.07.2018.

85 Direction générale de la Sécurité extérieure, abgekürzt DGSE. Die DGSE ist für Terrorfälle mit Auslandsbezug zuständig.

86 Gregor Mathias, La Guerre française contre le terrorisme islamiste. De l'opération Serval aux attentats de Paris et Bruxelles, Paris 2016, S. 126–127.
87 Vgl. Gilles Keppel mit Antoine Jardin, Terror in Frankreich. Der neue Dschihad in Europa, München 2016, hier S. 149–151.
88 https://www.discovergreece.com/, aufgerufen am 02.07.2018.
89 https://www.parlament.gv.at/PAKT/EU/XXV/EU/07/92/EU_79210/imfname_10579197.pdf, aufgerufen am 04.10.2018.
90 https://www.parlament.gv.at/PAKT/EU/XXV/EU/07/92/EU_79210/imfname_10579197.pdf, aufgerufen am 04.10.2018.
91 http://dipbt.bundestag.de/doc/btd/18/044/1804494.pdf, aufgerufen am 04.10.2018.
92 http://www.independent.co.uk/news/world/europe/paris-attacks-authorities-missed-multiple-red-flag-warnings-over-suspects-a6744841.html, aufgerufen am 02.07.2018.
93 http://www.assemblee-nationale.fr/14/pdf/rap-enq/r3922-t1.pdf, aufgerufen am 04.10.2018.

Politik im Krisenmodus

94 »Asylrecht ist für euch eine Sackgasse.« Interview mit Winfried Kretschmann, in: *Focus*, 29.08.2015.
95 http://www.taz.de/!5224382/, aufgerufen am 09.07.2018.
96 Art.: Friedrich: »Wir werden bald wieder Grenzkontrollen einführen müssen«, in: *Passauer Neue Presse*, 11.09.2015.
97 Rede Dr. Hans-Peter Friedrich anlässlich einer Regierungserklärung durch die Bundeskanzlerin: zum Europäischen Rat am 15./16. Oktober 2015 in Brüssel, http://www.hans-peter-friedrich.de/sites/www.hans-peter-friedrich.de/files/docs/rede_16102015.pdf, aufgerufen am 04.08.2018.
98 https://www.infratest-dimap.de/fileadmin/user_upload/dt1507_bericht.pdf, aufgerufen am 23.07.2018.
99 https://www.infratest-dimap.de/fileadmin/user_upload/dt1512_bericht.pdf, aufgerufen am 23.07.2018.
100 Art.: »Aufstand der Ängstlichen«, in: *Der Spiegel*, 12.12.2015. Vgl. hierzu auch Patrick Moreau, L'autre Allemagne. Le réveil de l'extrême droite, Paris 2017, hier insbesondere S. 171–182.

101 Art.: Herbst der Kanzlerin. Wie es kam, dass Deutschland sehenden Auges in seine größte Krise schlitterte, *Welt am Sonntag*, 08.11.2015.

102 Art.: »BND-Chef Gerhard Schindler: ›Flüchtlinge sind keine Terroristen‹«, in: *Bild*, 07.09.2015.

103 Beitrag: »Panikmache mit Terrorangst: Als Flüchtlinge getarnte Dschihadisten?«, in: ARD-Monitor, 15.10.2015.

Das Rumoren in den Sicherheitsbehörden

104 Art.: »Sicherheitsexperten entsetzt über deutsche Politik«, in: *Die Welt*, 25.10.2015.

105 Robin Alexander, Die Getriebenen. Merkel und die Flüchtlingspolitik: Report aus dem Innern der Macht, München 2017, S. 145–146.

106 https://daserste.ndr.de/panorama/archiv/2018/Sachsen-AfD-Funktionaer-arbeitet-beim-Verfassungsschutz,afdverfassungsschutz102.html, aufgerufen am 26.09.2018.

107 Art.: »Der angezählte Unruhestifter«, in: *taz*, 06.08.2015. Siehe: http://www.taz.de/!5218458/, aufgerufen am 24.09.2018.

108 https://rp-online.de/politik/deutschland/hans-georg-maassen-salafisten-werben-bei-fluechtlingen_aid-19890657, aufgerufen am 13.07.2018.

109 https://www.deutschlandfunk.de/verfassungsschutz-maassen-warnt-vor-ungeregelter.868.de.html?dram:article_id=332244, aufgerufen am 05.10.2018.

110 Art.: »Wiederkehr des Schreckens«, in: *FAZ*, 29.09.2015.

111 Art.: »Wiederkehr des Schreckens«, in: *FAZ*, 29.09.2015.

112 https://ajcberlin.org/sites/default/files/ajc_studie_gefluechtete_und_antisemitismus_2017.pdf, aufgerufen am 05.10.2018.

113 Art.: De Maizière fordert Geschlossenheit bei Hilfe für Flüchtlinge, in: dpa – Landesdienst Niedersachsen, 25.08.2015.

114 Art.: »De Maizière: Kein Wahlrecht für Asylbewerber auf Wohnort«, in: dpa – Landesdienst Hessen, 02.10.2015.

115 Art.: »Merkels loyaler Mann«, in: *Die Zeit*, 12.11.2015.

Deutschland in der Terrorfalle

116 Gregor Mathias, La guerre française contre le terrorisme islamiste. De l'opération Serval aux attentats de Paris et Bruxelles, Paris 2016, S. 130–141.

117 Gregor Mathias, La guerre française contre le terrorisme islamiste. De l'opération Serval aux attentats de Paris et Bruxelles, Paris 2016, S. 138.

118 Art.: »Merkel soll Fehler einräumen«, in: *Welt am Sonntag*, 15. 11. 2015.

119 Art.: »Kritik an Angela Merkel nach Terror in Paris: Horst Seehofer distanziert sich von Markus Söder«, in: *Der Tagesspiegel*, 16. 11. 2015.

120 Art.: »Kritik an Angela Merkel nach Terror in Paris: Horst Seehofer distanziert sich von Markus Söder«, in: *Der Tagesspiegel*, 16. 11. 2015.

121 Art.: »Kritik an Angela Merkel nach Terror in Paris: Horst Seehofer distanziert sich von Markus Söder«, in: *Der Tagesspiegel*, 16. 11. 2015. Alle hier zitierten Reaktionen von Politikern nach den Terroranschlägen von Paris stammen aus diesem Artikel.

122 Art.: »25 Tore gegen den Terror«, Interview mit Thomas de Maizière, in: *Bild am Sonntag*, 22. 11. 2015.

123 Art.: Verfassungsschutz: Terroristen unter den Flüchtlingen »weniger wahrscheinlich«, in: *epd – Evangelischer Pressedienst*, 15. 11. 2015.

124 Art.: »Warum der BND einen Deutschen ausspionierte«, in: *Die Welt*, 13. 11. 2015.

125 Art.: »Kommentar: Tabu gegen Trauma. Warum wurde auf der BKA-Herbsttagung um den heißen Brei herumgeredet?«, in: *FAZ*, 20. 11. 2015.

126 Ebd.

127 Ebd.

128 Ebd.

129 Zitiert nach: Deutscher Bundestag, Drucksache 18 / 8382, 18. Wahlperiode, 10. 05. 2016. Antwort der Bundesregierung auf die Kleine Anfrage der Abgeordneten Ulla Jelpke u. a. Drucksache 18 / 8215 – Einschleusung von IS-Kämpfern unter die Fluchtmigration.

130 US Department of Homeland Security, Intelligence Assessment. Future ISIL Operations in the West Could Resemble Disrupted Belgian Plot, 13. 05. 2015.

131 Art.: Länder-Innenminister offen für Einzelfallprüfung von Syrern, in: dpa – Landesdienst Rheinland-Pfalz-Saar, 03.12.2015,
132 Beitrag: »Behörden schlagen Alarm – Kriminelle tarnen sich als Flüchtlinge«, gesendet in report München, 08.03.2016.
133 http://www.fluechtlingshilfe-muenster-ost.de/wp-content/uploads/2016/03/PI_FLUEMO_Report_Nordafrikaner_10032016.pdf, aufgerufen am 03.08.2018.
134 https://www.landtag.nrw.de/portal/WWW/dokumentenarchiv/Dokument/MMD16-14450.pdf, aufgerufen am 03.08.2018.
135 https://www.landtag.nrw.de/portal/WWW/dokumentenarchiv/Dokument/MMD16-14450.pdf, aufgerufen am 03.08.2018.
136 https://www.welt.de/regionales/hamburg/article172501285/Hamburg-Jeder-dritte-junge-Fluechtling-gibt-sein-Alter-falsch-an.html, aufgerufen am 10.11.2018.
137 https://www.landtag.nrw.de/portal/WWW/dokumentenarchiv/Dokument/MMD16-14450.pdf, aufgerufen am 03.08.2018.

Die Folgen der deutschen Asylpolitik

138 https://www.welt.de/politik/deutschland/article167165722/Das-ist-ueber-den-Hamburger-Attentaeter-bekannt.html, aufgerufen am 06.10.2018.
139 Deutscher Bundestag Drucksache 18/8382, 10.05.2016, Antwort der Bundesregierung, Drucksache 18/8215, Einschleusung von IS-Kämpfern unter die Fluchtmigration.
140 Art.: »The Knights of Shahada in Belgium«, in: *Dabiq*, Nr. 14, S. 4–7.
141 Deutscher Bundestag Drucksache 18/8382, 10.05.2016, Antwort der Bundesregierung, Drucksache 18/8215, Einschleusung von IS-Kämpfern unter die Fluchtmigration.
142 https://www.dbk.de/fileadmin/redaktion/diverse_downloads/presse_2016/2016-123a-Gemeinsame-Stellungnahme-Situation-Asylbewerberunterkuenfte.pdf, aufgerufen am 06.08.2018.
143 http://www.spiegel.de/politik/deutschland/christentum-und-islam-die-unterwerfung-kolumne-a-1120073.html.
144 https://www.opendoors.de/sites/default/files/2016_10_Erhebung_Mangelnder_Schutz_religioeser_Minderheiten_Auflage4_04_2017.pdf, aufgerufen am 07.10.2018.

145 Der Autor dieses Buches führte auf dieser Veranstaltung einen TV-Beitrag vor.
146 https://www.bundesregierung.de/Content/DE/Artikel/2016/09/2016-09-20-de-maiziere-integrationskongress.html, aufgerufen am 06.08.2018.
147 https://www.presseportal.de/pm/78456/3866247, aufgerufen am 06.08.2018.
148 Art.: »BKA zählt fast 100 christenfeindliche Straftaten in Deutschland«, in: *Die Welt*, 02.02.2018.
149 Art.: »Bundesanwaltschaft stellte Hunderte Ermittlungsverfahren gegen Islamisten ein«, in: https://www.sueddeutsche.de/politik/innere-sicherheit-bundesanwaltschaft-stellte-hunderte-ermittlungs verfahren-gegen-islamisten-ein-1.3842432, aufgerufen am 19.09.2018.
150 Art.: »Die Mission impossible der neuen Bamf-Chefin«, in: *Die Welt*, 18.12.2016. Die Überschrift dieses gelungenen Artikels diente als Vorlage für die Überschrift dieses Kapitels.
151 Deutscher Bundestag Drucksache 18/10585, 18. Wahlperiode 07.12.2016, Antwort der Bundesregierung auf die Kleine Anfrage der Abgeordneten Ulla Jelpke u.a., Übermittlung von über Ausländerinnen und Ausländer erfassten Daten an Polizei und Geheimdienste.
152 Interview mit Frank-Jürgen Weise, »Erfahrener Krisenmanager«, in: *loyal*, Nr. 5 (2017).
153 Vgl.: Die Vorhut des Terror-Chefstrategen, in: *Süddeutsche Zeitung*, 18.02.2017.
154 Art.: »Paris- und Brüssel-Terror: 14 Attentäter durch Ungarn gereist«, in: *Die Presse*, 30.09.2016. http://diepresse.com/home/ausland/aussenpolitik/5094630/Paris-und-BruesselTerror_14-Atten taeter-durch-Ungarn-gereist.
155 Vgl. Art.: »Attentats du 13-Novembre: sur les traces d' ›Hamza le sniper‹«, in: https://www.lemonde.fr/societe/article/2017/11/10/sur-les-traces-d-hamza-le-sniper_5212943_3224.html, aufgerufen am 22.09.2018.
156 Art.: »Bilal C.: Als Terrorist im Visier, als Dieb verhaftet«, in: *Aachener Zeitung*, 13.06.2016. http://www.aachener-zeitung.de/lokales/region/bilal-c-als-terrorist-im-visier-als-dieb-verhaftet-1.1381242.

Der Fluch der guten Tat

157 https://www.infratest-dimap.de/fileadmin/user_upload/dt1508_bericht.pdf, aufgerufen am 12.10.2018.

158 https://www.sueddeutsche.de/bayern/nach-landtagswahl-die-csu-muss-den-menschen-die-angst-nehmen-1.4176558-2, aufgerufen am 10.11.2018.

159 Ich danke meinem Kollegen Joseph Röhmel, der mir diese Informationen zur Verfügung stellte. Die Zahl stammt aus einer Antwort des BAMF.

Personenregister